Maria Nurowska
Briefe der Liebe

Maria Nurowska

BRIEFE DER LIEBE

Aus dem Polnischen von
Albrecht Lempp

Büchergilde Gutenberg

Lizenzausgabe für die Büchergilde Gutenberg,
Frankfurt am Main und Wien,
mit freundlicher Genehmigung
des S. Fischer Verlages GmbH, Frankfurt am Main
Die polnische Originalausgabe erschien 1991
unter dem Titel »Listy miłości« im Verlag
Wydawnictwa »Alfa«, Warszawa

Lizenzausgabe mit freundlicher Genehmigung
des Brombergs Bokförlag AB, Stockholm
Für die deutsche Ausgabe:

Satz: Wagner GmbH, Nördlingen
Druck und Bindung: Clausen & Bosse, Leck
Printed in Germany 1993
ISBN 3 7632 4198 1

Für Danka

DER LETZTE BRIEF

Ende Oktober 1968

»Krystyna Chylińska ist nicht dein wirklicher Name«, sagtest Du wie beiläufig und ohne auf meine Antwort zu warten. Dabei weiß ich nicht, ob das eine Frage oder eine Feststellung war. Dein Gesicht war undurchdringlich. Nachher, als Du mit einem Freund telefoniertest, erfuhr ich, daß man Dich mit sofortiger Wirkung entlassen hatte. »Was soll's«, sagtest Du, »sie veranstalten eine Hexenjagd.«

All die Jahre habe ich auf diesen Tag gewartet, den Tag der Wahrheit. Ich habe nur nicht gedacht, sie würde sich so offenbaren. Sie trifft Dich von außen und nimmt Dir das Allerwichtigste in Deinem Leben: die Arbeit. Ich war bereit, die Strafe auf mich zu nehmen, dafür, daß ich die Wahrheit unterschlagen hatte. Aus Angst hatte ich es getan. Aus ganz gewöhnlicher menschlicher Angst oder vielmehr aus der Angst einer verliebten Frau. Das rechtfertigt mich noch weniger, vor allem weil mein Bekenntnis, die Strafe auf mich nehmen zu wollen, dann doch wieder nicht ganz stimmt. Ich war dazu nicht bereit. Davon zeugt meine Anwesenheit bei Dir. Meine Anwesenheit bei Dir seit fünfundzwanzig Jahren ...

Wie soll ich auf Deine Frage oder Feststellung antworten. Krystyna ..., dieser Name, den Du so viele Male ausgesprochen hast, haftet an mir und ist mir zur wahren Haut geworden, und obwohl ich keine andere habe, gibt es jetzt Leute, die mich ihrer berauben wollen. Was haben sie Dir gesagt, Andrzej? Wieder leben wir in einer Zeit der Angst und der Verachtung. Aus irgendeinem Archiv hat jemand meine Akte hervorgeholt ...

Ich hatte immer Angst. Zuerst, daß die Gestapo kommen würde, dann, daß mich ein Bekannter auf der Straße erkennen könnte. Plötzlich würde jemand meinen wirklichen Namen sagen, und ich würde dabei Dein Gesicht sehen, Deine Augen.

So viele Jahre sind vergangen, aber die Worte eines alten Juden aus dem Ghetto sind mir noch in Erinnerung. Er sagte: »Ein Apfel, der zu weit vom Stamm fällt, verfault und wird von Würmern zerfressen.« Bin ich so ein Apfel? Schon vom ersten Augenblick an, als ich Dich in der Tür erblickte, war ich nur mehr eine Frau. Ich faßte Wurzeln in meiner Liebe und in meiner Angst. Liebe und Angst wurden zum Wesen meines Lebens.

Vor einer Stunde bist Du aus dem Haus gegangen. Zum ersten Mal hast Du mir nicht gesagt, wohin. Zum ersten Mal hast Du mir nicht von Deinen Sorgen erzählt, vielleicht weil sie unmittelbar mit meiner Person verknüpft sind, oder vielleicht hast Du gedacht, daß Du dieser Frau mit fremdem Namen nichts zu sagen hast. Ich kann mich nicht erinnern, welchen Ausdruck Deine Augen hatten, als diese Frage fiel – oder war es doch eine Feststellung? Vielleicht hast Du mich nicht angeschaut. Jahrelang habe ich mir dieses Gespräch mit Dir vorgestellt. Ich legte Dir dabei ganz andere Worte in den Mund, die jedesmal eine andere Bedeutung hatten. Und immer waren da Deine Augen ... Vielleicht hast Du mich ja angeschaut, nur habe ich Deine Augen nicht gesehen. Ich fühlte mich wie jemand, dem gesagt wird, im nächsten Augenblick gehe die Welt unter.

Wer werde ich sein, wenn ich aus diesem Haus fortgehe, in das ich zum ersten Mal am zweiten Februar neunzehnhundertdreiundvierzig gekommen bin? Diesmal muß ich gehen, ich habe keine Wahl. Jemand hat beschlossen, Dir an meiner Statt die Wahrheit zu sagen. Ich bin mit einer Scheidung einverstanden. Das ist wohl der einzige Weg, damit Du in Deinen Beruf zurückkannst, zu Deiner Arbeit. Vielleicht ist für Dich noch nicht alles verloren. Der Koffer, den ich so viele Male gepackt und wieder ausgepackt habe, steht an der Tür. In ein paar Minuten gehe ich von hier fort. Die Briefe, die ich Dir während all der Jahre geschrieben habe, lasse ich hier ...

DER ERSTE BRIEF

Januar 1944

Ich heiße Elżbieta Elsner und bin neunzehn Jahre alt. Ich habe das Ghetto hinter mir gelassen ... irgendwann komme ich darauf zurück, jetzt will ich nicht daran denken. Ich stand auf der arischen Seite. Ich war ganz allein. In meiner Tasche hatte ich eine falsche Kennkarte auf den Namen Krystyna Chylińska. Ich hätte so schnell wie möglich zu dem Haus gehen sollen, in dem meine Mutter wohnte. Sie wartete auf mich. Doch je länger ich ziellos durch die Straßen wanderte, desto sicherer war ich, daß ich nicht zu ihr gehen würde. Es wurde bereits dunkel. Mir gegenüber tauchte plötzlich eine Gestalt auf. Es kam mir so vor, als hätte ich sie an diesem Tag schon einmal gesehen und als würde sie mir folgen. Ich bog in ein Tor ein und klingelte an der Tür im ersten Stock. Niemand öffnete. Ich lief zum zweiten Stock und stand vor einer Tür mit dem Namensschild »A. R. Korzecki«. Eine weißhaarige Frau öffnete mir. Wir standen uns gegenüber. In jenem Moment lag mein Schicksal in ihren Händen. Ich wartete. Die Augen, die mich anschauten, verstanden sofort alles, obwohl ich gar nicht wie eine Jüdin aussah. Niemand wäre darauf gekommen, so irreführend war mein Aussehen. Aber sie wußte, woher ich kam. Wir schauten uns schweigend an, dann nahm sie mich bei der Hand und führte mich nach drinnen. Irgendwann einmal beschreibe ich Ihnen diese Monate, die ich mit ihr verbracht habe. In ihren Augen fand ich Rettung, und später, als sie im Sterben lag, suchte sie Hilfe in den meinen. Jetzt will ich über Sie schreiben. Ich hörte die Klingel, auf die hin sich bei mir immer die Angst vor diesem Jemand einstellte, der vor der Tür stand. Ich öffnete. Es überraschte Sie, eine fremde Person zu sehen, ich erinnere mich gut an Ihr Gesicht, es ist doch erst heute morgen gewesen. Seit heute früh sind Sie hier, und ich schreibe Ihnen einen Brief, den Sie mit Sicherheit nie lesen werden, aber ich schreibe ihn, ich brauche das. Nur ... vielleicht sollte ich von Anfang an erzählen, denn wieder lüge ich. Dabei weiß ich eigentlich nicht, wem ich etwas vormache, Ihnen, mir selbst oder ob ich vielleicht aus Angst vor der Wahrheit lüge. Ich begreife die Wahrheit über mich nicht, ich kann nur die Tatsachen beschreiben, also den unbedeutendsten Teil von ihr. Viel wichtiger sind aber doch die Motive, die den Richtern meist am wenigsten klar sind. Wer wird in meinem Fall der Richter sein? Sie? Oder gar ich selbst?

Ich heiße Elżbieta Elsner und bin neunzehn Jahre alt. Was sind das für neunzehn Jahre? Mit Sicherheit betrogene ... Im Grunde genommen ist mir das gleichgültig. So würde ich mich charakterisieren, gleichgültig, was meine eigene Person betrifft. Vielleicht lebe ich überhaupt nur noch deshalb, weil ich nicht darauf bestehe. Dort, hinter der Mauer, war ich zu allem bereit, um nur zu überleben. »Ich!« schrie es in mir. Diese Stimme übertönte alles andere.

Mein Papa Artur Elsner war Professor der Philosophie. Seine Studenten verehrten ihn. Es war eine echte Verehrung, denn sie fand ihren Weg ins Ghetto. In unserer Wohnung in der Sienna-Straße, in die wir im Herbst neunzehnhundertvierzig zogen, ging es immer lebhaft zu. Die Studenten setzten sich, wo sie gerade einen Platz fanden, auf den Tisch, die Stühle, den Boden. Papa hatte seinen Sessel, der mit einem Teil unserer Möbel hierhergekommen war. Wir brauchten nur wenige, denn die Wohnung war klein, zwei Zimmerchen und eine Küche. Als ich die Wohnung das erste Mal sah, weinte ich schrecklich. Davor hatten wir ein hübsches Haus mit Garten bewohnt. Ich hatte die Möglichkeit gehabt, dort zu bleiben, mit meiner Mutter, die Arierin war. Aber ich wollte bei meinem Vater sein, denn ich verehrte ihn wie seine Studenten. Ich lauschte ihren Diskussionen, ihren Erörterungen, die zusammen mit Papa ins Ghetto gekommen waren und nur von der Polizeistunde unterbrochen wurden.

Meine Eltern kamen schlecht miteinander aus. Meine Mutter hatte einen schwierigen Charakter, tief in meinem Herzen verglich ich sie mit Xanthippe, um so mehr, als mein Vater den Vergleich mit Sokrates gut aushalten konnte. Ich war sein geliebtes und einziges Töchterchen. Er liebte auch meine Mutter, sie war sehr schön. Von ihr habe ich die hellen Haare geerbt und die ziemlich seltene Farbe der Augen. »Reine Saphire ...«, so hatte einer von Papas Studenten einmal gesagt. Papa redete mir zu, bei meiner Mutter zu bleiben, die mich sogar mit Gewalt festhalten wollte. Aber ich blieb hartnäckig. Eine Trennung von ihm schien mir unmöglich. Also das Ghetto. »Ghetto statt Schierling«, dachte ich beim Anblick meiner Mutter, die auf der Veranda stand, als wir wegfuhren. Sie weinte. Solche Frauen weinen immer, wenn es schon zu spät ist.

Im ersten Jahr kamen wir irgendwie zurecht. Vaters Studenten halfen uns mit Lebensmitteln. Jeder schaffte es, etwas hereinzuschmuggeln. Wir litten nicht einmal Hunger. Danach, als das Ghetto abgeriegelt wurde, begann unser Drama. Damals lebten wir schon nicht mehr allein, in meinem Zimmer wohnte eine Frau, die in meinem Leben eine wichtige Rolle spielen sollte. Eines Tages hatte es an der Tür geläutet, und weil uns schon lange niemand mehr besuchte, freute ich mich. Ich dachte, daß die Blockade vielleicht beendet sei und ich ein bekanntes Gesicht sehen würde. Tief im Innern machte ich mir Hoffnungen, daß es einer von Papas Studenten sei. Ein kleiner braunhaariger mit Augen, auf deren Grund etwas glomm. So dachte ich, und mein Herz schlug schneller ... Vor der Tür stand eine Frau mit herausfordernd geschminktem Gesicht. Unter einem über ihre Schultern gehängten abgeschabten Pelz quollen ihre von einer Bluse eingeschnürten Brüste hervor. Sie stand breitbeinig da, um das Gleichgewicht zu halten, denn ihre leichten Schuhe hatten irrwitzig hohe Absätze. In ihrer Hand hielt sie einen Pappkoffer, der von einer Schnur zusammengehalten wurde.

Für einen Moment schauten wir uns an, dann lächelte sie und sagte mit einer tiefen, heiseren Stimme:

»Ich soll hier wohnen.«

»Hier wohnen wir«, entgegnete ich.

Sie zuckte die Schultern.

»Ich soll hier ein Zimmer bekommen«, wiederholte sie.

Und wieder beäugten wir uns gegenseitig.

»Ich hole Papa.«

Ich öffnete die Tür zu seinem Zimmer einen Spalt weit, wie gewöhnlich saß er mit einem Buch in seinem Sessel.

»Hier ist so eine Frau«, sagte ich unsicher.

»Für mich?« fragte er interessiert.

»Die Frau sagt, daß ... daß sie bei uns wohnen wird.«

Papa legte langsam sein Buch beiseite, dann stand er auf, zog sich sein Jackett über und ging in den Flur. Der Anblick der Frau verschlug ihm die Sprache. Ungläubig studierte er die Einzelheiten ihrer Erscheinung. Eingehend betrachtete er ihre schwarzen, stark gekräuselten Haare, die schrille Schminke auf dem Gesicht, dem Busen wich sein Blick aus und blieb statt dessen auf den Füßen haften, die durch die hohen Absätze nach innen gekrümmt waren. Die Frau betrachtete Papa mit derselben Neugier. Bestimmt war er mit seinem grauen Haarschopf, seinem Ziegenbart und dem geistesabwesenden Ausdruck in den Augen wie ein Wesen aus einer anderen Welt.

»Was wünschen Sie, Verehrteste?« hörte ich ihn fragen.

Ich war verblüfft, weil Papa noch nie jemanden so angeredet hatte, nie hatte er auch mit so einem Akzent gesprochen. Sie antwortete schon etwas weniger sicher:

»Ich soll hier wohnen.«

Und so geschah es. Ich zog zu Papa, und sie bekam mein Zimmer. Die Küche benutzten wir gemeinsam. Sie machte uns als Untermieterin keine Mühe. Sie ging immer am späten Nachmittag weg und kam dann in der Frühe zurück. Den größten Teil des Tages verschlief sie eigentlich. Niemand kam sie besuchen. Wir hatten Ruhe. Nur bedeutete diese Ruhe etwas sehr Ungutes. Das Geld ging aus, und wir hatten nichts mehr, was wir hätten verkaufen können. Papa versuchte, eine Arbeit zu bekommen. Ein paar Wochen lang war er als Nachtwächter auf einem Anwesen in der unmittelbaren Nachbarschaft beschäftigt. Dann mußte er gehen, weil jemand anderes sich dort »einkaufen« konnte. Wir hatten schon keinerlei Mittel mehr. Und auch kein Glück. Es endete damit, daß Papa nach Hause kam und sich schwer in seinen Sessel fallen ließ. Ich wußte, was das bedeutete. Er hatte nichts gefunden. Ohne unsere Mitbewohnerin wäre unsere Lage katastrophal gewesen. Ich lauerte darauf, wann sie in die Küche ging, und tauchte dann wie zufällig dort auf. Wenn sie gerade etwas aß, teilte sie es mit mir. Ich stopfte mir den Mund mit einem Stückchen matschigen Brots voll und fühlte mich dabei gedemütigt und schuldig gegenüber Papa, der doch auch hungrig war.

Sie mußte über unsere Lage Bescheid gewußt haben, denn einmal erwähnte sie so ganz nebenbei, daß sie mir eine Arbeit verschaffen könne. Ich erzählte Papa davon. Seine Miene wurde streng, und ich spürte, daß er dagegen war. Ich hörte immer auf das, was er sagte, aber ich war hungrig. Ja, ich war hungrig. Als unsere Mitbewohnerin wieder darauf zu sprechen kam, sagte ich ihr:

»Gut, nur darf Papa nichts davon wissen.«

Sie lächelte so, als wäre ich schon ihre Komplizin, und nickte zustimmend. Irgendwo tief in meinem Herzen machte ich Papa wegen dieses Lächelns einen Vorwurf. Einen Vorwurf, weil er so hilflos war. Weil wir Hunger litten. Ein paar Tage vergingen, und sie verhielt sich so, als hätte sie unsere Abmachung vergessen. Ich fürchtete, sie hätte es sich vielleicht anders überlegt. Das wäre das Ende gewesen. Ich nutzte eine Gelegenheit, als Papa nicht da war und sie gerade aufstand. Ich hörte, wie sie in ihrem Zimmer umherging. Ich klopfte bei ihr an. Diesmal war ihr Lächeln verlegen.

»Ich hatte gedacht, vielleicht als Putzfrau, aber sie brauchen keine«, sagte sie.

»Ich nehme jede Arbeit«, antwortete ich.

Sie schaute mich traurig, ja melancholisch an.

»Was weißt du schon vom Leben, Kleine«, meinte sie.

Mit Tränen in den Augen bat ich sie, uns doch zu helfen.

»Warst du schon mit einem Mann zusammen?« fragte sie.

Ich war verwirrt. Ich wußte nicht, was ich sagen sollte. Sie beobachtete mich aufmerksam und sagte dann wütend:

»Du weißt nicht, wie ein Schwanz aussieht, und möchtest jede Arbeit machen. Jede Arbeit ist eben diese Arbeit!«

Ich fühlte mich wie jemand, der über einen Abgrund springen muß und für den alles zu spät ist, wenn er es nicht augenblicklich tut.

»Ich will arbeiten!« sagte ich so bestimmt, daß sie es einfach nicht ignorieren konnte.

»Wie alt bist du?« fragte sie.

»Sechzehneinhalb.«

»Ich war noch keine vierzehn, als ich das erste Mal von diesem Honig gekostet habe«, meinte sie bitter. »Meine Mutter hat mich von einem Juden, deshalb bin ich hier. Zuerst steckten sie einen dort hinter Stacheldraht, dann schafften sie uns direkt nach Warschau. Wer hätte gedacht, daß ich noch als Warschauerin ende ...« Plötzlich schaute sie mir direkt in die Augen: »Entweder du schaffst es, oder du quillst vor Hunger auf, dann karren sie dich weg und schmeißen dich in die Grube!«

»Ich schaffe es«, war meine Antwort, obwohl sich mein Herz aufführte, als wollte es mir aus der Brust springen.

»Aber sag ihm nicht die Wahrheit«, und sie wies mit dem Kopf zur Tür.

»Nein, Papa darf es nicht wissen. Nie«, sagte ich.

Und als er von seinem Spaziergang zurückkam, eröffnete ich ihm, daß ich Französisch- und Deutschunterricht in den Wohnungen meiner Schüler geben würde. In dieser Nacht schlief ich fast überhaupt nicht. So ganz war es mir nicht klar, worin meine Arbeit nun eigentlich bestehen würde. Ich verstand, daß dort Männer sein würden und ich mit ihnen zusammen sein sollte. Aber mein Part war unklar. Vielleicht würden sie Zigarren rauchen, und ich würde ihnen die Aschenbecher reichen. Ich war doch noch ein Kind. Trotz der furchtbaren Dinge, die ringsumher geschahen. Ich hatte auf der Straße Leichen gesehen, die mit Zeitungen zugedeckt waren.

Am nächsten Tag verließ ich früh das Haus. Mit unserer Mitbewohnerin hatte ich ausgemacht, daß ich an der Ecke auf sie warten würde. Nach kurzer Zeit hörte ich das Geklapper hoher Absätze, und dann tauchte sie in ihrem Pelz auf, von dem sie sich nie trennte. Sie hakte sich bei mir ein.

»Ich werde für dich reden, du steh nur da und mach gute Miene ... zum bösen Spiel«, fügte sie hinzu.

Wir gingen durch ein paar Straßen, bevor wir in den Hof eines heruntergekommenen Hauses einbogen und nach oben stiegen. Da war ein dunkler Hausgang, ein Flur und schließlich eine Tür. An einem Schreibtisch saß ein beleibter Herr mit einer Zigarre zwischen den Zähnen. Direkt hinter ihm stand eine hohe Palme. Er und seine Umgebung kamen mir im Verhältnis zu dem, was draußen auf der Straße passierte, irgendwie unwirklich vor. Es war, als sähe ich das alles im Kino.

»Hej, Chef«, sagte meine Mitbewohnerin, »ich habe eine Überraschung.«

Sie setzte sich auf den Schreibtisch und machte ihm schöne Augen.

»Ich habe auch ohne dich genug Überraschungen«, blaffte er, und dann zeigte er auf mich: »Wenn sie für die Küche ist, dann brauch' ich sie nicht.«

»Sie will arbeiten.«

Der Fettwanst musterte mich scharf und verzog den Mund.

»Das ist noch ein Kind.«

»Sie ist willig«, umschmeichelte ihn die Frau. Dann befahl sie: »Komm näher.«

Mit einem Griff löste sie mir die Haare. Er nahm eine Strähne und rieb sie zwischen den Fingern, als wollte er ihre Stärke prüfen. Plötzlich fuhr er mit der Hand über meine Brust. Ich machte einen Satz zurück.

»Du machst wohl Witze, Wera«, sagte der Mann wütend, »verschwindet hier!«

»Ich kann drei Sprachen. Englisch, Französisch und

Deutsch«, stieß ich hervor, obwohl sie mir verboten hatte, etwas zu sagen.

Der Fettwanst lachte los. Das war so ein kurzes, abgehacktes Lachen. Dann wurde er ernst.

»Ist dein Deutsch gut?«

»Ja.«

Er überlegte einen Moment.

»Komm mal her.«

Ich trat näher, blieb jedoch mißtrauisch. Er bemerkte das wohl, denn er sagte grob:

»Ich könnte dich nehmen, aber ich mag solche Faxen nicht.«

»Ich ... ich werde gut arbeiten«, sagte ich und spürte, wie sich unter meinen Lidern die Tränen sammelten.

Er schickte mich nach draußen, wo ich auf dem Flur warten sollte. Wera und er berieten sich ziemlich lange, dann kam sie zu mir. Zusammen gingen wir zum Ausgang.

»Hast du einen Kerl?« fragte sie.

Ich wurde über und über rot, sagte aber ja. Ich dachte an einen von Papas Studenten, an dieses Unbestimmte, das zwischen uns bestanden hatte.

»Geh zu ihm. Wenigstens eine Erinnerung wirst du haben.«

»Er ist auf der anderen Seite der Mauer geblieben.«

Wera machte ein langes Gesicht.

»Verdammter Arier«, sagte sie rachsüchtig, »hat es nicht gebracht, dich zu nehmen. Jetzt haben wir die Bescherung.«

»Warum?« fragte ich.

Sie war wie vom Donner gerührt. Mitten auf dem Gehweg blieb sie stehen:

»Weißt du wirklich nicht, warum?«

»Ich weiß, aber ...«, verlegen brach ich ab.

»Also, was ist das für eine Arbeit?« fragte sie angriffslustig.

»Mit Männern.«

»Mit Männern, mit Männern«, äffte sie mich nach, »aber was, mit Männern?«

Ich schwieg.

»Tolle Bescherung ... Es hat keinen Sinn zu warten«, überlegte Wera laut, »noch zwei Wochen und du wirst zu nichts mehr taugen. Entweder jetzt oder nie.«

»Jetzt«, antwortete ich.

Sie bekam einen Wutanfall.

»Hör zu, Kleine! Wenn jemand nichts anderes hat, verkauft er sich selbst. Verstehst du! Entweder verkauft er sich, oder er verreckt auf der Straße wie der da«, und sie zeigte auf eine Leiche an der Mauer. Aus den zerschlissenen Hosenbeinen ragten dunkel angelaufene und bis auf die Knochen abgemergelte Männerfüße hervor. »Und weißt du, was es heißt, sich zu verkaufen? Du erlaubst, daß derjenige, der Geld hat, dir seine Hand unters Höschen schiebt und daß er es dir auszieht und daß er sich dann auf dich legt. Oder je nach Belieben ... muß ich noch weiterreden?«

»Nein.«

Ich stand auf dem Gehweg und hatte das Gefühl, alles um mich her drehe sich. Sie schaute mich mitleidig an, aber in ihren Augen leuchtete etwas Warmes auf. Sie begrüßte die Komplizin in mir. Das war die erste Stufe höherer Weihen. Ich war bereit, weiterzugehen, und sie wußte es.

»Wir müssen uns etwas einfallen lassen, wie wir dich auf die Arbeit vorbereiten ...«

Als ich ins Zimmer kam, saß Papa in seinem Sessel. Er machte ein Nickerchen. Plötzlich wurde mir bewußt, wie alt er in der letzten Zeit geworden war. Er war nie besonders groß gewesen, aber jetzt schien er noch geschrumpft zu sein, sein Rücken wurde krumm, und sein Kopf verschwand zwischen den Schultern. Schon auf den ersten Blick sah man, daß die Welt dieses Menschen eingestürzt war. Er lächelte bei meinem Anblick.

»Wie ist es gegangen, Elusia?«

»Geschafft«, antwortete ich, und es würgte mich plötzlich im Hals. »Ich werde abends arbeiten, weil meine Schüler tagsüber beschäftigt sind.«

»Gut, das ist gut«, freute er sich.

Ich schmiegte mich an ihn. Ich war einen Kopf größer als er. Also haben wir jetzt die Rollen getauscht, dachte ich. Jetzt war er mein Kind. Und ich mußte ihn beschützen, solange es nur ging. Ich holte aus meiner Tasche einen Laib Brot, den ich als Anzahlung bekommen hatte. Wir teilten ihn gerecht. Bald blieben von ihm nur noch die Erinnerung und die Krümel auf dem Tisch. Papa schaute zu mir auf, und mit einem entschuldigenden Lächeln sagte er:

»Wir haben alles aufgegessen ...«

»Ab jetzt werden wir nicht mehr hungern«, erwiderte ich mit einem Quentchen Stolz in der Stimme.

Ja. Ich war stolz, daß ich trotz allem keinen Rückzieher gemacht hatte. Was Wera gesagt hatte, klang wie ein schreckliches Märchen. Aber es war die Wahrheit. In der Nacht konnte ich nicht schlafen, ich dachte daran, was mir die nächsten Tage bringen würden. Auf einmal legte ich meine Hand unten an meinen Bauch, ich wanderte tiefer, zwischen die Schenkel. Ich berührte mich mit einem eigenartigen Gefühl. Ich wußte so wenig über die Dinge des Erwachsenenlebens. Ich wußte so wenig über die Männer. Über die Liebe. Denn das, was zwischen mir und Papas Studenten gewesen war, war doch alles ganz unausgesprochen geblieben. Irgendwie schüchtern und behutsam war es gewesen. Es erinnerte an das Rauschen von Blättern vor einem Sturm. Wird sich der Baum meines Lebens jemals aufrichten? Oder bin ich für immer besiegt? Das ist wohl das richtige Wort, denn der Sieg über mich selbst, über die eigene Furcht war gleichzeitig die Niederlage der Kindheit oder, ich weiß nicht, vielleicht schon der Jugend. Ich war sechzehn Jahre alt. Körperlich war ich noch nicht reif, aber geistig hatte ich mich schon voll entwickelt. Oder zumindest kam es mir so vor. Daß ich bei den Diskussionen zwischen Papa und seinen Studenten zugehört, daß ich an ihnen teilgenommen hatte, das mußte etwas bedeuten. Aber mit Sicherheit bedeutete es in praktischer Hinsicht wenig. So gesehen hatte Wera schon längst die Universität absolviert, während ich noch in der ersten Grundschulklasse war. Am nächsten Tag flüsterte Wera mir in der Küche zu, daß wir noch vor dem Abend aus dem Haus gehen müßten. Wie gewöhnlich zuerst ich und gleich danach sie. Auf der Straße erklärte sie mir, daß wir zu ihrem Verlobten gingen. Ich stellte keine Fragen und war froh, daß dies noch nicht der Tag war ... Wera rief eine Rikscha. Bald schon befanden wir uns am anderen Ende des Ghettos, wo die Umgebung so elend war wie die Menschen, die dort lebten. Wir gingen in ein halbverfallenes Haus. Ich wunderte mich sogar, daß überhaupt jemand dort wohnte. Ohne anzuklopfen, öffnete sie die Tür zu einer Küche. In der Ecke beim Fenster verrichtete ein alter Mann mit langem grauen Bart sein Gebet, eingehüllt in den rituellen Tallit, in einem Winkel lag eine junge, ausgezehrte Frau auf dem Bett, und in der Mitte auf dem nackten Estrich tummelte sich eine Schar schmutziger Kinder. In ihren Gesichtern waren nur das Weiß der Augen und der Zähne zu erkennen. Wera führte mich hinter einen Vorhang, der einen vollgestellten Raum abtrennte. Auf einem eisernen Bett lag schmutziggraues Bettzeug. Am Tisch saß ein junger Mann in der Uniform eines Polizisten. Er trank Selbstgebrannten aus einem großen Glas. Obwohl er nicht den Eindruck eines Betrunkenen machte, verspürte ich plötzlich Angst und hatte das Bedürfnis, wegzurennen.

Wera küßte ihn auf die Wange.

»So, da sind wir«, sagte sie sichtlich erfreut, ihn zu sehen.

Der Mann schaute zu mir hin, dann hob er den Blick zu Wera.

»Das ist sie?« fragte er.

»Das ist sie«, bestätigte sie eifrig.

»Du bist wohl übergeschnappt. Das ist doch ein Kind.«

»Da irrst du dich, Natan«, widersprach sie, »seit gestern ist sie eine Frau.«

»Wozu braucht sie dann mich!«

»Du tust ihr nur einen kleinen Gefallen. Du rettest sie vor dem Hungertod. Sie und ihren alten Vater.«

Ich war erstaunt, daß sie meinen Vater so sah, er war doch erst fünfzig.

»Weiß sie denn wenigstens, wozu sie hierhergekommen ist?«

»Das werden wir ihr gleich sagen.«

Wera goß ein Glas mit Selbstgebranntem halbvoll.

»Trink!« befahl sie.

Ich spürte, wie siedendes Wasser in meinen Magen floß, die Luft blieb mir weg, doch sie zwang mich, das Glas auszutrinken. Dann schenkte sie mir nach. Diesmal ging es leichter. Meine Beine wurden weich, alles um mich her schien sich zu verlangsamen. Ich hockte mich auf den Rand des zerwühlten Betts. Wera schaute mir in die Augen.

»Na, wie sieht's aus, Kleine?«

»Gut« – das klang ein bißchen schwach.

»Ich muß schon gehen«, sagte sie, »du kommst allein nach Hause?«

Gehorsam nickte ich. Sie klopfte mir auf die Schulter,

dann langte sie nach ihrer Handtasche, nahm etwas Geld heraus und schob es mir in die Tasche.

»Das ist für die Rikscha.«

Ich blieb mit dem Mann allein. Er saß am Tisch und kehrte mir den Rücken zu. Minuten vergingen, doch er rührte sich nicht. Ich dachte schon, er hätte vielleicht vergessen, daß es mich gab, aber da hörte ich ihn sagen:

»Bist du fertig?«

»Ja«, antwortete ich und schluckte. Meine Zunge klebte mir steif im Mund.

Mit einem Ruck drückte er mich aufs Bett. Ich fühlte mich wie ein Patient, dem es nicht gelingt zu erklären, daß die Narkose nicht wirkt. Manchmal hatte ich geträumt, ich läge auf einem Operationstisch, der Chirurg beugte sich mit einem Skalpell über mich, und ich konnte mich nicht wehren. Dieser Traum bewahrheitete sich jetzt. Ich fiel in die stinkigen Laken, vielleicht war es auch der Geruch des Selbstgebrannten, der von uns beiden ausging. Der Mann war jetzt neben mir, er rutschte ans Fußende, und nachdem er meine Beine auf einmal auseinandergezerrt hatte, legte er sie sich über die Schultern. Er richtete sich so weit auf, daß ich sein Gesicht direkt vor mir sah, gleichzeitig drang etwas Fremdes in mich ein. Ich spürte einen Schmerz und wollte schreien, aber ich bekam keinen Ton heraus. Ich war in einer unnatürlich verkrümmten Position, meine Beine ragten in die Luft, während meine Knie fast mein Kinn berührten. Genau über mir hatte ich das blutunterlaufene Gesicht des Mannes, dessen Züge sich verändert hatten und gröber geworden waren. Ich hatte das Gefühl, den Bezug zur Wirklichkeit zu verlieren. Dieser Raum, ich, er, wir alle drehten uns in einem alptraumhaften Tanz. Alles kam näher und entfernte sich dann wieder in einem festgelegten Rhythmus. Ich konnte mich nicht befreien, ich war ein Teil davon geworden. Die Grenze zwischen meinem Körper und dem Körper dieses Mannes verwischte sich, und es war wohl diese Symbiose, die mich am meisten erschreckte. Ich hatte das Gefühl, nicht mehr selbständig existieren zu können. Und dann veränderte sich plötzlich alles. Abrupt glitt der Mann aus mir heraus. Er stand auf, knöpfte seine Hosen zu und ging ohne einen Blick in meine Richtung aus dem Zimmer. Langsam, ganz langsam streckte ich meine Beine aus, dann zog ich meinen Rock herunter. Ein stechender Schmerz durchzog meinen Bauch, doch ich setzte mich auf und stellte fest, daß meine Kleider völlig zerdrückt waren. Es fehlte nur das Stück meiner Garderobe, über das mir Wera auf der Straße einen Vortrag gehalten hatte. Meine Höschen hingen wie eine weiße Fahne vom Bett ... Als er wieder ins Zimmer kam, saß ich genauso da wie vor diesem Akt der Barmherzigkeit, der soeben stattgefunden hatte. Ohne mich anzuschauen, schenkte er sich Wodka ein und trank ihn in einem Zug aus.

»Willst du vielleicht auch?« fragte er.

»Nein, ich gehe gleich«, antwortete ich.

Ich sah nur seinen Rücken, und zu diesem Rücken sagte ich im Hinausgehen völlig sinnlos dieses eine Wort:

»Danke.«

Ich ging durch die Küche, niemand nahm von mir Notiz. Der Alte betete in der Ecke, die Kinder spielten in der Mitte, nur die Frau hatte sich umgedreht und lag mit dem Gesicht zur Wand. Als ich nach draußen kam, war es schon dunkel. Ich hob den Kopf und sah den Sternenhimmel ...

Papa wartete in der Tür auf mich.

»Ich habe mir Sorgen um dich gemacht«, sagte er.

»Mach dir um mich keine Sorgen, mach dir um mich nie mehr Sorgen«, erwiderte ich mit fremder Stimme. Es ist wahr, ich erkannte weder ihn noch mich selbst wieder. Es kam mir vor, als wären wir bisher beide unwirklich gewesen, als hätte man uns aus Versehen andere Rollen zugeteilt.

In der Küche stellte ich Wasser auf. Das Gas war schwach, und das Wasser wurde nur langsam warm, ich goß es in eine Schüssel. Die Schüssel stellte ich auf den Boden. Als ich mich darüberhockte, stieg in mir ein Beben hoch, und ich merkte, daß es ein stummes Weinen war. Ich wusch mich mit dem Gefühl, mein Körper gehöre schon nicht mehr mir. Aus irgendwelchen Gründen war er mir geliehen worden. Eines aber wußte ich mit Bestimmtheit. Dank seiner würde ich weiterleben können.

Das Wasser warm machen, diese einfache, tägliche Handlung, was war sie doch an diesem Tag für mich ... Ist ein Mann fähig, das zu verstehen? Und doch haben Sie mir schon etwas wiedergegeben, Ihnen verdanke ich die Hoffnung, daß ich einst als Frau ich selbst sein kann ...

Als ich hörte, daß Wera sich in der Küche zu schaffen machte, stand ich vom Bett auf. Es war früh am Morgen, das ganze Haus schlief, nur wir zwei sollten von nun an in einem anderen Rhythmus leben. Als sie mich sah, malte sich Neugier auf ihrem Gesicht, die sofort und ohne Worte befriedigt wurde.

»Willst du einen Wodka?« fragte sie.

Und als ich zögerte, bestärkte sie mich:

»Trink einen, dann schläfst du ein.«

Das waren prophetische Worte, denn schon bald konnte ich nicht mehr einschlafen, ohne wenigstens ein halbes Glas dieser schauerlichen, stinkenden Brühe getrunken zu haben.

Schließlich kam der große Tag. Ich befand mich in einem verqualmten Saal, ausgestellt als Ware. Der Chef verlangte, daß ich, solange ich noch so mager war, ein etwas längeres

Kleid tragen solle. Darunter zog ich ein Schnürleibchen an, die Schalen hatte Wera mit Watte ausgestopft, damit mein Busen größer wirkte, die Haare waren mir zu einem Dutt aufgekämmt. Mein erster Kunde war ein dicker Mann, der, wie ich später erfuhr, Besitzer eines Beerdigungsunternehmens war. Er beobachtete mich vom Nachbartisch aus. Ich spürte seinen Blick und betete im stillen, es möge nur nicht er sein. Aber als er von seinem Platz aufstand, wußte ich, daß er es auf mich abgesehen hatte. Ich führte ihn nach oben in das Zimmer, das mir zugewiesen worden war. Es war klein und hatte eine Dachschräge. Darunter stand ein schmales eisernes Bett mit einem Metallrost. Als der Dickwanst sich daraufsetzte, quietschte es jämmerlich. Er beugte sich vor, um seine Schuhe auszuziehen, aber sein mächtiger Bauch behinderte ihn.

»Hilf mir, Kind«, sagte er und lächelte entschuldigend.

Ich fühlte so etwas wie Sympathie für ihn, ich half ihm, seine ziemlich abgewetzten Schuhe auszuziehen. Er knöpfte seine Hosenträger ab und zog die Hose aus. Er stand in seinen knielangen Unterhosen vor mir, aus denen kurze, haarige Beine ragten. Die ganze Zeit lächelte er.

»Du bist neu hier«, sagte er, »du wirst dich schnell eingewöhnen.«

Mir kam es vor, als hätte ich mich schon eingewöhnt. Als ich in der Dunkelheit der Nacht darüber nachgedacht hatte, war es viel schwieriger gewesen. Ich zog mich hinter einem Vorhang aus und wollte mich aufs Bett legen, doch er zog mich an sich und faßte meine Hand. Er führte sie über seinen Körper, immer tiefer. Plötzlich stießen meine Finger auf etwas, das außerhalb dieses massigen Körpers existierte und das wie ein frisch geschlüpftes Küken war. Ich riß meine Hand los und flüchtete hinter den Vorhang. Mit der Gutmütigkeit des Mannes war es vorbei. Böse bestand er darauf, daß wir es machen müßten, andernfalls seien meine Tage hier gezählt. Aber ich wollte nicht hervorkommen. Er machte sich die Mühe, zu mir zu gehen, packte mich an den Haaren und schleifte mich mit Gewalt zurück. Er ließ meinen Kopf jetzt nicht mehr los und versuchte, ihn zwischen seine Schenkel zu drücken. Wir kämpften immer verbissener. Er schwitzte, und seine Hände wurden feucht. Vielleicht gelang es mir deshalb, meine Haare frei zu bekommen. Ich stürzte hinter den Vorhang, zog mein Kleid über meinen nackten Körper, und bevor er es verhindern konnte, rannte ich auf den Flur hinaus. In den Saal konnte ich nicht zurück. Meine Haare waren zerwühlt, und ich war barfuß. Ich hatte Angst, mein Chef würde mich sehen, und das wäre dann mein erster und letzter Tag hier gewesen. Trotzdem brachte ich es nicht fertig, wieder nach oben zu gehen, ich blieb im Flur unter der Treppe. Dort wollte ich auf Wera warten. Sie war mit einem Kunden zusammen, aber »das« dauerte doch nicht lange, sie würde herunterkommen müssen. Als ich ihr kehliges Lachen hörte, war das wie eine Erlösung für mich.

»Wera«, rief ich leise.

»Was machst du da?« wunderte sie sich.

»Der Mann ... er wollte so etwas ...«

»Das kommt vor.«

»Aber nicht heute. Nicht am ersten Tag, erklär das dem Chef ...«

Sie überlegte einen Moment.

»Ist dieser Liebhaber unreifer Früchte oben geblieben?«

Ich nickte. Wortlos machte sie auf dem Absatz kehrt und ging für mich dorthin. Den Rest der Nacht saß ich in dem verrauchten Saal herum. Wir gingen zusammen nach Hause, aber die Wohnung betraten wir getrennt. Auf unserer Wanderung durch das ausgestorbene Ghetto – die einen waren tot, die andern schliefen noch – hakte ich mich bei ihr unter. Ich wollte mich bei ihr bedanken, aber ich wußte nicht, wie, also drückte ich nur ihren Ellbogen fest an mich.

»Das war schrecklich ... abscheulich«, sagte ich leise.

»Du gewöhnst dich daran.«

»Das hat er auch gesagt.«

Wera lachte auf.

»Da siehst du's. Überhaupt, was soll's ... wozu sich aufregen. Der Tod steht hinter dir ...«

Fast spürte ich die Berührung der knochigen Finger in meinem Nacken. Seit jener Zeit spüre ich sie immer, wenn sich eine Gefahr nähert.

Mein Verhältnis zu Papa änderte sich. Wir lebten nebeneinander her, wir sagten uns irgendwas, aber wir waren nicht fähig, das Gefühl der Einsamkeit loszuwerden. Anfangs fing ich immer wieder seinen fragenden Blick auf, später wurden Papas Augen hoffnungslos traurig. Ich bemühte mich, ihnen auszuweichen. Abgesehen davon war unsere Lage gut, es gab genug zu essen. In der ersten Zeit fühlte ich mich gefährdet. Ein paar Wochen waren vergangen, und niemand hatte mich aufgefordert, mit nach oben zu kommen. Ich schlich zwischen den Tischchen umher, in dem Rauch der Zigaretten, und war voll Unruhe, ob der Chef es nicht bedauern würde, sich einen Schmarotzer ins Haus geholt zu haben. Ein- oder zweimal wurde ich zu ihm gerufen, um irgendeine Verordnung zu übersetzen. Aber das war nicht der Rede wert. Schließlich hörte die Pechsträhne auf. Es fand sich der erste Kunde nach jenem Fehlstart. Trotz meiner nicht allzu aufreizenden Figur – ich war fast flach, und meine Oberschenkel glichen zwei Mondsicheln – war er zufrieden. Er sagte, ich hätte wunderschöne Haare und er würde jetzt regelmäßig zu mir kommen.

Wera freute sich, als ich ihr davon erzählte. Ich merkte, einen festen Kunden zu haben, das war etwas in unserem Stall. Zwei Häuser weiter befand sich ein ähnliches Etablissement für vornehme Gäste. Von außen war das Haus genauso heruntergekommen, aber drinnen gab es angeblich Plüschvorhänge an den Türen und Salons. Und Edelhuren. Wir waren das Ghetto-Proletariat. Aber mir genügte es, daß ich nicht hungrig war und daß Papa nicht hungrig war.

Es wurde immer einfacher für mich, dorthin zu gehen. Eines Tages kam mir das Schnürkorsett zu eng vor. Meine Brüste wurden runder, und dann wurden auch meine Schenkel fülliger. Wera nannte das ein »Aufgehen« des Körpers. Auch mein Gesicht veränderte sich, die Saphire in meinen Augen funkelten in fiebrigem Glanz ... Anfangs bemerkte nur ich diese Veränderungen, dann bemerkten es auch andere. Seit ich mich mit Wera angefreundet hatte, war ich eigentlich die ganze Zeit mit ihr zusammen. Meist tranken wir Selbstgebrannten in Gesellschaft ihres Verlobten. Vorher hatte sie sich geniert, ihn in die Wohnung mitzubringen, jetzt übernachtete er oft bei ihr. Im Verlauf eines solchen Trinkgelages erzählte er, was er an jenem Tag durchgemacht hatte, als Wera mich zu ihm gebracht hatte.

»Ich hatte solchen Schiß, du glaubst es gar nicht. Am liebsten wäre ich verduftet, irgendwohin weit weg ...«

»Was redest du da, Natan«, bemerkte Wera darauf, »Hauptsache, du warst der Aufgabe gewachsen.«

Nach meiner Metamorphose wäre ein solches Gespräch undenkbar gewesen. Niemand sagte mehr »Kleine« zu mir, niemand nützte mich mehr aus. Und der Chef hob den Preis für meine Dienste an. Er spendierte mir sogar ein richtiges Kleid, es war sehr kurz und bedeckte kaum mein Hinterteil, dafür hatte es jede Menge Falbeln. Ich bekam auch Nylonstrümpfe mit Naht und Schuhe mit hohen Absätzen. Schnell lernte ich, in ihnen zu gehen.

Eines Nachts, während einer kurzen Zigarettenpause, saßen Wera und ich an einem Tischchen und rauchten zu zweit an einer Zigarette, denn das war sparsamer. Wera sagte gerade etwas zu mir, als sie plötzlich mitten im Wort abbrach und erstarrte. Unwillkürlich wandte ich mich um und sah einen Mann in SS-Uniform, gleichzeitig hörte ich sie flüstern:

»Der Lachende Otto.«

Ich hatte von ihm gehört, er hatte auch andere Namen, zum Beispiel »der Henker des Ghettos«. Ungefähr vor einer Woche hatte er einen kleinen Jungen erschossen, der versucht hatte, auf die andere Seite zu klettern, um Lebensmittel aufzutreiben. Der Mann stand mit leicht gespreizten Beinen in der Tür, unter seinem Arm hielt er seine SS-Mütze mit dem Totenkopf. Jedes Geräusch im Saal erstarb. Von hinten kam der Chef angelaufen. Er kugelte wie ein Faß auf den Deutschen zu. Ich prustete vor Lachen. Wera grub mir ihre Fingernägel in die Hand. Es tat mir weh, und ich glaube, ich bekam Angst. Der Chef umtänzelte schon den neuen Gast und versuchte, dessen Wünsche zu erraten. Der andere würdigte ihn jedoch keines Wortes. Er bewegte sich zwischen den Tischchen hindurch, und ich wußte, daß er auf mich zuging. Deshalb dieser Besuch. Er kam, um mich zu sehen. Meine Ahnung trog mich genauso wenig wie damals, als der Dickwanst von seinem Kotelett aufgestanden war. Der Lachende Otto trat an unser Tischchen. Wera sprang sofort auf, aber ich rauchte in Ruhe meine Zigarette. Ich schaute vor mich hin, als gäbe es ringsum nichts Interessantes. Er wartete eine Weile, dann drehte er sich um und ging zum Ausgang. Der Chef folgte ihm auf den Fersen wie der sprichwörtliche

Schatten, während Wera in ihren Sessel sank. Sie war totenblaß.

»Verlaß dich nicht auf deinen Charme«, sagte sie zitternd, »gegen den hat noch jede verloren.«

»Wir werden sehen.« Ich wunderte mich selbst über den Ton, in dem ich das sagte.

Der SS-Mann verließ den Saal, und sogleich stellte sich der gewohnte Rhythmus wieder ein: das Geklirr der Bestecke und Gläser, die sich übertönenden Stimmen, die Musik. Mein fester Kunde, der Besitzer einer Kurzwarenhandlung, bewegte sich auf unseren Tisch zu, weshalb ich eilig meine Kippe ausdrückte und »das Gesicht« aufsetzte, indem ich ihm einen Ausdruck von Einverständnis und Erwartung gab. Aber er kam nicht bis zu mir, der Chef verstellte ihm den Weg. Der andere wollte zuerst nicht aufgeben, doch als der Chef ihm dann etwas ins Ohr flüsterte, zog er sich hastig zurück. Gleich darauf hatten wir den Fettwanst am Tisch. Auf seinem Gesicht spiegelte sich Verzückung, weder Wera noch ich hatten ihn jemals so gesehen. Er beugte sich über mich und säuselte:

»Ela, ab heute bist du für niemanden mehr zu haben.«

»Wollen Sie mich rausschmeißen, Chef?« fragte ich unschuldig.

»Ach woher«, er war ernsthaft beleidigt, »du wirst nur einen einzigen Kunden haben.«

Ich wußte sehr gut, wer dieser Kunde war. Auch Wera wußte es, sie schaute mich mit einer Mischung aus Bewunderung und Furcht an. Und ich? Vielleicht hatte ich auch Angst ... immerhin war ich erst siebzehn Jahre alt. Die Situation, in der ich mich befand, war wie ein Betäubungsmittel, doch es gab Momente, in denen es nicht mehr wirkte, und dann war ich nur noch ein verschrecktes Kind.

Es vergingen drei Tage oder, genauer, drei Nächte, ich

saß an meinem Tischchen und langweilte mich. Ich wollte mir schon ein Buch mitbringen, obwohl ich nicht weiß, ob mir der Chef erlaubt hätte zu lesen ... Da endlich tauchte er auf. Ohne zu mir hinzuschauen, ging er durch den Saal und verschwand im rückwärtigen Teil. Nach einiger Zeit kam mein Chef aufgeregt angerannt und befahl mir, auf das Zimmer im Erdgeschoß zu gehen. Dorthin gelangte man durch das Büro. Ich machte kein Licht an und zerriß mir die Strümpfe, weil ich gegen einen Stuhl stieß. Als ich die Tür zum Zimmer öffnete, dachte ich nur noch daran, daß ich eine Laufmasche hatte. Vielleicht wollte ich so meine Angst verscheuchen ... Einen Moment lang glaubte ich, daß niemand da sei. Dann bemerkte ich ihn. Er stand am Fenster vor den zugezogenen Vorhängen und hatte mir den Rücken zugekehrt. Wieder ein Rücken, dachte ich. Langsam drehte er sich um, wir schauten uns an. Ich konnte sein Gesicht nicht sehr deutlich sehen, erst als er näher kam. Ich war erstaunt, denn es war das normale Gesicht eines durchschnittlich gutaussehenden Mannes. Wäre er in Zivil zu mir hochgekommen, hätte ich ihn wie jeden anderen Kunden behandelt. Aber schon im nächsten Moment dachte ich anders darüber. Als wir uns in die Augen sahen, spürte ich diese knochige Berührung im Nacken, und augenblicklich sträubte sich alles in mir wie zur Abwehr. Unverwandt und ohne Angst schaute ich in diese Augen. Er war es, der seinen Blick abwandte.

»Sitzen«, sagte er auf polnisch, »wir sitzen ...«

»Wir können deutsch miteinander reden.«

Wieder trafen sich unsere Augen. Ich hielt ihn mit dem Blick fest und fing an, mich auszuziehen. Ich schlüpfte aus meinen Schuhen, was ein Fehler war, denn sofort war ich kleiner. Als nächstes zog ich die Strümpfe aus, befreite mich von meinem Kleid, meiner Wäsche. Ich stand nackt vor ihm. Mit einer Bewegung löste ich meine Haare und achtete darauf, für keinen Moment den Blick von ihm zu lassen. Mit eroberungslustiger Neugier beobachtete ich sein Gesicht.

»Ziehen Sie sich nicht aus?« fragte ich.

»Vielleicht trinken wir etwas Champagner?« gab er die Frage zurück. Seine Stimme war die Bestätigung, daß er sich vor mir fürchtete.

»Ich trinke nicht«, antwortete ich kalt.

Er zog sich im Dunkeln aus. Vor dem schwachen Licht der Straße hoben sich im Halbdunkel die Umrisse eines nackten Mannes ab. Kurz darauf stand er neben mir, dünn und drahtig. Wäre er in Zivil gekommen, hätten wir vielleicht eine normale, kurze »Nummer« geschoben. Doch neben mir auf dem Stuhl hing seine SS-Uniform. Ich mußte mich nicht sonderlich anstrengen, damit jeder Pore meiner Haut Gift entströmte, das meinen Partner zur völligen Impotenz brachte. Ich spürte, wie er sich wand, wie er mit sich kämpfte, machte aber keine Anstalten, ihm zu helfen. Das dauerte ziemlich lange, schließlich stand er auf. Er zog sich an und verließ wortlos den Raum. Ich blieb allein zurück und war plötzlich verängstigt und den Tränen nahe. Für so eine Kränkung konnte er doch alles mit mir machen, mich auf den Umschlagplatz abschieben oder mir aus nächster Nähe in den Kopf schießen. Und was würde mit Papa geschehen? Sie würden ihn mit mir verschicken oder uns zusammen totschlagen. Die kalten, knöchrigen Finger drückten sich immer fester in meinen Nacken, ich mußte mich zusammenreißen, um nicht vor lauter Angst zu schreien. Ich ging nach Hause, ohne noch im Saal vorbeizuschauen. Papa hatte sich noch nicht schlafen gelegt, er döste wie gewöhnlich über einem Buch in seinem Sessel.

»Du kommst so früh«, sagte er freundlich.

Das löste eine Explosion bei mir aus.

»Aber woher, fragst du nicht? Du glaubst doch schon lange nicht mehr, daß ich Unterricht gebe! Ich bin eine Hure! Und weißt du, wie sie mich nennen? Die Königin des Bordells!«

Er fuchtelte mit den Armen, als wollte er mich abwehren. Er kam mir jämmerlich vor. Ein Hanswurst mit Ziegenbart, dachte ich verächtlich. Ich schloß mich in der Küche ein. Im Schrank stand eine Flasche mit Selbstgebranntem, ich nahm einen kräftigen Schluck. Die knöchrigen Finger lockerten fast augenblicklich ihren Druck. Ein paar einsame Stunden saß ich am Küchentisch. Als ich ins Zimmer zurückkam, schlief Papa schon, oder zumindest tat er so. Ich legte mich ins Bett, obgleich ich wußte, daß der Schlaf nicht kommen würde. Einen Moment lang wollte ich zu Papa unter die Decke schlüpfen, wie ich es als Kind getan hatte. Wie damals wollte ich bei ihm Hilfe suchen. Aber er war hilflos, in allem von mir abhängig. Wera hatte recht, das Ghetto hatte ihn vorzeitig zum Greis gemacht. Er war alt und gebrechlich geworden. Einmal hatte ich ihn in der Küche angetroffen, er hielt ein Stück Brot in der Faust, von dem er kleine Stücke abzupfte, wie das die Bettler machen.

»Aber es ist doch Schmalz da«, sagte ich, »warum schmierst du dir das Brot nicht.«

»Es reicht dann nicht für dich.«

»Um mich kümmere dich nicht«, antwortete ich scharf.

Ich horchte, ob Schritte auf der Treppe zu hören wären. Kamen sie schon, um mich zu holen, oder, noch schlimmer, um uns zu holen ...? Es wurde Zeit für mich, zur Arbeit zu gehen. Ich fühlte mich ziemlich unsicher, als ich den Saal betrat. Alles war wie immer, voll Rauch, Musik und Lärm. Ich setzte mich an ein Tischchen, fast mit genau demselben

Gefühl wie am ersten Tag. Beim Anblick des Chefs schlug mir das Herz bis zum Hals. Vielleicht sind sie schon da ... Doch er flüsterte mit klebrigem Lächeln, daß jener schon warte. Augenblicklich sprang ich wie vor mir selbst zurück, es war, als würde ich jemand anderes. Ich erkannte mich selbst nicht wieder, denn identifizieren konnte ich mich nur mit meiner Angst. Alles andere war fremd. Das war nicht ich, das war sie. Und sie war es, die jetzt zu dem ging, der da wartete. Ich sah seinen Rücken, und dann sah ich sein Gesicht. Die Augen in diesem Gesicht schmolzen, sie waren ergeben, ja geradezu hündisch ... Ich setzte mich aufs Sofa, und während ich meine Beine übereinanderschlug, sagte ich:

»Heute trinke ich Champagner.«

Er stürzte zum Tisch. Aus dem Eiskühler ragte der mit Silberfolie umwickelte Hals einer Flasche. Er ließ den Korken knallen, und die helle Flüssigkeit füllte die langstieligen Gläser. Ich nahm das Glas in die Hand und spürte, daß in diesem Augenblick ein neuer Abschnitt in meinem Leben begann. Ich war neugierig, was dieser Deutsche in mir entdeckt hatte, das ihm jede Stärke raubte, denn solche wie er hatten doch kein Herz. So ganz habe ich das wohl nie verstanden. Vielleicht wirkte meine Schönheit so auf ihn. Aber an schönen Mädchen gab es damals keinen Mangel, er brauchte nur ein paar Häuser weiterzugehen. Es stimmt, ich war sehr hübsch. »Man fühlt noch den Tau auf den Blättern«, hatte einer der Kunden gesagt. Auch er war von mir entwaffnet gewesen. Das ist wohl das richtige Wort. Aber einer der »Gäste«, ein Intellektueller, und die waren in unserem Stall eine Seltenheit, hatte gesagt: »Deine Schönheit ist giftig, der Tod geht von ihr aus ...« Diese Bemerkung hatte mir Angst eingejagt. Und dieser Mensch. Ich wollte nicht mit ihm gehen, obwohl er viel

Geld geboten hatte. Ich blieb hart und damit Schluß. Ich konnte mir das erlauben. Ich konnte mir viel mehr erlauben als meine Kolleginnen. Von dem Augenblick an, als der Lachende Otto aufgetaucht war, konnte ich mir alles erlauben. Im übrigen hörte er auf zu lachen, bei mir wurde er finster. Seine Eifersucht äußerte sich in Zornausbrüchen. Einmal wollte er jemanden erschießen, der es gewagt hatte, mich anzuschauen. Er brachte es so weit, daß man sich vor mir fürchtete. Selbst Wera zog sich von mir zurück. Ich besuchte sie immer noch, doch ihr Verlobter und sie verstummten bei meinem Anblick. Ihr Verhalten mir gegenüber wurde gekünstelt, ich konnte daran nichts ändern. Ich hörte auf, mit ihnen zusammenzusein. Ich lebte völlig isoliert. Wenn ich schwerbeladen mit meinen Einkaufstaschen voller Essen durchs Ghetto ging, war alles, was ringsumher geschah, wie eine Dekoration. Die Leichen auf der Straße, die bettelnden Kinder. Es kam mir nicht einmal der Gedanke, irgend jemandem etwas abzugeben. Das wäre in der Welt, der ich angehörte, eine leere Geste gewesen. Ich hatte die unklare Vorstellung, daß alles verschwinden würde, wenn ich aus meinem Netz auch nur eine Orange nehmen und sie einem ausgehungerten Kind schenken würde, und daß ich selbst dann an dessen Stelle wäre. Meine einzige Sorge war, Papa zu ernähren. Ich war ihm gegenüber liebenswürdig geworden. Ich versorgte ihn mit Kaviar und Sardinen, umschmeichelte ihn sogar und stellte ihm zartfühlend Fragen. Er antwortete mit seiner traurigen Stimme und wollte außer Brot nichts annehmen. Mich machte das nicht wütend, für mich war das die gleiche leere Geste, wie wenn ich einem sterbenden Kind eine Orange geschenkt hätte. Nur zu einem hatte ich kein Recht: Ich maßte mir Ausdrücke an, wie ich sie einst in meiner Kindheit gebraucht hatte. Ich sagte »Paps«, »Papsilein«. Das war nicht fair. Wir beide fühlten das, aber ich konnte es nicht lassen. Ich hatte schon vergessen, wie ich jenseits der Mauer gewesen war, nur manchmal tauchte kurz jenes Mädchen mit Schleifen in den Zöpfen vor mir auf und zog stumm und noch viel unwirklicher als mein jetziges Leben an mir vorbei. Wozu also lieh ich mir von ihr dieses beschwörende »Paps«, »Papsilein« aus ...? Hier ging es um einen fünfzigjährigen Greis und eine Edelhure. Otto wollte mir eine Wohnung mieten, aber ich lehnte ab. Hartnäckig hielt ich an dem Haus in der Sienna-Straße und dem Zimmerchen fest, zu dem der Weg durch das Büro führte. Dort fanden unsere Treffen statt. Den Saal betrat ich nicht mehr, in meinem Nerzmantel tauchte ich zu unterschiedlichen Zeiten auf, und manchmal wartete er vergeblich. Es war ihm verboten, mich zu Hause zu besuchen oder auch nur jemanden nach mir zu schicken. In dem Zimmer hinter dem Büro knallte genau um Mitternacht der Champagnerkorken. Es begann das Jahr neunzehnhundertdreiundvierzig.

»Ela«, sagte der Lachende Otto, »werde meine Frau.«

Ich schaute ihn verwundert an.

»Was hast du da gesagt?«

»Ich möchte dich heiraten.«

»Und deine Rasse schänden! Was sagt dein Führer dazu?« lachte ich ihn aus.

»Ich liebe dich«, sagte er leise.

»Aber ich liebe dich nicht«, entgegnete ich kalt, »und sprechen wir nicht mehr davon.«

Was fühlte ich, als der SS-Mann vor mir niederkniete, als er mir die Füße küßte? Es ist komisch, aber ich fühlte nichts. Absolut nichts. Als wäre ich nur eine Hülle und innen hohl. Nur konnte ich die Worte jenes verhinderten Kunden nicht vergessen: »Deine Schönheit ist giftig, der

Tod geht von ihr aus.« Ein gewisses Vergnügen machten mir die Qualen des SS-Manns. Ich war intelligenter als er und sprach fließend Deutsch. Eines Nachts fing ich an, ein Gedicht zu deklamieren:

Dieses Baums Blatt, der von Osten
Meinem Garten anvertraut,
Gibt geheimen Sinn zu kosten,
Wie's den Wissenden erbaut.

Ist es ein lebendig Wesen,
Das sich in sich selbst getrennt?
Sind es zwei, die sich erlesen?
Daß man sie als Eines kennt.

Solche Frage zu erwidern
Fand ich wohl den rechten Sinn:
Fühlst du nicht an meinen Liedern,
Daß ich eins und doppelt bin?

»Ist das ein Gedicht?« fragte er.

Ich lachte auf.

»Vom Sohn desselben Volkes wie du und dein Führer. Vielleicht hast du sogar von ihm gehört, das ist Goethe.«

Er sagte nichts darauf, vielleicht hatte er wirklich nicht von ihm gehört.

Nach Hause kam ich am frühen Morgen. Ich wunderte mich, Papa in seinem Stuhl zu finden, auf seinen Knien lag wie immer ein Buch. Den Kopf hielt er gebeugt, sein dichtes graues Haar war ihm in die Stirn gefallen. Er schlief. Ich machte mir im Zimmer zu schaffen, danach wusch ich mich in der Küche. Als ich, schon im Nachthemd, zurückkam, fand ich ihn in derselben Stellung vor. Von einer plötzlichen Ahnung erfaßt, berührte ich seine Hand. Sie war kalt.

»Papachen«, stieß ich flüsternd hervor mit der Stimme des Mädchens von jenseits der Mauer.

Ich hob Papas Kopf an. Ich sah sein geliebtes Gesicht, doch gleich darauf passierte etwas Schreckliches, langsam klappte Papas Kiefer nach unten, was ihm das Aussehen eines Raubvogels verlieh. Seine eingefallenen Wangen, die scharf hervorspringende Nase ... darin lag etwas Vogelartiges. Ich lief in Weras Zimmer, wo sie mit ihrem Verlobten das neue Jahr feierte. Beide waren beschwipst, mein Anblick ernüchterte sie. Ich konnte kein Wort herausbringen, ich zeigte nur auf unsere Tür.

»Der Alte ist entschlafen«, sagte Wera mit Wärme.

Sie band Papa ein Tuch um den Kopf, er sah jetzt aus wie jemand, der Zahnweh hat, und sein Gesicht bekam wieder menschliche Züge. Ich stand wie gelähmt da, erst als Wera ihm das Buch aus der Hand nahm, kam ich zu mir. Ich fürchtete, sie würde das Buch schließen und nie würde ich erfahren, was er in jener letzten Nacht gelesen hatte. Sorgfältig knickte ich die Seite ein. Danach, als Wera sich im Zimmer zu schaffen machte, saß ich in der Küche am Tisch. Über mein Gesicht flossen Tränen. Er hatte die Schwelle schon überschritten, die vor allen Menschen lag. Er wußte schon Bescheid. Ich wollte bei ihm sein. Wie immer, seit meiner Kindheit. Nie hatte ich ihn verlassen, nicht einmal während dieser schlimmen Monate. Ich hatte bereits vergessen, wer ich eben noch gewesen war. Am schlimmsten war, daß er davon nichts wußte. Er mußte sterben, damit ich wieder ich selbst werden konnte. Doch der Preis war entschieden zu hoch, ich konnte mich damit nicht abfinden.

Wera schaute in die Küche.

»Komm zu deinem Alten«, sagte sie teilnahmsvoll mit ihrer vom Trinken und Rauchen heiseren Stimme.

Ich nahm ihr Beileid entgegen, immerhin hatte sie Papa

gekannt und ihn gemocht. Sie war eine Gefährtin in diesem erniedrigten Leben gewesen, das wir geführt hatten, seit Hunger und Elend über uns hereingebrochen waren.

Am zweiten Februar verließ ich das Ghetto, eine vom Lachenden Otto bezahlte Person führte mich hinaus. In der Tasche hatte ich eine Kennkarte auf den Namen Krystyna Chylińska. Auf diesen Namen hatte der Deutsche eine Wohnung gemietet, und wir sollten uns dort treffen. Doch ich ging nicht hin. Eine Weile wanderte ich ziellos durch die Straßen, und erst als ich das Gefühl hatte, verfolgt zu werden, bog ich in ein Tor ein, ging die Treppe nach oben und klingelte an der Tür im ersten Stock. Niemand öffnete. Ich hörte die Schritte des von dem Deutschen gesandten Erzengels, lief ein Stockwerk höher und drückte die Klingel mit dem Türschild »A. R. Korzecki«. Nach einer Weile stand Ihre Mutter in der Tür. Die Augen, die mich anschauten, wußten sofort alles, obwohl ich gar nicht wie eine Jüdin aussah. Ich stand vor ihr in einem zu kleinen Mantel, der von meiner jüngeren Schwester hätte sein können. In diesem Mäntelchen hatte ich ein paar Jahre zuvor die Grenze zum Ghetto überschritten. An den Füßen trug ich alte Schuhe, die eigentlich schon zu eng waren, weil ich damals doch noch wuchs. Alle Kleider, die mir der Lachende Otto gekauft hatte, waren in der Sienna-Straße zurückgeblieben. Ich hatte nicht einmal Zeit gehabt, mich von Wera zu verabschieden. Aber vielleicht wollte ich es gar nicht ... Obwohl Ihre Mutter wußte, woher ich kam, nahm sie mich bei der Hand und führte mich nach drinnen.

DER ZWEITE BRIEF

Dezember 1944

Lange betrachtete ich Dein schlafendes Gesicht. Seit ein paar Tagen sind wir wieder zusammen. Ich kann Dir nicht sagen, was ich fühlte, als ich Dich durch den Garten kommen sah. In diesem Moment versprach ich, die ganze Wahrheit zu gestehen – Dir, denn nur Du kannst mein Richter sein.

Ich weiß nicht, ob Gott existiert. Ich mache mir darüber keine Gedanken, es hat für mich keine größere Bedeutung. Ich möchte Euch nahe sein. Das genügt mir. Aber ich habe mein Wort nicht gehalten, denn bevor ich mich zu meiner Beichte durchringen konnte, hatte ich Deine angehört. Und da war der Satz gefallen: »Nach dem Krieg schmeißen wir sie hier raus.« Der Ton Deiner Stimme ließ mein Herz stillstehen. Ich fühlte es körperlich, wie einen Abgrund. Ich lag im Dunkeln, entsetzt, verunsichert. Später, als du schon schliefst, wiederholte ich in Gedanken Deine Worte wieder und wieder. Diese Worte: »Ich habe sie nie gemocht, aber jetzt hasse ich sie«, und eben dieses »nach dem Krieg schmeißen wir sie hier raus«. Der Besitzer eines Hotels in Wilna hatte einige polnische Offiziere, die sich versteckt hielten, an den NKWD* ausgeliefert, darunter auch Dich. Wie sah jener Mensch aus, durch den mein

* *NKWD* Abk. für russisch Narodnyj Komissariat Wnutrennych Del (Volkskommissariat für Innere Angelegenheiten), Vorläufer der politischen Geheimpolizei in der Sowjetunion und Instrument des stalinistischen Terrors. A.d.Ü.

Leben auch in Zukunft die Hölle sein sollte. Eine Hölle der Angst ... Wenigstens einmal möchte ich vor ihm stehen und ihm in die Augen schauen. Nur das, in die Augen sehen. Natürlich ist das nicht möglich, aus vielerlei Gründen. Vielleicht gehört dieser Mensch schon zur Welt der Toten, vielleicht wurde auch er von der Endlösung erfaßt.

Ich sitze einsam am Tisch und schreibe Dir, weil ich Dir so viele Dinge nicht sagen kann. Ich muß lernen, wachsam zu sein, damit ich mich nicht verplappere, damit ich nicht in die Falle eines Gesprächs über etwas Verbotenes tappe. Es gibt so viele, und alle haben ihren Anfang in der Vergangenheit. Die Vergangenheit, das sind mein Vater, das Ghetto und ich, ja, ich ...

Damals, am zweiten Februar, brannte in der Wohnung Deiner Mutter vor dem Heiligenbild eine Kerze, denn es war Mariä Lichtmeß. Deine Mutter gab mir ein Handtuch und führte mich ins Badezimmer. Ich konnte mich waschen. Später saßen wir im Eßzimmer am Tisch. Sie sagte mir, sie habe keinerlei Nachricht von ihrem Sohn, und ihre Schwiegertochter sei vor einer Woche ausgegangen, um Einkäufe zu machen, und nicht mehr zurückgekommen. Deine Mutter war mit Eurem vierjährigen Sohn allein geblieben. Er schlief schon. Sie führte mich zu ihm. Mit einem eigenartigen Gefühl betrachtete ich das schlafende Kind in seinem sauberen Gitterbettchen, vielleicht war es Wehmut, weil ich andere Kinder gesehen hatte.

»Hast du jemanden, zu dem du gehen kannst?« fragte sie mich.

Schweigend schüttelte ich den Kopf.

»Bleib bei uns«, sagte sie.

Sie meinte sich und ihren Enkel, aber ihre Worte erwiesen sich als prophetisch. Als erstes nahm ich die Kleider Deiner Frau in Besitz, ich glaube, wir haben die gleiche

Figur, auf jeden Fall dieselbe Schuhgröße. Deine Mutter backte Krapfen für die Konditorei an der Ecke, manchmal lieferte ich sie dort ab. Ich bemühte mich zu helfen, doch es gab so wenig, was ich konnte. Von zu Hause brachte ich nur die Kenntnis dreier Sprachen mit, am besten konnte ich Französisch, weil ich ein französisches Kindermädchen gehabt hatte, ich war in gewisser Weise sogar zweisprachig. Mein Englisch war auch nicht schlecht, denn ich hatte ein paar Jahre in England gelebt, wo mein Vater Vorlesungen gehalten hatte. Ich war damals noch klein, keine fünf Jahre alt, aber er hatte mich mitgenommen.

Meine Versuche, ihr zu helfen, waren denn auch so ungeschickt, daß sie schließlich darauf verzichtete.

»Geh schon, Tinchen, und lies was«, sagte sie lächelnd.

Ich hatte gesagt, daß ich Krystyna hieße. Sie hatte verständnisvoll mit dem Kopf genickt, aber dann plötzlich gefragt:

»Und wie heißt du wirklich?«

Ich zögerte.

»Elżbieta.«

Sie nahm es zur Kenntnis, aber sie meldete mich als Krystyna Chylińska an, ihre Verwandte. Dasselbe sagte sie dem Hausmeister. Unser Zusammenleben entwickelte sich so, daß sie nicht viel Nutzen von mir hatte. Sie war sehr pingelig, und gewöhnlich putzte sie hinter mir her und wusch das Geschirr noch einmal. Sie nahm es als ganz natürlich hin, daß sie mich bediente, mir Leckereien hinstellte und mich fragte, worauf ich Lust hätte. Sie behandelte mich ähnlich wie ihren Enkel, mit Nachsicht und Wohlwollen. Ich wollte ihr wenigstens mit dem Kind helfen, aber ich machte es nicht gern. Michał war für mich damals ein kleiner Mann. Er muß meinen Widerwillen gespürt haben, denn er schaute mich finster an und zog es vor, bei seiner Oma zu bleiben. Sie quirlte um uns herum, und es war klar, daß ihr das Vergnügen bereitete. Für sie waren wir der kleine Michał und Tinchen ...

»Zu einem Kind muß man viel sprechen«, wies sie mich an, aber damit stand es ganz schlecht.

Die Wörter blieben mir im Hals stecken, am liebsten hätte ich geschwiegen. Ich hatte viele Nächte hinter mir, in denen ich nicht geschlafen hatte. Das Ghetto zog wie ein Tanz vor meinen Augen vorbei. Ein Reigen von Menschen. Schauspieler, die sich verbeugten: Wera, der Dickwanst, der Intellektuelle und Papa ... Er war genauso eine Marionette, höhnisch und fremd ... Manchmal konnte ich das nicht ertragen und hatte Angst, verrückt zu werden. Ich stand dann auf und schloß mich im Badezimmer ein, aber kaum blieb ich etwas länger, hörte ich Deine Mutter rufen:

»Tinchen? Fühlst du dich nicht wohl?«

Das waren Momente, in denen ich sie nicht ausstehen konnte. Oder genauer, ich konnte ihre Güte nicht ertragen. So wie ich dort Papas Güte nicht hatte ertragen können. In ihrem Verhältnis zu mir waren sich die beiden irgendwie ähnlich. Das tat mir weh, denn er lebte doch nicht mehr. Unser Kontakt war unwiederbringlich abgerissen. Ich konnte mich damit nicht abfinden. Nacht für Nacht zog dieser Reigen an mir vorbei, ich war von ihm ausgeschlossen. Aber sie sahen mich. Sie schauten mir direkt in die Augen, und das war zum Verrücktwerden. Sie verbeugten sich, wenn die Aufführung vorbei war, dabei ging die Aufführung doch weiter, das Finale sollte erst im April stattfinden.

Die Osterwoche kam, Deine Mutter backte Kuchen, sie hatte alle Hände voll zu tun und scheuchte uns derweil aus dem Haus.

»Geht nur, macht einen Spaziergang«, sagte sie.

Ich sah den Rauch, der über dem Ghetto aufstieg.* Was fühlte ich damals ...? Zuerst hörte ich von irgendwo ganz weit her einen Laut, ich kannte ihn vom September neunzehnhundertneununddreißig. Das waren Schüsse ... Ich verstand nicht, auf wen sie da schossen, aber mein Herz war von Angst erfüllt. Ich versuchte, mir die Ohren mit einem Kopfkissen zuzuhalten, um nichts zu hören. Aber das Geräusch wurde lauter. Dann flogen Flugzeuge mit Bomben in Richtung Ghetto. Ein bedrohlicher, vibrierender Laut. Fast sah ich, wie die kreisenden Propeller die Luft zerhackten ... Es gab Momente, da dachte ich, daß sich zusammen mit diesem Ort auch meine Vergangenheit in Asche verwandeln würde. Aber das wäre zu einfach gewesen ...

Am Karfreitag gingen wir von Kirche zu Kirche und besuchten die Grabstätten des Erlösers. Mir war unwohl in meiner Haut, als ich der in Schwarz gekleideten Frau, die den kleinen Jungen an der Hand hielt, folgte. Ich hatte das Gefühl, an sie angehängt zu sein. Selbst dann, als sie sich zu mir umdrehte und sagte: »Komm, Tinchen, wir verlieren dich sonst noch«, ließ mich dieses Gefühl nicht los.

Vielleicht, weil es nicht mein Name war, ich hatte mich noch nicht an ihn gewöhnen können, er klang fremd. An jenem Tag, als ich den Rauch sah und vorher die Schüsse gehört hatte, verstand ich, daß ich noch eine andere Wahl getroffen hatte, als ich meinem Vater gefolgt war. Denn ich hatte ja die Wahl gehabt. Ich hatte die Möglichkeit gehabt, mich zu einem der beiden Völker zu bekennen. Ich war ein

* *Rauch, der über dem Ghetto aufstieg* bezieht sich auf den Warschauer Ghettoaufstand vom 19. April bis 16. Mai 1943, in dem sich die im Warschauer Ghetto eingeschlossenen Juden gegen die deutschen Besatzer zur Wehr setzten. Der Aufstand endete mit der völligen Vernichtung des jüdischen Ghettos durch die Deutschen. A. d. Ü.

Mischling. Damals, am Karfreitag neunzehnhundertdreiundvierzig, fühlte ich mich als Jüdin. Von ganzem Herzen wünschte ich mir plötzlich, hinter der Mauer zu sein und mich den Kämpfenden anzuschließen. Das wäre meine Sühne gewesen. Tränen standen mir in den Augen. Auch sie hatte Tränen in den Augen. Sie kniete vor dem Altar nieder, und ich tat dasselbe.

»Beten wir für sie«, sagte sie, »damit Gott ihnen einen leichten Tod schenkt ...«

Selbst sie, selbst diese Frau, die voll christlicher Liebe war, gab uns keine Chance.

Es war frappierend, wie sie mich völlig wie ein Kind behandelte. Sie hatte keine Ahnung, wer ich wirklich war. Vielleicht täuschte sie mein Aussehen. Daß ich wieder meinen alten Mantel trug, veränderte mich, und meine Haare hatte ich wieder zu einem Zopf geflochten. Wenn ich in kurzem Kleid und auf hohen Absätzen den Saal betreten hatte, sah es aus, als hätte ich »Beine bis zur Decke«. So hatte es einer der »Gäste« gesagt. Ich hatte Angst, auf einmal dem Lachenden Otto von Angesicht zu Angesicht gegenüberzustehen, dabei war es gar nicht sicher, daß er mich in dieser Verkleidung erkannt hätte. Verkleidung ... warum schreibe ich das, es war doch genau umgekehrt. Jene andere war doch wie für einen besonderen Anlaß ausgeliehen. Schon lange hatte ich mich ihrer entledigt, warum also quälte mich ihr Bild? Statt gegenüber Deiner Mutter Dankbarkeit zu empfinden, mußte ich mich dazu zwingen, meine Ungeduld, manchmal sogar meinen offenen Unwillen zu unterdrücken. Zum Glück bemerkte sie das nicht. Sie lebte in ihrer Welt der guten Taten. Nichts anderes brauchte sie mehr zu ihrem Glück. Sie hatte den kleinen Michał, ihren geliebten Enkel, und in mir ein Waisenkind, dessen sie sich angenommen hatte. Sie konnte sich an uns zur Genüge ausleben. Es ist scheußlich, das so zu schreiben, aber ... ich bin eben nicht gut. Wie ich den mir nächsten Menschen, meinen eigenen Vater, behandelt habe ... ganz genauso. Mich ärgerten seine vorwurfsvollen Augen. Dieser moralische Anspruch von ihm war im Ghetto völlig fehl am Platz, wie konnte er denn dazu passen, daß man seinen leeren Magen füllen mußte. Die Passivität meines Vaters zwang mich zum Handeln, hätte er sich aufgerafft und die andere Seite wissen lassen, in welcher Situation wir uns befanden, dann wäre vielleicht Hilfe gekommen. Einmal ergab sich sogar die Gelegenheit dazu, als uns jemand ein Paket überbrachte. Schon nachdem das Ghetto abgeriegelt war. Ich dachte, mein Vater würde durch diesen Menschen eine Nachricht weitergeben, aber als ich ihn danach fragte, schaute er mich traurig an.

»Elusia, dieser Mensch hat es schon einmal riskiert ...«

Mein Vater schloß sich in seiner Welt ein und überließ mich meinem Schicksal in der anderen. In ihr mußte ich jemand anderes werden, um zu überleben. Doch wenn Deine Mutter die Wahrheit gewußt hätte, wäre sie nicht imstande gewesen, sie zu begreifen. Ich bin mir nicht einmal sicher, ob sie mich nicht aus ihrem Haus geworfen hätte. Sie hätte sagen können, daß hier, wo ein unschuldiges Kind sei, für so jemanden wie mich kein Platz sei. Es gab Augenblicke, da war ich soweit, ihr alles zu sagen. Meine Augen wurden dann böse. Einmal erhaschte sie einen solchen Blick.

»Mein Gott, wie du mich angeschaut hast«, sagte sie angstvoll.

»Ich war in Gedanken«, erwiderte ich.

Zum Glück fragte sie nicht, woran ich gedacht hatte. Ich glaube, was mich an ihr aufregte, war, daß ihr das Gefühl für das richtige Maß fehlte. Es gab doch keine Menschen, die nur schlecht, und solche, die nur gut waren, aber sie war in jeder Hinsicht die Vollkommenheit in Person. Eine praktizierende Katholikin, die in ihrem Leben alle christlichen Grundsätze anwandte. Sie lebte, kann man sagen, jeden Tag mit dem Dekalog. Sie versöhnte sich im voraus mit allem, was ihr widerfuhr. Das stellte ich fest, als die Nachricht von Deiner Frau aus Auschwitz kam. Sie setzte die Brille auf, studierte die Karte, die nach einem vorgegebenen Muster geschrieben war. Ich beobachtete sie interessiert. Ihr Gesicht war traurig, sonst nichts. Danach sah ich, wie sie vor dem Heiligenbild betete, vermutlich für einen leichten Tod der Schwiegertochter ... Ich will gut über sie schreiben, doch irgendwie gelingt das nicht. Merkwürdig. Eigentlich denke ich anders über sie, aber sobald ich den Stift zur Hand nehme, wird mein Urteil schärfer oder eigentlich eher häßlicher. Aber vielleicht bin ich da erst ich selbst ... Im Grunde genommen hing ich sehr an ihr. Und jetzt, wo sie für mich auch Deine Mutter ist ... Wir waren über ein halbes Jahr zusammen. Ende August fuhren wir zu einer Bekannten von Euch, die bei Warschau lebte, ich erinnere mich nicht mehr genau an ihren Namen, Frau Pudlińska oder Lulińska. Ihren Vornamen habe ich behalten. Jemand kam ins Zimmer und fragte:

»Kommst du, Elżbieta?«

Ich geriet in Panik, erst dann begriff ich, daß gar nicht ich gemeint war.

Es war ein heißer Tag, und wir gingen alle an den Fluß. Michał planschte im Wasser, und wir sonnten uns auf einer Matte. Deine Mutter bedeckte ihre Nase mit einem Blatt, sie sah damit sehr ulkig aus.

»Ganz so, als gäbe es keinen Krieg«, sagte sie, »wenn jetzt Andrzej und die arme Maria bei uns wären, käme ich mir vor wie im Paradies.«

Danach war sie still, ich dachte, sie schliefe. Ich wollte sie sogar warnen, nicht in der Sonne einzuschlafen. Auch ich gab mich dem Faulsein hin. Ich lag da und dachte an nichts. Irgendwann schaute ich dann zu ihr hin und erschrak. Ihr Gesicht war entstellt, es sah aus, als wäre ihr Kiefer verrutscht. Und dieses Blatt auf ihrer Nase ... Mit zugeschnürter Kehle rief ich flüsternd diese Frau Lulińska oder Pudlińska zu Hilfe, die im Schatten saß. Deine Mutter war bewußtlos, ihr regloser Körper war so schwer, daß wir sie nicht bewegen konnten. Wir deckten sie lediglich zum Schutz vor den mörderischen Strahlen der Sonne zu, und die andere lief los, um Hilfe zu holen.

Michał kam aus dem Wasser.

»Was hat Oma?« fragte er.

»Sie ist krank geworden.« Ich deckte ihr Gesicht zu, damit er es nicht sehen konnte.

Und an diesem Fluß passierte dann etwas Unerhörtes. Das Kind kam zu mir und schob sein Händchen in meine Hand. Instinktiv fühlte es, daß wir jetzt nur noch zu zweit waren. Innerhalb einer Sekunde änderte sich unser Verhältnis zueinander. Beide fühlten wir uns verwaist. Das hieß nicht, daß wir Deine Mutter zu Lebzeiten begruben, aber sie hörte auf, Orientierungspunkt zu sein, sie bedurfte jetzt selbst der Hilfe. Sie lebte noch zwei Tage und erlangte sogar das Bewußtsein wieder, doch sie konnte nicht sprechen. Nur ihre Augen ... Sie wollten mir etwas sagen. Sie quälte sich sehr, aber ich hatte verstanden.

»Ich kümmere mich um Michał ...«

Ihre Augen füllten sich mit Tränen, das bedeutete, daß ich ihren Wunsch erraten hatte. Wir begruben sie auf einem kleinen Friedhof. Es hatte keinen Sinn, ihren Leichnam nach Warschau zu überführen. Die Bekannte schlug vor, daß Michał bis zur Rückkehr eines Elternteils bei ihr bleiben solle. »Ich habe versprochen, ihn aufzuziehen«, sagte ich darauf.

»Aber Sie sind doch selbst noch fast ein Kind ...«

»Ich ziehe ihn groß«, beharrte ich.

Michał war bei dem Gespräch dabei. Er schmiegte sich an mich und sagte:

»Krysia zieht mich auf!«

Die andere gab auf, aber die Zweifel standen ihr ins Gesicht geschrieben, als wir nach Warschau aufbrachen.

Von dem Augenblick an, da ich mir dieses kleine Leben aufgebürdet hatte, hörten die nächtlichen Alpträume auf. Ich träumte von meinem Vater, aber wenn ich aufwachte, war da die Erinnerung an sein trauriges Gesicht. Traurigkeit begleitete jetzt die Bilder meiner noch jungen Vergangenheit. Das Ghetto brannte nicht mehr, nur Schutt und Asche waren geblieben. Wie in mir, dachte ich. Ich hatte mich jedoch getäuscht. Lebhafte Bilder der Vergangenheit suchten mich von Zeit zu Zeit heim und waren immer noch genauso bedrohlich. Sie waren eine Anklage, gegen die ich mich nicht wehren konnte, doch mein Schuldgefühl trieb mich an den Pranger. Was ich mit mir gemacht hatte, hatte vor allem meinen Vater verletzt. Was mußte er gefühlt haben, als er mich in dieser Rolle sah ...? Aber das Schlimmste war, daß er sich nicht hatte wehren können, also hatte ich einen Schwächeren verletzt. Seine einzige Verteidigung war die Verneinung gewesen. Er nahm von mir trockenes Brot, mehr wollte er nicht. Der Gedanke trieb mich um, daß er viel früher von dieser Welt gegangen wäre, und ich wäre mit ihm gegangen, hätte ich nicht meine Rolle angenommen. Und wäre das am Ende nicht die bessere Lösung gewesen ...? Warum war es mir dort so furchtbar wichtig gewesen zu leben ...? Der Tod war so unvergleichlich viel leichter. Der Tod, das war das Fehlen des Bewußtseins und ein Daliegen ... Und doch hatten mich die auf der Straße liegenden Leichen mit Angst erfüllt. Ihre Gesichter waren mit Zeitungen zugedeckt, meist sah ich nur die nackten Füße, denn die Schuhe fanden immer gleich Liebhaber. Manchmal hatte ich von diesen Füßen geträumt, denn auch dort im Ghetto hatte ich Alpträume gehabt. Und es waren immer meine Füße gewesen. Schweißgebadet war ich aufgewacht. Und jetzt ... wer bin ich ... In einem fremden Haus, mit einem fremden Kind ... Ich trug die Kleider seiner Mutter, aber ich hatte mit ihr nichts gemein. Auf einem der Pullover war ein Weinfleck, der nicht herausging. Wann war er da hingekommen? War sie damals glücklich gewesen, oder hatte ihre Hand gezittert ...? Ich haßte diese fremden Kleider, aber ich mußte sie tragen, denn ich hatte keine eigenen. Sie waren von ihrem Parfum durchtränkt. Der Geruch störte mich am meisten, also roch ich immer erst an einem neuen Kleidungsstück, bevor ich es aus dem Schrank nahm. Der Schrank hatte einen Spiegel an der Innenseite der Tür. Einmal sah ich mich darin und konnte es nicht fassen, daß das wirklich ich war. Ich hatte mich an mein anderes Gesicht gewöhnt. Ich hatte es jeden Tag studiert, wenn ich mein Make-up aufgelegt hatte. Zuerst hatte ich Schwierigkeiten damit, die Tusche brannte in den Augen, die Schminke verschmierte. Später bekam ich Übung. Für das Schminken brauchte ich höchstens ein paar Minuten. Ich malte mich im übrigen nicht so ordinär an wie Wera, deren Wimpern von Tusche verklebt waren und deren Mund vor Schminke troff. Mein Make-up war dezent, niemand hatte es mir beigebracht, ich hatte selbst herausgefunden, wie es aussehen mußte. Als Wera mich das erste Mal geschminkt hatte, war es ein Schock für mich gewesen. Ich hatte sofort alles abgewaschen. Danach war mir dieses Gesicht im Traum erschienen: wie mit Kohle nachgezeichnete Brauen, ungleich aufgetragene Schminke und die Farbe auf den Wangen ... Dieses Gesicht eines Zirkusclowns verfolgte mich noch lange und machte mir angst, und dann noch die steifen Füße, die aussahen, als wären sie aus Gips ... Damals waren meine Träume noch schrecklicher als die Wirklichkeit. Vielleicht deshalb, weil ich die Wirklichkeit gar nicht richtig wahrgenommen hatte. Statt Gedanken gab es in meinem Gehirn nur Schlagworte. Auf das Wort: trinken! griff ich nach dem Glas mit Selbstgebranntem, auf das Wort: essen! stopfte ich mir den Mund voll, auf das Wort: lachen! brach ich in Gelächter aus. Für dieses Lachen, unter anderem, bezahlten meine Kunden. Im Grunde lachte ich gerne, so konnte man sich am besten betäuben. Und mein Vater ... das Gesicht eines Verlierers. Ich wollte mich nicht daran erinnern. Ich riegelte mich von ihm durch gemeine Wörter ab, die wie ein Drahtverhau waren, der uns beide zu Krüppeln machte. Dabei wollte ich doch Versöhnung, ja, mehr noch: Vergebung. Ich nahm es ihm übel, daß er mir alles noch schwerer machte. Durch sein Schweigen. Hätte er mich angeschrien, es mir verboten. Aber er schwieg.

Die Welt meines Vaters war in dem Moment eingestürzt, als er die Binde mit dem Davidstern an seinen Ärmel heftete. Vielleicht hatte meine Mutter recht gehabt, daß sie ihm auf der Nase herumgetanzt war, vielleicht hatte sie gefühlt, wie gefährlich es ist, sich aus den Ideen anderer ein Leben zu schaffen. Ich schreibe wenig über meine Mutter, eigentlich schreibe ich gar nichts ... Ich habe es so entschieden. Uns hat ein bestimmter Herbsttag im Jahre vierzig für immer auseinandergebracht.

»Elżbieta, dein Vater muß von uns wegziehen«, sagte sie und schaute mir dabei in die Augen.

»Warum?« fragte ich und fühlte, wie mir das Blut aus dem Kopf wich.

Die Worte meiner Mutter klangen wie ein Urteil über uns alle.

»Es ist eine Verordnung herausgekommen, daß alle Juden ins Ghetto umsiedeln müssen.«

»Und ich?«

»Du bist meine Tochter.«

In diesem Augenblick wurde mir klar, daß sie sich täuschte. Ich hatte keine Mutter. Und obwohl ich damals noch ein Kind war, schwor ich mir, nicht mehr an sie zu denken. Niemals. Das ist mir, glaube ich, gelungen. Wenn mir etwas weh tut, dann der leere Platz, den sie einst ausgefüllt hat. Ich spüre diesen leeren Platz in meinem Herzen.

Als Michał und ich die Warschauer Wohnung betraten, kam sie uns zu groß und zu still vor. Wir hielten uns an der Hand und gingen durch die Zimmer.

»Wird Oma nie mehr wiederkommen?« fragte Michał mit tränenerstickter Stimme.

Ich zögerte, antwortete aber wahrheitsgemäß, weil ich genau wußte, welchen Preis man für eine Lüge bezahlt. Ich wollte diesem Kind helfen, aber ich wußte nicht so recht, wie. Beide hatten wir in diesem Haus mit ähnlichen Rechten und Ansprüchen existiert. Man hatte uns bedient, alles war uns abgenommen worden. Es war sogar so weit gekommen, daß ich morgens meine Unterwäsche auf der Leine fand, wenn ich sie aus Faulheit nicht ausgewaschen hatte. Der Anblick meiner von ihr gewaschenen Hemden und Höschen verschlug mir zuerst die Sprache, dann verspürte ich Scham.

Alles hing jetzt an mir, ich mußte mich um ein kleines Kind kümmern. Ich konnte keine Krapfen backen wie sie, dazu eignete ich mich einfach nicht. Es kam auch nicht in

Frage, daß ich etwas aus diesem Haus zum Verkauf weggebracht hätte. Ich überlegte, wie ich etwas verdienen könnte, und mir kam die Idee, Unterricht zu geben. Nun war das nicht gerade eine Zeit, um Fremdsprachen zu lernen, aber zum Beispiel etwas mit Deutsch … Ich fragte den Hausmeister, ob er nicht jemanden kenne. Er zuckte die Schultern, aber etwa nach einer Woche sprach er mich an und sagte, er habe zwei Damen gefunden, die interessiert seien. Ihr Aussehen machte sofort verständlich, wozu sie diese Sprache brauchten. Ich nahm es als einen Wink des Schicksals. Jene Lüge wurde Wahrheit, aber diese Wahrheit war wie Hohn … Später bekam ich dann noch mehr Schüler. Die Töchter der Nachbarn über uns kamen heimlich zum Englischunterricht, und der Mieter von unten nahm bei mir Konversationsstunden in Französisch. Viel Geld brachte das nicht, aber es reichte für ein bescheidenes Leben. Für ein sehr bescheidenes sogar. Es wurde etwas besser, als zu meinen Schülern noch der Sohn des Hausmeisters stieß. Als Bezahlung nahm ich Lebensmittel. Sie schmuggelten Eier, Schinken und Speck vom Land. Wenn ich unterrichtete, spielte Michał in der Nähe, oft lag er unter dem Tisch zu meinen Füßen und schaute sich Bilderbücher an. Es war so etwas zwischen uns entstanden, das uns zwang, immer irgendwie nahe beieinander zu sein, geradezu die Wärme unserer Körper spüren zu müssen. Das gab uns ein Gefühl der Sicherheit. Jeder schöpfte Kraft aus dem anderen, obwohl ich erwachsen war und er ein kleines Kind. Schon in der ersten Nacht war Michał aus seinem Bettchen gestiegen und zu mir unter die Decke gekrochen. Ich hatte schon geschlafen und war mit dem eigenartigen Gefühl aufgewacht, etwas sei passiert. Wie damals am Fluß. Dann bemerkte ich das Kind neben mir. Es war mir unbequem, denn der Kleine streckte sich über die ganze Breite des Betts aus und drückte mich an die Wand. Ich verstand jedoch, daß ich ihn nicht wegstoßen durfte. Tief im Innern spürte ich auch, daß ich mir auf diese Weise ein Recht auf dieses Kind erwarb. Wenn ich schon nicht seine wirkliche Mutter sein konnte, so konnte ich doch seine angenommene Mutter werden ... Bei der Mutterschaft zählt schließlich der Körperkontakt, von Anfang an, vom Augenblick der Empfängnis an. Und danach. Mir war das Danach zugefallen, um mehr wollte ich gar nicht feilschen ... Eines Tages waren wir im Park. Eine Frau kam auf uns zu und sprach uns auf deutsch an. Sie war eine Deutsche, die sich verlaufen hatte. Ich wollte ihr antworten, doch Michał kam mir zuvor. Ich war so verblüfft, daß es mir die Sprache verschlug. Die Frau bedankte sich höflich und verschwand. Wir setzten unser Gespräch fort, bis ich plötzlich einen französischen Satz einwarf. Michał antwortete fehlerlos. Es stellte sich heraus, daß er mein fähigster Schüler war. Er hatte die echten schon weit überholt. Jetzt nahm ich mich ernsthaft seiner Ausbildung an, denn er war ungewöhnlich sprachbegabt. Er schnappte ganze Sätze und Redewendungen auf, wie ein Papagei. Im stillen dachte ich sogar, Michał sei ein Genie ... Die Fragen, die er mir stellte, brachten mich oft in Verlegenheit, weil ich ihm nicht antworten konnte. Dabei war er nicht altklug, er war nur ein Kind mit einer ungewöhnlichen Phantasie ...

Und dann bist Du aufgetaucht. Genau am fünften Mai vierundvierzig. Ich hörte die Klingel, beide, Michał und ich, hörten wir sie. Sie klang ganz anders als das Läuten derer, die zum Unterricht kamen. Wir schauten uns an, denn vermutlich dachten wir dasselbe: Wer steht vor der Tür? Ich ging hin, um zu öffnen. Und ich sah Dich. Das warst sofort Du. Und obgleich ich Dich im ersten Brief per Sie angeredet habe, so tat ich das doch nur der Ordnung halber. Vom ersten Augenblick an dachte ich an Dich mit dem Vornamen. Ich weiß nicht, warum, immerhin hatte ich eigentlich ein anderes Verhältnis zu Männern. Die Männer hatte ich zusammen mit meinem Nerz abgeworfen. Dein Gesicht prägte sich mir im Bruchteil einer Sekunde ein, fürs ganze Leben.

»Wer sind Sie?« hörte ich Dich fragen.

Danach freutest Du Dich über Michał, und ich betrachtete Euch. Sooft Du mir Dein Gesicht zuwandtest, tat es mir fast weh zu sehen, wie ungewöhnlich schön und männlich Du warst. Du warst der anziehendste Mann, der mir je begegnet war. Aber nicht das war das Wichtigstc, sondern die Tatsache, daß es mir überhaupt auffiel. In der langen Zeit zwischen den Blicken dieses einen Studenten und Dir lag eine bedrohliche Nacht. Jetzt trat ich wieder ins Sonnenlicht hinaus ...

Nachdem Michał eingeschlafen war, saßen wir am Tisch, im selben Zimmer, in dem ich am ersten Tag mit Deiner Mutter geredet hatte. Du fragtest mich nach Einzelheiten über ihren Tod, die Karten aus Auschwitz schobst Du in die Tasche, ich wußte, Du würdest sie ohne Zeugen lesen.

»Ich bin Ihnen sehr dankbar, daß Sie sich um meinen Sohn gekümmert haben. Ich konnte nicht früher hier sein ... Ich nahm an, er sei bei seiner Mutter«, sagtest Du, ohne mich anzuschauen. »Ich werde ihn jetzt zu Verwandten bei Kielce bringen.«

Auf diese Weise gabst Du mir zu verstehen, daß meine Rolle beendet war. Ich sollte höflich meinen Koffer packen und verschwinden. Nur hatte ich diesen Koffer nicht. Ich saß vor Dir in den Sachen Deiner Frau, an meinen Füßen hatte ich ihre Schuhe. Ich weiß nicht, ob Dir das bewußt war.

»Haben Sie jemanden, zu dem Sie gehen können?« fragtest Du mich wie damals Deine Mutter.

Ich zögerte.

»Ja«, sagte ich kurz.

Ich tat, als ginge ich mich waschen, in Wirklichkeit schloß ich mich ins Badezimmer ein wie in den ersten Tagen, nachdem ich aus dem Ghetto gekommen war. Ich konnte Dir Michał nicht abgeben, ich konnte ihn höchstens mit Dir teilen. Dir als einzigem stand dieses Recht zu. Neun Monate lang waren wir hier allein gewesen. Neun Monate ... genauso lange, wie ein Kind im Schoß getragen wird ... Wir hatten uns eine eigene Welt geschaffen, ein eigenes Leben, und wir brauchten keine Eindringlinge. Du, das war etwas anderes. Aber gerade Du wolltest uns jetzt trennen. Ich nahm an, Du würdest es Dir noch anders überlegen, und als ich gerade aus dem Badezimmer kam und Dich plötzlich vor mir sah, war ich sicher, Du wolltest Deine Worte von vorhin zurücknehmen. Aber Du sagtest:

»Michał ist weg!«

»Er ist zu mir rübergekrochen«, sagte ich ruhig.

»Was heißt, ist zu Ihnen gekrochen?« Du begriffst nicht.

»Wir schlafen zusammen, seit wir allein sind«, ich erwähnte erst gar nicht, daß Michał sich zwar in sein Bett legte, ich mir aber, wenn ich dann schlafen ging, ein Eckchen auf dem eigenen Sofa erst freimachen mußte.

»In nur einem Bett?« fragtest Du immer unzufriedener.

»Er hatte keine Eltern, die geliebte Oma hat er verloren ... Er fühlte sich einsam ...«

Du runzeltest die Brauen.

»Aber jetzt hat er einen Vater.«

Du trugst den schlafenden Jungen in sein Zimmer, seine nackten Füße baumelten in der Luft. Ich lächelte, und es war wohl kein gutes Lächeln, es stammte aus derselben Familie wie meine bösen Blicke, die ich Deiner Mutter zugeworfen hatte. In solchen Momenten dachte ich nicht gut von mir, aber ich habe nie gut von mir gedacht, ich brauchte immer die Anerkennung anderer. Später wurde es sogar noch komplizierter, weil es jedesmal eine zweifache Beurteilung war: Wie denken sie über Krystyna, und wie würden sie über Elżbieta denken? Du trugst Michał also in sein Bett, aber ehe Du wieder aus dem Badezimmer kamst, war der Junge wie ein Schlafwandler über das Gitterchen gekrochen und wieder bei mir. Ich weiß nicht, ob Du noch nach ihm geschaut hast. Und wenn ja, was Du gedacht hast. Vielleicht, daß ich meine Stellung in diesem Haus auf Kosten des Kindes zu retten versuchte...

Morgens beim Frühstück sagtest Du Michał, daß er zu Verwandten käme und Du ihn dort besuchen würdest.

»Aber warum können wir nicht hierbleiben?« fragte Michał sofort in der Mehrzahl, denn er dachte gar nicht daran, daß man uns trennen könnte.

»Ich werde oft nicht zu Hause sein«, antwortetest Du.

»Aber Krysia ist doch hier.«

Du zögertest.

»Pani Krystyna muß sich um ihre eigenen Sachen kümmern, sie kann nicht dauernd für dich dasein. Jetzt, wo ich zurück bin ...«

Michał sprang von seinem Platz auf, schmiß mit seinem Ellbogen die Milch um und stürzte zu mir. Heftig warf er sich mir an den Hals.

»Wozu bist du dann überhaupt zurückgekommen? Wozu denn!«

Du sahst mir direkt in die Augen, und es war ein sehr gründlicher Blick. Du betrachtetest mich, während das Kind Rotz und Wasser heulte.

»Er hängt sehr an Ihnen«, sagtest Du langsam.

Da riß sich Michał von mir los und schrie wie ein Marktweib:

»Ich bleib' nicht ohne sie! Ohne sie bleib' ich nicht, und damit basta!«

»Wir überlegen uns das, Michał«, sagtest Du ernst, »setz dich jetzt an deinen Platz und iß dein Frühstück auf.«

Michał sah mich an, und ich zwinkerte ihm zu zum Zeichen, daß alles in Ordnung sei. Ich wischte die Milch auf und stellte ihm eine neue hin.

»Das hast du davon«, sagte Michał kummervoll, »so viel Milch vergeudet.«

Du lächeltest entwaffnend, aber ein klein wenig mochte ich Dich nicht in diesem Moment. Du wußtest nichts über die Monate, die wir hier zusammen verlebt hatten. Immer war es mit dem Geld schrecklich knapp gewesen, manchmal aßen wir trockenes Brot und Kartoffeln. Einmal hatten wir sogar eine Hungerwoche, nur etwas Milchpulver hatte ich für Michał von den Eltern meiner Schüler erbettelt. Am deutlichsten haftete mir eine Szene auf dem Markt im Gedächtnis. Michał blieb jedesmal bei der Marktfrau stehen, die Süßigkeiten verkaufte. Irgendwelche Bonbons oder Lutscher aus Stärkemehl, ein verklebter Lakritzebrei. Das wiederholte sich, Michał blieb für eine Weile stehen, warf auf alles einen sehnsüchtigen Blick und ging dann weiter. Schließlich hielt ich es nicht mehr aus.

»Willst du einen Lutscher?« fragte ich.

Ohne mich anzuschauen, sagte er:

»Fragen wir, wieviel er kostet.«

»55 Groschen«, sagte die Marktfrau bereitwillig.

Er überlegte, dann sagte er:

»Ich mag keine Süßigkeiten.«

Ich liebte ihn in diesem Moment. Ich liebte Michał seit dem Augenblick, als ich am Fluß sein kleines Händchen in meiner Hand gespürt hatte.

Du gingst, und wir kehrten zu unserem normalen Tagesrhythmus zurück. Da war der Abwasch nach dem Frühstück, ich spülte, und Michał trocknete ab, da waren die Einkäufe, dann begann der Unterricht. Die zwei dümmlichen Nachbarsmädchen quälten sich mit Englisch. Ich stellte eine Frage, darauf folgte Schweigen. Und von seinem Platz unter dem Tisch antwortete Michał dann wie immer fehlerfrei.

»Michał«, schalt ich ihn.

»Ich hab' zuerst bis zehn gezählt«, rechtfertigte er sich.

Es war schon ziemlich dunkel, als mein letzter Schüler fortging, der von der Französisch-Konversation. Du begegnetest ihm in der Tür.

»Was ist das für einer?« fragtest Du mißtrauisch.

»Ich unterrichte Fremdsprachen«, antwortete ich unschuldig, »davon haben Michał und ich bisher gelebt.«

Du sagtest nichts darauf, aber ich mußte wieder lächeln. Ohne es zu wissen, warst Du schon in meinem Netz. Abends, als Michał zuerst in seinem, danach in meinem Bett schlief, batst Du mich zu einem kurzen Gespräch.

»Das alles ist komplizierter, als ich dachte«, sagtest Du, »ich stehe in Ihrer Schuld.«

»Die hat Ihre Mutter schon beglichen«, erwiderte ich und merkte plötzlich, was ich da redete.

»Ich werde nicht fragen, jetzt sind solche Zeiten, da ist es besser, möglichst wenig zu wissen. Aus bestimmten Gründen kann Michał nicht hierbleiben. Wenn Sie bereit wären, mit ihm wegzufahren ... für einige Zeit, bis er sich dort eingelebt hat ...«

»Gut«, erwiderte ich spontan, »aber er sollte wenigstens ein bißchen mit Ihnen zusammensein. Er braucht den Kontakt zum Vater ...«

»Ich werde darüber nachdenken«, versprachst Du.

Ich verfolgte dabei auch meine eigenen Absichten.

Denn bisher liebte ja nur ich Dich ... Schon gleich, nachdem Du aufgetaucht warst, hatte ich meine Frisur geändert. Ich ließ mein Haar offen, über den Ohren hielt ich es mit einer Klammer zurück. Von den Frauen, die zum Deutschunterricht kamen, kaufte ich ein paar recht gute Kosmetika. Ich malte mich sehr dezent an, kaum wahrnehmbar, nur so viel, daß die Saphire in meinen Augen wieder zu glänzen begannen ... Die ganze Zeit setzte ich den Unterricht fort, was Dich ziemlich ärgerte. Ich tat so, als würde ich das nicht sehen. Ich wollte mein eigenes Geld haben. Einmal kam es sogar zu einem Streit, als Du auf die »Fräuleins« stießest.

»Wen lassen Sie da ins Haus?« fragtest Du scharf.

»Ohne die wären Ihr Sohn und ich verhungert«, antwortete ich, aber bei mir dachte ich: Solche Fragen müßten Sie Ihrer Mutter stellen ...

Abends, als Michał schon schlief und ich damit beschäftigt war, seine Hosen zu flicken, kamst Du zu mir. Ich schaute nicht auf.

»Verzeihung«, hörte ich Dich sagen.

Stundenlang warst Du außer Haus, Du kamst immer erst, wenn Michał schlafen ging. Nur sonntags war es anders. An einem Sonntag fuhren wir dann auch aus der Stadt. Wir fuhren mit der Bahn, ich saß Euch beiden gegenüber, und dabei ging mir durch den Kopf, daß ich hier die zwei wichtigsten Menschen der Welt vor mir hatte. Einen Mann und einen Jungen. In diesem Moment fing ich Deinen aufmerksamen Blick auf. Unsere Augen wurden scheu.

Wir gingen durch den Wald, Michał war ganz verrückt vor Freude, ich ging neben Dir. Und das war so wichtig.

»Durch diese Abreise verlieren Sie Ihre Schüler«, wandtest Du Dich an mich.

»Ich finde neue«, erwiderte ich, leicht beunruhigt, Du würdest es Dir anders überlegen.

Heute weiß ich, daß diese Frage keine Bedeutung hatte, da die Tage der Stadt sowieso gezählt waren. Du hattest das nur gesagt, um unser Gespräch am Laufen zu halten. Von diesem Spaziergang im Wald haben sich mir am stärksten unsere Schritte eingeprägt, Deine langen und meine, die sich ihnen anpaßten. So wird es von nun an sein, ich werde versuchen, zu Dir aufzuschließen, Dir so nahe wie möglich zu sein. Vielleicht ist das auch der Grund für mein Geschreibe, ich will Dir alles über mich erzählen, über uns ...

Der Juni ging zu Ende, Anfang Juli fuhren wir mit einer Droschke zum Bahnhof. Die zwei Koffer machten dem armen Pferd schwer zu schaffen. Du hattest gedrängt, wir sollten so viele Sachen wie möglich mitnehmen.

»Ich habe keine Sachen«, hatte ich gesagt, »ich weiß nicht, ob es Ihnen aufgefallen ist, daß ich die Kleider Ihrer Frau trage ...«

Du schautest mich an, als ob Du nicht verstündest, aber dann sagtest Du:

»Dann nehmen Sie sie doch.«

»Die Wintersachen auch?«

»Ja, auch die. Sie müssen doch etwas für den Winter haben.«

Also war das nicht für kurz, das war für länger, schoß es mir durch den Kopf, und ich wurde ganz fröhlich.

Als Du mit Hilfe des Kutschers das Gepäck festzurrtest, schaute Michał mit sorgenvoller Miene zu.

»Bestimmt werden die Sprungfedern brechen, Papa.«

Du lächeltest.

»Die sind schon lange zerbrochen ... bei uns allen, aber irgendwie geht es doch weiter.«

An einer kleinen Station stiegen wir aus. Gleich dahinter

reichte einem das Getreide bis zur Hüfte. Es sah aus wie ein weit ausgebreitetes großes Tuch, das sich in leichten Wellen wiegte und unter der Sonne seine Farben veränderte. Ich schaute wie verzaubert. Vor der Station wartete ein Pferdchen auf uns, das vor eine Britschka gespannt war, doch mit all unserem Gepäck hätten wir darauf keinen Platz gefunden. Du schlugst vor, daß Michał mit den Koffern fahren sollte, während wir zu Fuß gehen würden. Aber Michał wollte nicht ohne uns fahren.

Wir gingen einen sandigen Feldweg entlang, zu dessen beiden Seiten alte Bäume wuchsen, ich glaube, es waren Linden. Dahinter erstreckten sich Felder. Es war eine Landschaft, wie ich sie bisher nicht gekannt hatte. Ich war ein Stadtkind, und in den Ferien waren meine Eltern und ich immer ins Ausland gefahren. Was ich jetzt sah, gefiel mir sofort, weidende Kühe, Kartoffeläcker, Haferfelder und dieses wogende, scheinbar lebendige Getreide.

Auf halbem Weg hielten wir an, um uns auszuruhen. Michał hatte Durst, und ich holte die Feldflasche und Brote hervor. Wir setzten uns unter einen verwilderten Birnbaum, an dem kleine, saure Früchte wuchsen. Sie lagen zuhauf im Gras. Ich lehnte mich mit dem Rücken gegen den Stamm, und es überkam mich ein merkwürdiges Gefühl. Es war, als führte ich mit dem Baum einen stummen Dialog. Ich wußte, daß das Unsinn war, aber trotzdem lauschte ich dem Geflüster des Baums.

»Vielleicht essen Sie etwas, Pani Krystyna«, sagtest Du, und ich errötete. Mir war, als hättest Du meine Gedanken erraten.

Das Dorf hieß Ninków, und es war schön gelegen. Holzkaten verteilten sich zu beiden Seiten des sandigen Wegs. Es gab viele Bäume. Zum ersten Mal sah ich Maulbeerbäume. Ihre Früchte sahen aus wie zartrosa Miniaturen von Weintrauben. Wir passierten das Dorf und stiegen eine Anhöhe hinauf. Inmitten einer Baumgruppe stand ein mit Schindeln gedecktes Holzhaus mit geschnitzten Fensterläden und einer Veranda. Auf dieser Veranda erschien eine rundliche Frau in einer Trägerschürze und verschwand dann wieder.

»Nette Begrüßung«, meinte Michał.

Aber bevor wir noch das Gartentor öffnen konnten, kam uns schon ein weißhaariger Mann mit Zwicker entgegen. Er trug ein Hemd mit hochgekrempelten Ärmeln, eine Weste, wie man sie unter einem Jackett trägt, und die Hosen von einem Anzug. Vielleicht hatte er es vor lauter Eile, uns willkommen zu heißen, nicht mehr geschafft, das Jakkett anzuziehen. Er begrüßte Dich über den Zaun und bat uns, von der Hofseite her reinzukommen, denn das Tor sei für alle Zeit und Amen dahin. Das waren genau seine Worte: für alle Zeit und Amen. Wir gingen auf den Hof. Es war ein weiträumiger landwirtschaftlicher Hof, auf dem sich ein Brunnen mit einem alten, moosbewachsenen Schutzdach befand. Neben ihm stand der Trog, an dem ein Truthahn seinen Stammplatz hatte. Bei unserem Anblick färbten sich seine Halslappen dunkelrot, und er sträubte seine Federn, was aussah, als hätte jemand Luft in ihn gepumpt.

»Was ist das für ein komisches Viech?« wunderte sich Michał.

»Ein Truthahn, junger Mann«, erwiderte der Alte mit dem Zwicker.

Bei dieser Anrede blieb es von da an, als hätte er vergessen, wie Michał hieß. Die rundliche Frau erwies sich als besagte Verwandte. Trotz der entfernten Verwandtschaft erinnerte sie mich irgendwie an Deine Mutter, ähnlich wie jene war auch sie übervoll der Güte. Es ist eigenartig, aber in meinem Leben treffe ich oft einseitig gute oder einseitig schlechte Menschen. Für mich sind sie dadurch weniger menschlich, mehr wie Bäume, die keine Schatten werfen. Die Verwandte Deiner Mutter – der weißhaarige Mann redete sie mit Cechna an – führte uns in das Dachzimmer, wo schon unsere Koffer standen. Die Fenster gingen auf einen Obstgarten hinaus, der eingezäunt war, aber in dessen Zaun es ein Loch gab, durch das man auf die Straße gelangte. Vor ein paar Tagen habe ich Dich gesehen, wie Du zwischen den verschneiten Apfelbäumen hindurchgingst. Du bist durch das Loch geschlüpft, weil es so näher zur Station war, man mußte nicht um den ganzen Hügel herumgehen. Damals, als Du uns herbrachtest, wolltest Du gleich wieder zurück nach Warschau, Deine Verwandten überredeten Dich fast mit Gewalt, zum Mittagessen zu bleiben, das sich dann ziemlich in die Länge zog. Ein einziges Mal erhaschte ich Deinen Blick, der etwas zu fragen schien. Ich verstand die Frage: »Was wird weiter mit uns geschehen?« »Das, was sein muß«, antwortete ich Dir in Gedanken. Am späten Nachmittag brachte Dich die Britschka mit dem Pferdchen zur Station. Wir hatten noch drei Begegnungen vor uns, drei erste Tage unserer Liebe. Am wichtigsten war der letzte Sonntag. Als Du in die Britschka einstiegst, während ich mit Michał am Tor stand, fing ich Deinen Blick auf. Und da wußte ich schon, daß Du mich liebst, so wie ich Dich liebe. Zwei Tage später, am Dienstag, brach der Aufstand aus.* Du wußtest, daß es pas-

* ... *brach der Aufstand aus* bezieht sich auf den Warschauer Aufstand vom August bis Oktober 1944, in dem sich der in der Heimatarmee (Armia Krajowa) zusammengeschlossene nicht-kommunistische Untergrund Polens gegen die deutschen Besatzer erhob. Der Aufstand endete mit der systematischen Zerstörung Warschaus durch die Deutschen. A.d.Ü.

sieren würde, und doch hattest Du Dich mit keinem Wort verraten. Du sagtest, Du würdest versuchen, am nächsten Sonntag zu kommen, dabei wußtest Du, daß das nicht zu machen war.

Wieder steht Rauch über Warschau ... vielleicht war das eine Art ausgleichende Gerechtigkeit für das normale Leben damals, als ein paar Schritte weiter hinter der Mauer das Ghetto in Agonie versank. Für das Lächeln der Mädchen, für die klatschhaften Frauen über ihren Kaffeetassen, für die Männer in ihren hohen Stiefeln, die geheime Pläne ausheckten, denen es aber nicht in den Sinn gekommen war, sich denen im Ghetto anzuschließen. Vielleicht hätte ich diesmal für einen leichten Tod der Aufständischen gebetet, wenn Du nicht dort gewesen wärst. Tag für Tag lauschte ich den Neuigkeiten, die sich die Leute erzählten, in den Nächten hörten der weißhaarige Doktor und ich Radio London. Die Nachrichten waren mehr als mager. In jener Zeit konnte ich die Ruhe des Dorfes nicht ertragen, mich verletzte die festgefügte Ordnung in unserem Holzhaus. Cechnas Mann führte eine normale Praxis, Patienten kamen zu ihm. Nachts wurde er manchmal zu einem Kranken gerufen. Für einige Tage lag ein verletzter Partisan auf dem Dachboden. Wir verheimlichten es Michał, damit er sich nicht zufällig verplapperte. Er trieb sich mit den Dorfkindern herum, Pani Cechna war darüber sogar ein wenig ungehalten, aber ich hatte es ihm erlaubt. Es galt als abgemacht, daß ich in dem, was Deinen Sohn betraf, zu entscheiden hatte. Sie fragte sogar, was ich für Euch sei. Ich antwortete, ich sei eine Freundin der Familie. Das war ihr ein bißchen zu wenig.

»Waren Sie mit Maria befreundet?«

»Nein, mit Michałs Oma«, erwiderte ich. Ich wußte, daß Maria Deine Frau war.

Pani Cechna wurde gleich lebhaft und begann, von Deiner Familie zu erzählen, und ich hörte ihr gerne zu. Du stammtest aus einer Arztfamilie, Dein Großvater und Dein Vater waren beide Ärzte gewesen. Ich erfuhr, daß auch Du diesen Weg gewählt hattest und Kardiologe warst, also ein Arzt fürs Herz. Das fand ich wunderschön ... Du hattest eine vielversprechende Karriere in der Klinik vor Dir. Du warst, als der Krieg ausbrach, der Lieblingsassistent von Professor Kosowicz ... Der Name dieses Professors ... mein Vater war bei ihm in Behandlung gewesen ...

»Die Familie ist zusammengefallen wie heiße Milch, wenn man auf sie bläst«, stellte Pani Cechna traurig fest. »Andrzejs Vater ist bei Kriegsbeginn ums Leben gekommen, ihm folgte Alina, dann Maria in Auschwitz ...«

Zur immer gleichen Stunde setzten wir uns an den Mittagstisch, der Doktor in seiner unvermeidlichen Weste, deren Rücken aus einem gestreiften, glänzenden Stoff war. Pani Cechna in ihrer Trägerschürze brachte die Suppenterrine, und er schöpfte die Suppe andächtig mit einem silbernen Löffel in die Teller. Er tat dies mit einer solchen Hingabe, als sollten davon, ob er auch nur den kleinsten Tropfen verschüttete, die Geschicke dieser Welt abhängen. Danach gab es den zweiten Gang und die Nachspeise, meist einen selbstgebackenen Kuchen. Daß der Krieg noch immer andauerte, daß ein paar hundert Kilometer weiter eine der Hauptstädte Europas unterging, schien hier keine Bedeutung zu haben. Sonntags gab es Kirschtorte, unabhängig von der Jahreszeit. Kirschen gab es hier immer, und sei es eben als Konfitüre.

Um nicht verrückt zu werden, fing ich wieder an, Sprachunterricht zu geben, mein Schüler war Michał. Wir verordneten uns im Wechsel einen englischen und einen französischen Tag und unterhielten uns dann nur in dieser

Sprache. Das Doktorpaar schaute uns voll Bewunderung an, vor allem sie.

»Und er spricht wirklich englisch«, fragte sie, »oder denkt er sich das aus?«

»Nein, wirklich«, antwortete ich.

»Als hätte er Knödel im Mund«, meinte sie und wollte es nicht glauben.

In ihrem Haus gab es nur drei Bücher, und alle drei waren von Stefan Żeromski: »Sisyphusarbeit«, »In Schutt und Asche« und »Die Geschichte einer Sünde«. Mich verwunderte die Anwesenheit des letzten. Ich konnte mir das Gesicht von Pani Cechna nicht vorstellen, wenn sie vom Schicksal Ewa Pobratyńskas* las. Ich, das war etwas anderes ... Es reichte, daß jemand das auf den ersten Blick unschuldige Wort »Nummer« oder »Gast« aussprach, und in meinem Kopf ging ein rotes Licht an. Ich hörte dann immer aufmerksam auf den Satzzusammenhang und war mir fast sicher, daß ich angesprochen sei. Wenn mich jemand gefragt hätte, wie das damals möglich gewesen sei, hätte ich ihm nicht antworten können. Aber warum hatte ich meinen Vater gequält? Hatte ich mich an ihm für das gerächt, was aus mir geworden war? Aber er hatte mich doch nicht für die schnellen, jämmerlichen »Nummern« zu diesen »Gästen« geschickt. Sie brachten den Witwengroschen, wie Wera das nannte, was eigentlich unsinnig war, weil sich dieser Ausdruck doch eigentlich auf Frauen bezog. Bezahlt wurde für jeweils fünfzehn Minuten, also mußten wir uns

* *Ewa Pobratyńska* Hauptfigur aus dem Roman »Die Geschichte einer Sünde« von Stefan Żeromski. Die junge Protagonistin scheitert in ihrer Liebe zu einem verheirateten Mann an den gesellschaftlichen Konventionen und endet als Prostituierte und Komplizin eines Verbrechers. Sie stirbt im Gefängnis in den Armen ihrer großen und vergeblichen Liebe. A.d.Ü.

beeilen. Aber wem nahmen sie diese Groschen weg, ihren Frauen, den Kindern? Der Tod, der hinter ihnen stand, trieb sie dazu, im letzten Augenblick etwas zu erleben, etwas vom entschwindenden Leben für sich ganz allein zu behalten. Die Augen in ihren ausgemergelten Gesichtern glühten in fiebrigem Glanz. In genau demselben Glanz glühten damals auch meine Augen. Wir waren wirklich wie eine Familie, und in einer Familie ist alles möglich ... Wir waren vom Tod infiziert. Für mich hatte er das nasenlose Gesicht eines Syphilitikers, zu dem sich bald schon das Gesicht des Clowns und die Gipsfüße gesellten ... Meine »Gäste« fuhren schon anderntags vom Umschlagplatz direkt ins Gas, starben an Typhus oder brachen plötzlich auf der Straße zusammen. Einmal war ich zur Arbeit gegangen, die Straße war fast leer gewesen, doch plötzlich war jemand auf mich zugekommen. Die Gestalt hatte sich erst nur undeutlich abgezeichnet, dann hatte ich den Mann erkannt. Ein paar Schritte vor mir sank er auf dem Gehsteig in die Knie, und unwillig dachte ich, er würde gleich betteln. Aber er fiel vornüber und drehte sich im letzten Moment auf den Rücken. Ich sah sein ausgemergeltes, mit schwarzen Bartstoppeln bedecktes Gesicht, die tief eingefallenen Augen und das breite Grinsen. Dieses Grinsen kannte ich gut, ich hatte es bei vielen meiner Kunden gesehen.

Diese dreibändige Bibliothek befand sich in einem Schrank hinter Glas neben verschiedenen Nippes. Anfangs machten die Titel keinen Eindruck auf mich, eines Nachts jedoch, als ich nicht einschlafen konnte, gingen mir verschiedene Dinge durch den Kopf, unter anderem, daß »Die Geschichte einer Sünde« in einem Haus, in dem ich in einer falschen Rolle und unter falschem Namen auftrat, äußerst passend sei. Es war ein Zeichen des Schicksals, daß es mich nicht vergessen hatte. Es bleibt mein Schicksal. Es wartet. Ich spürte, daß unsere Geschichte noch nicht zu Ende war. Du wirst wiederkommen. Du lebst. Du mußt leben. Nur einmal schlich sich der Gedanke ein, daß ich wenigstens Michał haben würde, aber ich erschrak selbst darüber.

Ich wachte mit dem Gefühl auf, daß Du nahe warst. Gleich würde ich Dich sehen. Es war fünf Uhr früh, aber ich stand auf und ging ans Fenster. Schnee fiel, und im Garten war es trotz der noch herrschenden Dunkelheit fast hell. Ich sah die undeutliche Silhouette eines Menschen. Und schon wußte ich, daß Du es warst. Ich warf mir den Pelz über und rannte nach draußen. Ich ging um das Haus und durch das Tor in den Garten. Du warst schon ganz nah, und gleich darauf hieltest Du mich in den Armen.

»Krysia«, hörte ich Dich mit gepreßter Stimme sagen. Vor lauter Ergriffenheit konntest Du nicht sprechen.

Du küßtest mich aufs Gesicht und auf die Haare. Nachher bemerkten wir beide, daß ich barfuß war und meine Füße rot vor Kälte waren. Du hobst mich hoch und trugst mich über die Schwelle des Holzhauses. Alle schliefen noch, wir verhielten uns deshalb ganz leise. Du folgtest mir nach oben. Michał lag über die ganze Breite des Betts ausgestreckt. Du beugtest Dich über ihn, dann drehtest Du Dich zu mir um. Ich sah Dein elendes, von blonden Stoppeln bedecktes Gesicht.

»Krysia«, sagtest Du leise.

Wieder waren wir uns nahe. Du küßtest mich und hieltst mein Gesicht dabei in Deinen Händen. Es war so viel Zärtlichkeit in dieser Geste. Tränen liefen mir über die Wangen, sanft wischtest Du sie mit den Fingern ab.

»Weine nicht«, sagtest Du, »ich will nicht, daß du weinst.«

Wir gingen nach unten. Ich versuchte, im Herd Feuer zu

machen, aber ich war nicht besonders geschickt. Ich stellte Teewasser auf. Wir setzten uns einander gegenüber an den Tisch, wieder sah ich Dein Gesicht.

Du umfaßtest meine Hände.

»Das war die Hölle«, sagtest Du, »aber ich wollte so sehr zu euch zurück ...«

Wir hörten Schritte, und schnell zogst Du Deine Hand zurück.

In einem über ihr Nachthemd geworfenen Pullover kam Pani Cechna herein. Mit ihrem grauen, dünnen Zopf, der ihr über den Rücken fiel, sah sie aus wie ein alter Chinese.

»Ich denk' mir, wer rumort denn da«, fing sie an, und erst danach kam ihr zum Bewußtsein, daß Du es warst, der schon lange Totgeglaubte, den sie da sah. Auch darin bestand eine Ähnlichkeit zu Deiner Mutter, daß sie den Lebenden ein Kreuz setzte.

Michał wachte auf, dann gab es Mittagessen mit der unvermeidlichen Kirschtorte, denn Du warst an einem Sonntag gekommen. Zu dritt gingen wir spazieren. Michał rannte vor uns her.

»Danke für meinen Sohn«, sagtest Du.

Und ich entdeckte, daß Du nicht wußtest, wie Du mich anreden solltest. Das verletzte mich. Ich sagte nichts. Und so schwiegen wir und gingen nebeneinander her. Deine Schritte und meine Schritte. Und etwas Fremdes, das sich zwischen uns geschoben hatte. Warum, dachte ich bitter. In der Frühe habe ich in Deinen Augen Liebe gesehen.

Es wurde Abend, dauernd waren Menschen um uns herum. Der Doktor stellte viele Fragen, schließlich sagte Pani Cechna, er solle Dich in Ruhe lassen, denn Du seist müde. Sie schickte Dich nach unten. Michał und ich gingen auf unser Zimmer. Ich lag in der Dunkelheit und konnte nicht einschlafen. Das war doch albern. Unsere Herzen führten ihren eigenen Dialog, der ganz anders war als der, den Du den Tag über uns aufzuzwingen versucht hattest. Höfliche Worte, ohne Form, weder Sie noch Du. Ich spürte, daß es morgen noch schwieriger würde und wir anfingen, uns unwiderruflich voneinander zu entfernen. Ich stand auf und ging barfuß so leise wie möglich die Treppen hinunter. Ich kroch zu Dir unter die Decke. Du rührtest Dich nicht, für einen Moment dachte ich sogar, Du würdest schlafen. Dann merkte ich, daß Du Deinen Atem angehalten hattest.

»Krysia«, hörte ich schließlich Deine leise Stimme, »Du bist noch so jung, ich habe kein Recht ...« Und als ich stumm blieb, fügtest Du hinzu: »Vielleicht kommt meine Frau zurück ...«

Was konnte ich Dir antworten, wie Dich von dem Irrtum befreien. Es war ja tatsächlich so, als wäre ich zum ersten Mal mit einem Mann zusammen. Ich schmiegte mich an Dich. Ich schmiegte mich einfach an Dich. Deine Hände berührten meine Brüste so schüchtern und zart, als wolltest Du mich nicht erschrecken. Ich empfing ihre Berührung zitternd und erwartungsvoll, aber gleichzeitig tauchte in mir der Gedanke auf, dies könnte meine Niederlage werden. Die Angst war der Liebe so nahe und mit ihr vermischt, daß sie mich, als ich Dich plötzlich in mir spürte, fast lähmte. Für einen kurzen Augenblick hieltest Du inne, und das war wie ein Urteilsspruch. Ich vergaß es gleich wieder. Es gab nur noch Dich und mich. Ich lernte die körperliche Liebe kennen. Sie hatte einen Geruch und ein Gefühl. Zu ihr gehörten der Atem eines zweiten Menschen und sein Schweiß. Und dann kam es mir plötzlich vor, als schwömme ich davon. Ich klammerte mich krampfhaft an Dich, und wie besinnungslos stammelte ich etwas. Ich glaube, ich bat Dich, mich ganz fest zu halten. Und ich hörte noch, wie Du meinen Namen sprachst. Deine Stimme kam von weit her, von sehr weit. Und dann war sie plötzlich ganz nah.

Wir lagen beieinander. Du griffst nach einer Zigarette, und im Licht des Streichholzes sah ich für den Bruchteil einer Sekunde Dein Gesicht. Es verschwand im Dunkel, das plötzlich feindselig war. Ich fürchtete Deine Fragen, und als Du schwiegst, war es noch schlimmer. Ich hatte Dir nichts zu sagen. Die einzige Wahrheit war unser Zusammenliegen auf dem schmalen Sofa, die Wärme Deines Körpers und das Klopfen Deines Herzens gleich neben mir. Sekunden vergingen, dann Minuten. Du löschtest die Zigarette.

»Ich gehe nach oben«, sagte ich schließlich. Die Stille wurde mir unerträglich.

Und da drücktest Du mich an Dich, und Du sagtest die drei Wörter:

»Ich liebe dich.«

Ich kann Dir nicht sagen, Andrzej, wie glücklich ich war, als ich die Treppe hochging. Das läßt sich mit Worten nicht beschreiben. Das war eine Leichtigkeit. Ich hatte das Gefühl, meine Füße würden die Erde nicht berühren. So etwas war mir als Kind passiert, als mich mein Vater zum ersten Mal zu einem Orgelkonzert von Bach mitgenommen hatte. Auch da hatte ich das Gefühl gehabt, ich würde mich in die Luft erheben oder es gäbe mich gar nicht, es gäbe nur die Musik ... Aber noch auf der Treppe ergriff mich Unruhe. Was würde der Morgen bringen? Vielleicht würdest Du wieder meinem Blick ausweichen und nicht wissen, wie Du mich anreden solltest. Das würde ich nicht überleben. So etwas spürt man. Wie damals, als meine Mutter diesen einen Satz sagte: »Elżbieta, dein Vater muß von uns wegziehen.« Ich hatte gespürt, daß ich keine Mutter hatte. Und jetzt wußte ich, daß ich ohne Dich nicht leben konnte. Ich lag neben Michał und legte mir in Gedanken alles zurecht. Wir stehen auf, wir gehen nach unten. Wenn ich in Deinem Gesicht wieder diese Verwirrung entdecke, gehe ich zur Bahnstation und werfe mich vor den ersten Zug. »Wie Anna Karenina«, murmelte eine Stimme in mir. Sie meldete sich immer, wenn es mir schlechtging. Im Ghetto hatte sich meine Angst anders bemerkbar gemacht, durch die Berührung der kalten Hand in meinem Nacken, seit einiger Zeit aber hatte sich dieser Bauchredner in mir eingenistet. Jetzt verspottete er mich und meinen Entschluß. Ich bemühte mich, nicht hinzuhören, aber das Gemurmel hörte nicht auf. Dann schlief ich doch ein. Es ist erstaunlich, aber ich fiel in einen tiefen Schlaf. Ich wachte auf, als mich jemand berührte. Ich erschrak und öffnete die Augen. Das warst Du.

»Steh auf, du Langschläfer, wir haben schon längst gefrühstückt!« sagtest Du. »Cechna hat deshalb schon einen Streit angefangen, aber ich habe nicht erlaubt, daß sie dich weckt.«

»Und wo ist Michał?« fragte ich konsterniert.

Ich hatte noch nicht begriffen, was es bedeutete, daß Du hier bei mir warst.

»Michał ist draußen«, antwortetest Du, und dann kniest Du Dich zu mir. Ich sah Dein Gesicht von ganz nah.

»Ich liebe Dich, Krysia«, sagtest Du.

Und sofort war ich ruhig. Als ich zum Frühstück nach unten kam, erinnerte ich mich schon nicht mehr an mein nächtliches Entsetzen und all die Gedanken. Es hätte sie nicht gegeben, wenn ich unserer Liebe mehr vertraut hätte.

Später gingen wir mit Michał zum Wald, ich freute mich, daß Du ihn nicht zurechtwiesest und ihm erlaubtest, in die tiefsten Verwehungen zu steigen. Er mochte das sehr. Als er bis zu den Achseln einsank, zogen wir ihn lachend heraus und klopften ihm den Schnee von den Kleidern. Wir mußten zum Mittagessen zurück. Du riefst Michał, der uns vorausgaloppiert war, zu Dir.

»Was ist denn, Papa?« fragte er ungeduldig.

»Ich möchte dir sagen, daß du, Krysia und ich von jetzt an zusammen sein werden.«

Michał zuckte die Achseln.

»Wir waren doch sowieso zusammen«, erwiderte er.

Wir lachten herzlich.

Während des Mittagessens beobachtete uns Pani Cechna aufmerksam. Sie hatte bemerkt, daß sich Dein Verhalten mir gegenüber verändert hatte. Du sagtest »du« zu mir. Nur der Doktor bemerkte gar nichts. Er war zerstreut, ich hatte bemerkt, daß er sein Jackett aus Schusseligkeit nie anhatte, immer vergaß er, es anzuziehen. Abends, als Pani Cechna Dich auf Dein Sofa schicken wollte, eröffnetest Du ihr, daß Du bei uns oben schlafen würdest.

»Wie meinst du das, Andrzej«, sie schaute Dich mit großen Augen an.

»Michał schläft sowieso bei Krysia«, sagtest Du leichthin. »Es gibt ein freies Bett.«

»Geht das denn, daß ein junger Mann bei einer fremden Frau schläft?« sagte sie, denn sie hatte nicht den Mut, Dich zu kritisieren.

»Tantchen, das ist Krysia«, mischte sich Michał ein, »das ist doch Krysia!«

Pani Cechna kniff die Lippen zusammen und machte auf dem Absatz kehrt, und wir gingen zu dritt nach oben. Als Michał eingeschlafen war, kam ich zu Dir. Ich traute mich bereits, Dich zu berühren. Es verlangte mich danach. Ich wollte Dich in allen Einzelheiten kennenlernen. Ich liebte Deinen Körper.

»Glaubst du nicht, daß ich ein bißchen alt für dich bin?« fragtest Du scherzend. »Zwölf Jahre Unterschied.«

»Männer sollten älter sein«, sagte ich entschieden.

»Ich muß dir aufs Wort glauben ...«

Aber das waren die letzten derartigen Augenblicke. Mein Schicksal sagte: Stopp.

»Wir müssen ernsthaft miteinander reden«, begannst Du, und mir fiel mein Versprechen von vor ein paar Tagen ein.

Ich war Dir die Wahrheit schuldig, nicht über meinen »Beruf«, das hättest Du nicht ertragen. Ich wollte Dir gestehen, wer ich wirklich war, wer mein Vater war, doch bevor ich noch den Mund aufmachte, hörte ich Dich sagen:

»In zwei Sätzen erzähle ich dir von mir. Wie mein Leben war, bevor wir uns getroffen haben ...«

Und Du erzähltest die halbe Nacht. Also September, Wilna, das Hotel. Dieser unselige Jude. Dann Sibirien. Gut, daß es nur das war und nicht Katyń oder Ostaszków*, den dritten Namen habe ich vergessen. Du sagtest, jene seien von den Russen ermordet worden. Du warst mit Anders** herausgekommen. Im Mai vierundvierzig hatten sie Dich mit dem Flugzeug über Polen abgesetzt. Du warst Verbindungsmann. Dann der Aufstand ...

»Ich habe sie nie leiden können«, sagtest Du, »aber jetzt hasse ich sie. Sobald wir den Krieg gewinnen, schmeißen

* *Katyń oder Ostaszków* 1943 wurden bei Katyń Massengräber polnischer Offiziere entdeckt, die von den Sowjets ermordet worden waren. Der Verbleib von weiteren Offizieren aus den Lagern Ostaszków und Starobielsk blieb dagegen lange ungeklärt. A.d.Ü.

** *Anders*, Władysław (1892–1970), polnischer General, der 1941/42 polnische Armee-Einheiten in der Sowjetunion aufstellte und mit ihnen später über Iran und Nordafrika nach Italien zog. A.d.Ü.

wir sie hier raus ... aber es sieht so aus, als ob sie ihn gewinnen ... das wäre das Ende ...«

»Glaubst du, daß alle Juden schlecht sind?« fragte ich leise.

»Es ist eine Mafia, schlimmer als die sizilianische. Sie verkleiden sich, tun so, als wären sie jemand anderes. Würde sich denn auch nur ein Pole finden, der seine eigenen Leute an den NKWD verrät?«

Aber an die Deutschen haben sie die Juden verraten, dachte ich, doch ich sagte es nicht laut. Ich war erstaunt, daß Du so durchschnittlich denken konntest. Du warst doch jemand Außergewöhnliches. Du hattest ein so wunderschönes Gesicht, Du hattest einen wunderbaren Beruf. Deine Berufung war es, Menschen zu retten. Warum bestätigte sich das gerade in dieser einen Sache nicht. In meiner Sache ... Ich wollte uns durch Falschheit retten, ich wollte die sich zwischen uns drängende Fremdheit beiseite schieben. Ich konnte diese Fremdheit nicht ertragen. Mir fiel plötzlich ein, daß Michał, der, kein Mensch weiß, wann, lesen gelernt hatte, einmal T-r-a-u-g-u-t-t buchstabiert und dann gefragt hatte:

»Was bedeutet Traugutt*, Papa?«

»Das ist der Name eines großen Polen«, hattest Du geantwortet, »einmal werden wir über ihn sprechen ...«

Ich wollte jetzt über ihn sprechen. Bei ihm suchte ich Hilfe.

»Während des Januaraufstandes hat Traugutt einen Aufruf ›An unsere polnischen Brüder mosaischen Glaubens‹ erlassen«, sagte ich leise.

* *Traugutt*, Romuald (1826–1864), polnischer Oberstleutnant in russischen Diensten, wird im sog. Januaraufstand 1863 gegen die russische Teilungsmacht von den Aufständischen zum Anführer (»Diktator«) ernannt. A.d.Ü.

»Unsere polnischen Brüder«, wiederholtest Du verächtlich. »Traugutt war ein Romantiker, deshalb hat er verloren. Jetzt wird die jüdische Kommunistenclique alles an sich reißen.«

Da begriff ich, daß Dein Antisemitismus wie eine unheilbare Krankheit war und wir würden lernen müssen, mit ihr zu leben. Ich würde es lernen müssen. Zum Glück tötet sie nicht den, der von ihr befallen ist ...

Ein einziges Mal noch machte ich einen, für mich im übrigen recht gefährlichen Versuch. Das war nach Deiner Diskussion über die Juden mit Pani Cechnas Mann. Der Doktor hatte sich gewundert, daß die Juden alle so fügsam ins Gas gingen.

»Die werden immer die Hand ihres Herrn lecken«, sagtest Du. »Was war nach dem Einmarsch der Russen in Wilna? Einer nach dem anderen dienten sie sich dem NKWD an. Sie lieferten die versteckten polnischen Offiziere an sie aus, als Beweis brachten sie ihnen Knöpfe mit dem Adler, die sie von den Uniformen abgetrennt hatten. Das war genauso, als hätten sie abgeschnittene Köpfe gebracht ...«

»Ja, schon«, stimmte der Doktor etwas traurig zu.

Und da opferte ich ein Flugblatt, das für mich wie eine Reliquie war. Ich hatte es einst von der Straße aufgelesen, noch als »jene«. Ich weiß nicht, warum ich das gemacht hatte. Ich hatte es versteckt und später aus dem Ghetto mitgenommen. Das war heller Wahnsinn, denn im Fall einer Durchsuchung hätte mich nichts gerettet. Ein Flugblatt war ein Beweis. Jetzt sollte es auch ein Beweis sein, gegen Eure Worte, Deine und die des Doktors.

»Landsleute,

wir rufen Euch zu aktivem Widerstand auf. Glaubt nicht, was sie Euch sagen! Glaubt nicht den Tricks der deutschen Propaganda! Ihr müßt wissen, daß keiner Eurer Lieben, die aus Warschau weggebracht wurden, noch lebt! Alle wurden sie in den Krematorien von Treblinka, Belsen oder Majdanek verbrannt! Landsleute, laßt Euch nicht widerstandslos in den Tod führen, leistet Widerstand! Ihr müßt Euch wehren, damit Ihr wenigstens in Ehren sterbt! Tod den Henkern!

Jüdische Kampforganisation«

Als alle schon schliefen, ging ich leise nach unten und legte das Flugblatt im Eßzimmer auf den Tisch. Bis zum Morgen schlief ich nicht, ich hörte, wie Pani Cechna aufstand, wie sie sich in der Küche zu schaffen machte. Dann wachte Michał auf und fegte wie ein Verrückter die Treppe hinunter. Schließlich gingen auch wir nach unten. Sonst trug ich immer die Teller ins Eßzimmer, aber diesmal drückte ich sie Dir in die Hand und sagte lächelnd:

»Einmal soll es auch anders sein.«

Du gingst hinein. Zuerst war es still, dann hörte ich Deine kalte Stimme:

»Cechna!«

Es begann eine Untersuchung, die sich vor allem auf Michał konzentrierte. Ihn habt Ihr verdächtigt, dabei deutete doch alles auf mich. Ich war es doch, die die gestrige Diskussion über die Juden mitangehört hatte, ich hatte Dir doch die Teller in die Hand gedrückt. Aber so fern lag es Dir anzunehmen, daß ich etwas damit zu tun haben könnte, daß Du mich von der Untersuchung ausschlossest. Michał verteidigte sich unter Tränen, und ich bat ihn in Gedanken um Vergebung.

»Na ja, ich weiß nicht«, stellte er schließlich in verletztem Ton fest, »ich kann mich nicht erinnern ...«

»Das muß verbrannt werden«, sagte Pani Cechna, und in

abergläubischer Furcht nahm sie das Flugblatt mit spitzen Fingern. Ich folgte ihr in die Küche, ich sah, wie sie den Herdring beiseite schob und das Papier ins Feuer warf. Eine Flamme schoß empor, das Papier rollte sich zusammen, wurde gelb und war fast augenblicklich verkohlt. Sie schob den Herdring zurück, und ich stand da und hatte das Gefühl, das Ghetto wäre zum zweiten Mal abgebrannt.

Ja, Andrzej, wir können darüber nicht miteinander reden, aber wir müssen damit leben. Wir müssen, es gibt keinen anderen Ausweg. Ohne Dich könnte ich nicht einmal mehr atmen. Du bist meine Luft, auch wenn sie vielleicht vergiftet ist. Aber ich bin damit einverstanden. Sogar durch Dich zu sterben, bin ich bereit. Denn wozu wäre mir ein anderes Leben nütze …

DER DRITTE BRIEF

März 1951

Heute früh starb Maria, Deine Frau. Sie konnte nicht sprechen, so wie damals Deine Mutter. Sie schaute mich nur an. Ich hatte den Eindruck, sie wollte, daß ich ihre Hand hielt. Aber als ich es tat, befreite sie ihr elendes, mageres Händchen. Ob in diesem letzten Augenblick der Groll gegen mich überwog …? Aber wir waren einander doch nicht mehr fremd, und außerdem liebten wir denselben Mann und denselben Jungen. Das mußte uns verbinden. Es hat Augenblicke gegeben, da waren wir uns wirklich nahe gewesen. Jetzt liegt sie im Zimmer nebenan auf dem Bett, so ganz für sich noch. Erst morgen bringen sie den Sarg.

Ich kann nicht schlafen. Seit meinem letzten Brief an Dich sind fast sieben Jahre vergangen. Damals schrieb ich im Dezember vierundvierzig, jetzt haben wir März einundfünfzig. So viel ist in der Zwischenzeit geschehen. Vor kurzem bin ich siebenundzwanzig Jahre alt geworden, aber es war ein trauriger Geburtstag. Maria litt sehr, wir kümmerten uns beide um sie, ehrlich gesagt, vergaßen wir dieses Datum, erst abends, als wir schon im Bett lagen, sagtest Du: »O Jesus, aber du hast doch heute Geburtstag.« Genaugenommen nicht ganz: Es war der Geburtstag von Krystyna Chylińska. In Wirklichkeit bin ich an einem anderen Tag und ein Jahr später geboren, in Deinen Augen war ich also ein Jahr älter. Gut, daß es nur ein Jahr war … Ich und Du. Das ist eine ständige Offenbarung. Unser Zusammensein. Es gab schwierige Momente, nicht selten dramatische, aber nie haben wir aufgehört, uns zu lieben. Wenn das kein Grund ist, sein Leben für geglückt zu halten. Jemand, der gewisse Tatsachen kennt, mag den Kopf schütteln. Und trotzdem bestand auf dieser präzisesten aller Waagen der Welt, auf der Waage der Gefühle, immer ein ideales Gleichgewicht. Nach sieben Jahren möchte ich Dir wieder von uns erzählen.

In dem Holzhaus mit der Veranda verlebten wir noch fast ein halbes Jahr, zu dritt wohnten wir zusammengedrängt unterm Dach. Zusammengedrängt heißt in Enge, ein Leben fast schon aufeinander. Für mich war es wunderschön, ich hatte Euch nahe bei mir, in Reichweite. Es störte mich überhaupt nicht, daß unsere Liebe einen Zeugen in der Person des schlafenden Michał hatte. Auch das war wunderschön. Daß er so nahe bei uns war. Es machte Dich nervös, daß er einmal wach würde, aber ich kannte seinen Schlaf, ich wußte, wann man aufpassen mußte. Aufpassen, des Kindes wegen ... Vor kurzem hast Du mich gefragt, ob ich gerne eines von Dir hätte.

»Du hast ein Recht darauf, Krysia«, sagtest Du.

Unsere Situation hatte mir dieses Recht genommen, wir lebten doch im Zustand der Lüge, folglich wäre es ein Kind der Lüge geworden. Das wollte ich nicht. Aber es gab noch einen zweiten Grund. Ich hatte Angst, daß ich dann Michał weniger lieben könnte. Daß er dadurch etwas verlieren würde. Aber wie sollte ich Dir das erklären ...

»Jetzt können wir uns keines erlauben«, erwiderte ich, »solange Maria so krank ist. Vielleicht, wenn sie wieder gesund ist ...«

Es war klar, daß Maria nie mehr gesund werden würde.

In dem Holzhaus hörte ich einmal den Teil eines Gesprächs zwischen Dir und Pani Cechna. Ich kam die Treppe herunter und hielt inne, als ich Eure Stimmen hörte.

»Ihr lebt wie Mann und Frau«, sagte sie, »aber was wird sein, wenn Maria zurückkommt?«

Voll Spannung erwartete ich Deine Antwort, Sekunden vergingen.

»Wann soll ich den Hafer bringen?« hörte ich Dich sagen.

Das war, als hättest Du mir Deine Hand aufs Herz gelegt. »Wann soll ich den Hafer bringen?« klang wie die allerschönste Liebeserklärung. Du hattest nicht die Absicht, auch nur gegenüber irgend jemandem Deine Liebe zu mir zu rechtfertigen. Höchstens gegenüber Maria ... Diese Aufgabe fiel mir zu. Ich mußte ihr sagen, wer ich war, was ich in ihrem Haus tat. Zum Glück mußte ich ihr wegen ihrer Kleider keine Erklärung geben, ich hatte da schon meine eigenen.

Während dieses halben Jahres fuhrst Du häufig weg, und es kamen verschiedene »Interessenten« zu Dir. Du weihtest mich in all das nicht ein, aber ich wußte, daß Du in einer Untergrundorganisation warst. Das machte mir angst, doch gleichzeitig verstand ich, daß ich mich da nicht einmischen oder gar verraten durfte, daß ich die Wahrheit herausgefunden hatte. Im Radio brachten sie damals Berichte über den Kampf mit der Konterrevolution, über Banditen aus dem Untergrund. Ich hatte Angst. Jede gemeinsame Nacht mit Dir war wie ein Geschenk. Ich berührte Dich mit einem Gefühl der Rührung und Dankbarkeit dafür, daß Du noch da warst. Deine außergewöhnliche männliche Schönheit hatte immer die gleiche Wirkung auf mich. Es war eine Art Verehrung. Wenn ich gekonnt hätte, hätte ich Dich einfach angeschaut, die ganze Zeit hätte ich Dich angeschaut. Abschnitt für Abschnitt hätte ich Dein Gesicht betrachtet. Die Begeisterung für Dich war gleichzeitig eine Begeisterung für meine Gefühle für Dich. Es gab für mich so etwas wie ein Phänomen des Lebens, ein

Phänomen der Musik und ein Phänomen der Liebe, und auch Du wurdest deshalb zu jemand Außergewöhnlichem, Bewundernswertem, denn Du warst doch meine Liebe ...

Ende Juni fünfundvierzig kamst Du von einer dreitägigen Reise zurück und sagtest, daß wir so allmählich nach Warschau umziehen würden. Unsere Wohnung in der Noakowski-Straße war heil geblieben, nur wohnten dort schon Mieter. Zwei Familien. Für uns blieben zwei Zimmer, die Küche sollte gemeinsam genutzt werden. Als wir schon im Bett lagen, sagtest Du:

»Wir haben den Krieg verloren, Krysia, es wird schwer werden, aber wir müssen leben. Und sei es nur für uns.«

Deine Hände berührten mich so, als wäre ich tatsächlich jener einzige Ausweg. Ich sah Dein Gesicht über mir, Deine Augen. So ungestüm wolltest Du Dich in mir finden, daß mir bange wurde. Ich gehörte zu Dir, aber Du suchtest Dein Heil in meinen nackten Brüsten, in meinem Schoß. Das konnte Dir ein vorübergehendes Hochgefühl verschaffen. Die Kraft zum Weitermachen mußtest Du in Dir selbst suchen.

»Du bist Arzt«, sagte ich leise, als wir schon nebeneinander lagen, »du mußt Menschen heilen, unabhängig vom System.«

»Glaubst du, daß sie es mir erlauben?« hörte ich Dich fragen.

Du langtest nach einer Zigarette.

Nie habe ich Dir gesagt, daß es mich verletzt, wie Du immer gleich nach dem Liebesakt nach einer Zigarette greifst. Dann zündetest Du ein Streichholz an, und immer kehrte die Furcht zurück. Ich hatte Angst vor Deiner Frage. Diese Frage existiert irgendwo zwischen uns. Ich denke oft daran, aber gleichzeitig glaube ich, daß Schweigen das Beste ist. Da ich Dir nicht die Wahrheit sagen kann, ist es besser, nichts zu sagen. Diese Wahrheit ist im übrigen nach sieben Jahren schon eine andere. Und mein Ghetto ist ein anderes. Ich sehe mich als »jene« schon anders. Ich sehe sie von außen. Im vorigen Brief schrieb ich »jene«, und doch war das immer ich, und mich so zu nennen war nur ein Schutz. Vielleicht verstehe ich jetzt jenes Mädchen, das heißt jenes Kind besser, das den Mut zu einer solchen Entscheidung hatte. Ich betrachte es und seinen Vater mit mehr Abstand. Siehst Du, ich habe »es« geschrieben, anstatt »mich« ..., aber ich betrachte jene zwei aus der Distanz von sieben Jahren. Und sie tun mir leid, genaugenommen empfinde ich sogar Schmerz. Ich glaube nicht mehr, daß ich meinen Vater getötet habe. Das Ghetto hat ihn getötet. Wir konnten uns in dieser Situation, die uns beiden zuviel abverlangte, nicht zurechtfinden. Er hat sich bestimmt vorgeworfen, daß er nicht imstande war, mich zu beschützen, und ich spürte, daß ich ihn nicht schützen konnte. Und doch war meine Entscheidung, ihm zu folgen, die Rettung gewesen. Wäre ich bei meiner Mutter geblieben, hätte ich nach seinem Tod nicht mehr leben können. Das weiß ich. Ich spüre es. Wir waren bis zum Ende zusammen, obwohl im Augenblick seines Todes der SS-Mann meinen Körper gerade in seinen Armen hielt. Das klingt scheußlich, aber auch diese Wahrheit ist ein wenig anders. Es war das Verhältnis zwischen Henker und Opfer, nur die Rollen waren vertauscht. Ich war sein Henker geworden. Dieser Mensch litt wirklich. Ich habe in seinen Augen die Verzweiflung und den Schmerz gesehen. Ich glaube, er hatte sich in meine Unschuld verliebt, die für ihn etwas Unbekanntes war. Der Körper einer Frau, selbst der makelloseste, ist doch den anderen vergleichbar. Meine Reinheit war da eine Ausnahme. Er begehrte sie für sich allein, doch konnte er sie nicht bekommen. Je mehr er sich bemühte, desto unerreichbarer wurde sie. Er konnte sie nur vernichten, doch dazu brauchte es Mut, und im Grunde genommen war er ein Feigling. Ich erinnere mich an folgende Szene. Ungefähr zwei Wochen lang hatte er es bei mir nicht gebracht und war sich deshalb schon wie der letzte Waschlappen vorgekommen, dann endlich war es ihm gelungen, in mich einzudringen. Doch gleich war alles vorbei gewesen. Reglos lagen wir da, und dann spürte ich, wie er lautlos schluchzend zu zittern begann. Ich warf ihn geradezu von mir herunter. Bei brennendem Licht ging ich im Zimmer auf und ab, goß mir etwas Champagner ein und zündete eine Zigarette an. Und er lag zusammengekrümmt und nackt da. Ich sah seinen Rücken. Ich glaube, ich war mir damals nicht ganz im klaren, bis zu welchem Grad ich ihn tatsächlich beherrschte. Mein Instinkt sagte mir das. Doch es konnte sich ändern, wenn es ihm auch nur einmal gelingen sollte, sich mir gegenüber als Mann zu zeigen. Ich weiß nicht, ob er so weit gegangen wäre, mich zu liquidieren. Ich glaube nicht, daß er zur Liebe fähig war. Ich war sein Komplex, den er um jeden Preis besiegen wollte. Als primitiver Mensch verwechselte er das mit Liebe. Es kam sogar so weit, daß er mich heiraten wollte. Er, der meine Rasse verachtete. Er kämpfte mit seiner eigenen Schwäche, er haßte sie und wollte sie gleichzeitig besiegen. Ich war ihm dabei unentbehrlich, denn ich hatte sie doch hervorgerufen. Jedesmal, wenn ich in das kleine Zimmer hinter dem Büro kam, entdeckte ich auf seinem Gesicht den Ausdruck seiner Entschlossenheit. Er war zu allem bereit, er mobilisierte seine Kräfte. Er meinte, diesmal müßte es gelingen, doch wenn er dann nackt neben mir lag, erwies es sich als unmöglich. Unsere Geschlechtsakte, so möchte ich das nennen, waren jedesmal ein Fiasko. Wäre er nur ein wenig intelligenter gewesen, hätte er am Ende vielleicht verstanden, daß die Schuld nicht bei ihm, sondern bei mir lag. Mich hätte das das Leben kosten können. Zum Glück machte er sich selbst verantwortlich. Das war für ihn um so schwieriger, als er in mir einen Zeugen hatte, und zwar einen Zeugen der Anklage. Instinktiv fühlte ich, daß ich ein gefährliches Spiel trieb, und trotzdem demütigte ich ihn weiter. Eines Morgens, nach mehreren vergeblichen Versuchen, tranken wir Champagner. Beide waren wir nackt. Er stand auf, um aus seiner Uniform Zigaretten zu holen, und ich setzte mich aufs Sofa und spreizte meine Beine. Ich schaute ihn mit einem kalten Lächeln an, er konnte seinen Blick nicht von mir losreißen. Dieser Blick wurde immer hungriger, bis seine Augen schließlich zu betteln begannen. Er kniete vor mir nieder. Ich fühlte die Berührung seiner Zunge, anfangs noch schüchtern, dann immer dringlicher. Er war wie von Sinnen, er zuckte zwischen meinen Schenkeln hin und her und weinte und stöhnte. Ich war mir damals nicht bewußt, was eigentlich mit ihm los war. Ich spürte, daß er durch mich litt, aber ich hatte keine Ahnung vom Ausmaß seiner Qualen. Ich betrachtete sie doch nur von außen. Er versuchte, seinen jämmerlichen Orgasmus vor mir zu verbergen, doch ich schaute zu. Ich selbst verlor im übrigen die Orientierung und konnte nicht sagen, wo die Grenze der Provokation lag. Hätte ich gewußt, welch bedrohliche Situation ich schuf ... Woher hätte ich es wissen sollen, den ersten Orgasmus erlebte ich mit Dir im Holzhaus. Wera hatte mir gesagt, wie ich so tun solle, als ob, damit es den »Gästen« angenehm sei. Und wieder sah ich ihm zu, wie er erniedrigt und besiegt mir zu Füßen kroch. Denn zuletzt hatte er es aufgegeben und seinen Mund auf meinen nackten Fuß gepreßt, als suche er gerade an diesem Körperteil von mir Rettung ...

Mitte Juli fünfundvierzig brachen wir nach Warschau

auf. Pani Cechna und ihr Mann weinten fast, als sie uns verabschiedeten. Trotz der Zusammenstöße, die sich eigentlich immer an unserer Beziehung entzündet hatten, waren wir einander nahegekommen. Für mich und Michał war ein Jahr vergangen, das wir hier verbracht hatten, genau ein Jahr, denn es war im Juli gewesen, als wir hierhergekommen waren. Ich hatte allen Grund, diesen Ort zu lieben. Hier hatte unsere Liebe begonnen, unsere gegenseitige Liebe, denn ich hatte Dich schon früher geliebt. Vom ersten Moment an, als meine Augen Dich erblickten. Und das schreibe ich nicht nur so, das ist wahr. Ich sah Dich, und das war der Beginn meiner Liebe ... Hier hatte ich mich nach Dir gesehnt, hier hatte ich Angst um Dich gehabt. Oft war ich auf dem Weg zur Bahnstation spazierengegangen und hatte dabei gehofft, Dich von weitem zu sehen, wie Du mir entgegenkämst. Ich hatte auch den wilden Birnbaum aufgesucht, unter dem wir uns ausgeruht hatten. Er war das Ziel meiner Wanderungen. Manchmal begleitete mich Michał.

»Warum schon wieder zum Birnbaum?« fragte er.

»Weil er da so allein steht.«

»Glaubst du, daß Bäume denken?«

»Ich bin sicher.«

Er schaute mich aufmerksam an, aber er fragte nicht weiter.

Das Pferdchen mit der Britschka zog unser Gepäck, und wir drei gingen zu Fuß. Beim Birnbaum blieben Michał und ich stehen.

»Warum bleibt ihr stehen?« fragtest Du.

»Wir müssen dem Birnbaum auf Wiedersehen sagen«, antwortete Michał. »Weißt du, Papa, daß Bäume denken?«

Ich machte mir Gedanken darüber, wie unser neues Leben sein würde. Fremde Menschen hinter der Wand, das konnte nicht angenehm sein. Du hattest gesagt, wir würden versuchen, normal zu leben. Es war nicht klar, was sie über Dich wußten. Du hattest Dich bei Deinem Professor gemeldet, der wieder die Abteilung in der Klinik übernommen hatte. Er hatte sich gefreut, daß Du am Leben warst. Und natürlich hatte er Dich genommen. Damals hatte ich nichts gesagt, aber einmal warf ich beiläufig ein:

»Du rühmst diesen Professor so, dabei ist er doch ein Jude.«

Du lächeltest.

»Hast du nicht gehört, daß jeder Antisemit seinen Juden braucht?«

Ich teilte Deinen Galgenhumor voll und ganz.

Es berührte mich eigenartig, als ich an der Wohnungstür das Schild »Józef Krupa, Schneider« sah. Der Name Korzecki hing bei einer der Klingeln am Türrahmen daneben. Wer war ich gewesen, als ich zum ersten Mal vor dieser Tür gestanden hatte, und wer war ich nach der Pause von einem Jahr? Bestimmt in beiden Fällen jemand anderes. Die Kontinuität meiner Person wurde von meinen Gefühlen für Euch, für Dich und für Michał, gewährleistet. Sie waren so etwas wie ein Dokument meiner Identität, durch sie wies ich mich vor mir selbst aus. Aber vor den anderen ... Anfangs dachte ich nicht darüber nach. Nach dem Krieg wollte ich eigentlich wieder meinen wirklichen Namen annehmen, aber seit unserer nächtlichen Unterhaltung wußte ich, daß ich diesen fremden Namen für länger würde behalten müssen, vielleicht für immer. Auf jeden Fall, solange wir zusammen sein würden. Aber dieses »ohne Dich« wäre auch so etwas wie ein »ohne mich«, also sah es ganz danach aus, daß ich zu dieser Krystyna Chylińska verdammt war. Du fragtest mich, was mit meiner Familie sei. Ohne zu zögern, antwortete ich, daß beide Eltern nicht mehr lebten und daß ich ein Einzelkind sei. Mit der übrigen Verwandtschaft hätten wir keinen Kontakt gehabt. Irgendwie glaubtest Du das gleich. Aber wie sollte ich das denen erklären, die mir neue Papiere ausstellen würden. Sie könnten schwierigere Fragen stellen. Ich hatte Angst, doch es lief ganz glatt. Ich erhielt meinen Personalausweis aufgrund der Geburtsurkunde dieser Chylińska. Ich wußte nicht, ob es so jemanden gab, ob sich nicht irgendeine lebende Person hinter diesem von mir angenommenen Namen verbarg. Im Telefonbuch gab es im übrigen ein gutes Dutzend Chylińskas, zu allem Überfluß sogar eine Krystyna. Ich konnte immer sagen, daß ich mit »diesen Chylińskas« nicht verwandt sei. Trotzdem machte mir diese Krystyna aus dem Telefonbuch ein wenig angst, denn wenn das ihre Geburtsurkunde war ... Eines Tages rief ich an und stellte mich mit einem fiktiven Namen vor. Ich fragte nach Krystyna Chylińska.

»Am Apparat«, hörte ich.

Ich wollte schon auflegen, überwand mich dann aber.

»Entschuldigen Sie, sind Sie die Tochter von Celina und Wacław?« fragte ich und war bemüht, nicht die Gewalt über meine Stimme zu verlieren.

»Worum geht es?« Ihre Stimme klang nicht besonders freundlich. Aber trotzdem redete ich weiter.

»Weil ... ich suche Krystyna Chylińska, die Tochter von Celina und Wacław.«

»Da sind Sie falsch verbunden«, sagte sie und warf den Hörer auf die Gabel.

Danach wollte ich sogar nach Łomża fahren, aber zuletzt ließ ich die Sache auf sich beruhen. Dieses Problem entfiel nun, aber ein anderes tauchte auf. Ich hatte Angst, auf die Straße zu gehen, weil ich nicht auf einen meiner alten Bekannten treffen wollte. Ich war ihnen mit etwas über fünfzehn Jahren aus ihrem Blickfeld entschwunden, doch jemand, der mich näher gekannt hatte, konnte mich wiedererkennen. Meine Mutter zum Beispiel ... Vielleicht sollte ich meine Haarfarbe ändern oder eine Brille tragen, dachte ich. Das war kindisch. Du wußtest, daß ich gute Augen hatte, und meine Haare zu färben hätte nach einer Verrücktheit ausgesehen. Ich wollte nichts unternehmen, was Dir verdächtig hätte vorkommen müssen. Auch so hatte ich schon genug zu verbergen. Mir blieb die Angst. Jeder gemeinsame Ausgang ließ mein Herz schneller schlagen, jeder Gast, der bei uns klingelte, stürzte mich, noch bevor ich sein Gesicht gesehen hatte, in Angst und Schrecken. Zum Glück besuchte uns fast niemand. Die Klingel wurde manchmal aus Versehen geläutet, es war dann meist einer der Kunden des Schneiders. Einmal öffnete ich einer Frau, die eine wichtige Rolle in unserem Leben spielen sollte. Sie war die Sekretärin einer hochgestellten Persönlichkeit.

Der Schneider sah im übrigen aus wie aus einem Bilderbuch: ein riesiger Bauch, Hosenträger, um den Hals ein Maßband. Er hatte sogar eine Drahtbrille, die er beim Gespräch auf die Nasenspitze schob. Familie Krupa hatte sich im großen Zimmer eingerichtet, dessen einer Teil als Werkstatt diente. Sie waren zu sechst: er, seine Frau, zwei Söhne und zwei Töchter. Die zweite Familie waren irgendwelche merkwürdigen Leute, die kaum so aussahen, als wären sie ein Ehepaar. Aber es wohnten bei ihnen zwei Kinder, verängstigte Mädchen beide, vermutlich sogar Zwillinge. Sie belegten auch nur ein Zimmer, wir waren also in einer besseren Situation, aber nur dank Deiner Geistesgegenwart, denn Du hattest erklärt, daß wir in keinem verwandtschaftlichen Verhältnis zueinander stünden, so daß ich ein Zimmer bekam, während Michał und Du ein zweites hattet. Eines davon war ein Durchgangszimmer. Es gab noch ein kleines Zimmer neben der Küche, das als Rumpelkammer diente. Der merkwürdige Mieter hatte dort sein Fahrrad stehen und Herr Krupa seine zusätzlichen Schneiderpuppen. Die Wohnung war groß, sie hatte mehr als zweihundert Quadratmeter, doch bei so vielen Mietern platzte sie aus den Nähten. Außerdem wurden Küche, Toilette und Bad gemeinschaftlich genutzt. Manchmal konnte ich mir gar nicht vorstellen, daß es anders gewesen war und daß Michał und ich all die Quadratmeter zu zweit gehabt hatten. Wenn Du müde vom Dienst nach Hause kamst, war ich innerlich am Platzen wegen des Lärms von jenseits der Wand. Einer der Söhne des Schneiders drehte seinen »Pionier« immer auf volle Lautstärke, und auf meine Bitten, das Radio leiser zu stellen, da mein Mann schlafe, zuckte er immer nur die Achseln und erwiderte, er sei bei sich zu Hause. Manchmal mäßigte ihn sein Vater etwas.

»Mach es leiser, Heniek, man muß mit den Nachbarn auskommen.«

Und Heniek machte es leiser oder auch nicht, ganz wie es ihm paßte. Man hätte meinen können, das gemeinsame, beengte Zusammenwohnen, das so ganz anders war als in unserem Holzhaus auf dem Hügel, wäre ein Alptraum gewesen. Aber ich fühlte mich glücklich. Wir drei waren doch immerhin zusammen. Ich war sogar sehr glücklich, wenn es mir nur gelang, den Knopf mit der Aufschrift »meine Vergangenheit« auszuschalten. Aber er schaltete sich leider selbst ein, und zwar ziemlich oft.

Michał ging jetzt in die Schule und langweilte sich dort zu Tode. Du suchtest den Direktor auf, und nach langen Diskussionen steckten sie ihn gleich in die dritte Klasse. Eine andere Möglichkeit bestand nicht, genaugenommen hätte Michał mit seinem Wissen sofort im Gymnasium anfangen können. Aber wie denn, ein siebenjähriger Junge!

In der dritten Klasse langweilte er sich auch, aber er war zwei Jahre jünger als die anderen Schüler und mußte sie körperlich erst einholen. Das kostete ihn eine Menge Zeit. Stundenlang trainierte er verbissen seine Muskeln an der Teppichstange im Hof. Einmal bekam er Blasen an den Händen, riß sie ab und hätte sich fast eine Infektion geholt.

»Sei nicht so ehrgeizig, Michał«, sagtest Du, »die sind nur größer als du. Weißt du, was Napoleon gesagt hat? Die anderen sind groß, aber ich habe Größe.«

Der Spruch gefiel Michał sehr.

Und ich? Ich fing an, bei einem Notar als vereidigte Übersetzerin zu arbeiten. Zu Beginn des Jahres sechsundvierzig kam ein Brief vom Schwedischen Roten Kreuz an Dich. Ich öffnete ihn nicht, doch irgendwo im Innern verspürte ich Angst. Ich wußte, daß Du sie hattest suchen lassen. Einmal hatte ich ein Schreiben des Polnischen Roten Kreuzes gefunden. Wir hatten nie darüber gesprochen. Ich gab Dir den Brief und ging ins Badezimmer. Es war dasselbe Bad, in dem ich mich eingeschlossen hatte, nachdem ich aus dem Ghetto gekommen war und später, als Du heimgekehrt warst und ich mich bedroht gefühlt hatte. Es sah jetzt anders aus. Fremde Handtücher und fremde Wäsche hingen dort. Beim Anblick der voluminösen Unterhosen des Schneiders wurde mir ganz übel. Sie waren wirklich nicht der passende Rahmen für das Drama, das ich durchlitt. Ich setzte mich auf den Rand der Wanne und spürte, wie mein Herz unruhig pochte. Später legte ich mich ins Bett, und Du gingst Dich waschen, damit sich niemand nach mir reindrängen konnte, denn dann hätte man die Wanne wieder ausschrubben müssen. Du kamst im Schlafanzug zurück und krochst unter die Decke. Du löschtest das Licht.

»Es ist eine Nachricht von Maria gekommen«, sagtest Du, »sie ist in einem schwedischen Krankenhaus.«

»Fährst du zu ihr?«

»Nein, sie wird hierhergebracht. Mit einem Flugzeug des Roten Kreuzes.«

Wir schwiegen.

»Willst du, daß ich fortgehe?«

Stille.

»Nein.«

Und das war alles. Wir waren nur zu zweit, Du mußtest also nicht fragen: »Wann soll ich den Hafer bringen?« Aber jetzt war Dein Schweigen so, als stecktest Du den Kopf in den Sand. Wenn sie aus dem Krankenhaus hergebracht wurde, dann hieß das doch nur, daß sie krank war, bestenfalls rekonvaleszent. Wie ließe sich in so einer Situation, wo hinter der Wand fremde Leute lauerten, unser beider Anwesenheit bei Dir vertreten? Selbst ohne diese unfreiwilligen Zeugen wäre es ein unhaltbarer Zustand. Wie sollte man ihr meine Anwesenheit erklären? Vielleicht errietst Du meine Gedanken, denn ich hörte Dich sagen:

»Maria hat eine Schwester bei Krakau, ich werde sie dorthin bringen.«

»Vielleicht will sie aber lieber bei euch sein«, antwortete ich und hatte Mühe, meine Stimme in der Gewalt zu behalten.

Wieder Schweigen, das verletzte wie Glas.

»Ich bringe sie direkt vom Flughafen dorthin.«

In dieser Nacht schlief ich nicht, ich lag neben Dir und hatte Angst, mich zu bewegen. Du schliefst tief, von der Klinik kamst Du immer sehr müde nach Hause. Nach einigen Stunden zündete ich die Nachttischlampe an, die ich vorher auf den Boden gestellt hatte. Ich wollte Dich sehen. Ich traute Deinen Worten nicht. Du konntest nicht voraussehen, wie Euer Treffen ausfallen würde. Immerhin hattet Ihr Eure Geschichte, auch einen Sohn hattet Ihr. Es konnte doch sein, daß Du mich bei ihrem Anblick vergessen würdest und daß ich zu einer Episode in Deinem Leben würde, die Du versehentlich für Liebe gehalten hattest. Was würde aus mir werden, wenn sie mir Euch beide wegnähme ... Irgendwie fiel es mir nicht ein, daß ich ihr bisher eigentlich Euch weggenommen hatte. Ich hatte Angst um mich, um mein Leben, das ohne Euch seinen Wert verlor. Nur Eure Anwesenheit erlaubte es mir doch, mich zu akzeptieren. Mich mit meinem Makel. Wäre damals am Fluß nicht dieses Händchen in meiner Hand gewesen, wäre ich jetzt mit Sicherheit jemand anderes. Vielleicht wäre ich wieder auf den Strich gegangen, vielleicht wäre ich aber auch Männern gegenüber aus Rache für das von damals ein Ekel geworden. Seit ich aus dem Ghetto weg war, hatte das Wort »Mann« eine besondere Bedeutung für mich, es war fast gleichbedeutend mit dem »Männchen« aus der Tierwelt. Ich lernte beides nur beim Gedanken an Dich zu unterscheiden. Auch über meinen Bauch dachte ich anders. Wenn eine Frau einen Mann begehrt, beginnt der untere Teil ihres Bauchs eine Wärme auszustrahlen, die geradezu körperlich spürbar ist. Ganz so, als hätte jemand seine Hand dorthin gelegt. Der Bauch ist für die Frau genauso geheimnisvoll wie für den Mann, er läßt das rein Anatomische hinter sich, und er hat bessere und schlechtere Phasen. Er existiert im geheimen oder aber breitet sich im Bewußtsein der Frau ganz unheimlich aus. Er braucht etwas, er verlangt etwas. Und dieses Verlangen hat einen ganz bestimmten Adressaten und läßt keinen anderen gelten. Du warst mein Adressat. Was wäre ich ohne Dich geworden? Ich hatte mich schon von meinem Schicksal losgerissen und als jemand anderes Gestalt angenommen. Ich trug sogar einen anderen Namen. Die Elżbieta hatte es zum letztenmal vor der Tür mit dem Namensschild »A. W. Korzecki« gegeben. In die Wohnung war ich schon als Krystyna getreten. Man konnte mich jetzt nicht einfach wieder zu jener anderen machen. Dabei war ich noch gar nicht jene Krystyna, ich trug nur diesen Namen, er diente mir als Schutzschild … Aber Maria könnte etwas dagegen haben, wenn ich mich regelmäßig mit Euch träfe. Sie könnte es mir verbieten. An ihrer Stelle würde ich bestimmt dasselbe tun. Sie hatte das Recht, mit mir zu verfahren, wie sie wollte … Diese Gedanken ließen mich bis zu dem Tag, an dem sie kam, nicht mehr los. Und davor war jene letzte Nacht. Wir liebten uns, die Berührung Deiner Finger war wie immer eine Offenbarung. Unsere Nähe. Unsere Worte. Dieses Sich-Rufen, obwohl man doch ganz nahe beieinander war. Als Du in mich glittest, umfaßte ich Deine Hüften mit meinen Armen, so als wollte ich Dich aufhalten.

»Was ist, Liebes?« fragtest Du. »Hat es dir weh getan?«

Du verstandest meine Geste nicht, denn Du hattest keine Ahnung, was ich wirklich durchmachte. Vielleicht wußte auch ich nicht viel von Dir. In letzter Zeit hatten wir ja fast nicht miteinander gesprochen. Mir kam es vor, als benähmen wir uns gekünstelt und als klängen unsere Stimmen theatralisch, wenn Du mich um Salz batest oder ich Dir sagte, daß ich eben die Wanne geputzt hätte. Nur einmal fragte ich:

»Weiß Michał, daß seine Mutter zurückkommt?«

Du schautest mich überrascht an.

»Das kann ein ziemlicher Schock für ihn werden«, fügte ich hinzu.

Einen Moment lang trafen sich unsere Blicke, ich entdeckte darin Verlegenheit. Du hattest denselben Ausdruck in den Augen wie damals, als Du nicht wußtest, ob Du zu mir »du« oder »Sie« sagen solltest.

»Ich dachte, sie fährt nach Krakau ... für einige Zeit ...«

Das klang unsicher und versetzte mich in noch größeres Entsetzen. Mir wurde klar, daß Du selbst nicht wußtest, wie Du aus dieser Situation herauskommen solltest, und dieses Krakau hattest Du Dir vielleicht nur mir zuliebe ausgedacht.

»Andrzej«, Du wandtest mir den Kopf zu, als erwartetest Du einen Schlag, »dann werde ich fortgehen. Bring sie hierher, soll sie erst einmal bei euch sein, später wird sich eine Lösung finden ... Vielleicht wirst du zu mir kommen wollen ...«

Du tratst so nahe an mich heran, daß ich einen Schritt zurückwich. Du umarmtest mich.

»Du fährst überhaupt nirgendwohin«, war Deine Antwort.

Da riß ich mich von Dir los und schaute Dir direkt in die Augen.

»Wie stellst du dir das also vor?«

»Maria ist Michałs Mutter, aber ich liebe sie nicht. Ich werde für sie tun, was ich kann.«

»Du hast sie gesucht ...«

Aufmerksam schautest Du mich an.

»Du wußtest davon?«

Schweigend nickte ich.

»Ich habe sie gesucht«, sagtest Du, »aber ich werde ihr nichts vormachen. Das wäre nicht ehrlich ...«

Wer kann schon wissen, was wirklich ehrlich ist und was nicht, dachte ich.

»Wir werden festlegen, wie wir uns Michał teilen«, fuhrst Du fort, »vielleicht will sie mit ihm zusammen wohnen, sie ist seine Mutter.«

Ich sagte nichts, aber diese Worte versetzten mich neuerlich in Panik. Michał war ein ebenso wichtiger Teil meiner selbst wie Du, ohne Michał wäre ich kein vollständiger Mensch. Nur hatte ich hier keine Forderungen zu stellen. Ich konnte sie lediglich entgegennehmen.

Am Morgen ging ich zur Arbeit. Du hattest Dir freigenommen und bliebst zu Hause. Du wolltest am nächsten Tag aus Krakau zurück sein, aber als ich aus dem Büro heimkam, traf ich unten auf Michał. Er stand im Eingangstor auf Wache.

»Was machst du hier?« fragte ich verwundert.

»Papa bittet dich, nicht hochzugehen ...«

Bei diesen Worten wurde mir schwindlig, ich mußte mich an die Wand lehnen.

»Krysia«, fragte Michał, »bist du krank?«

»Nein, nein«, lächelte ich ihm zu, »das hat nichts zu bedeuten. Mir fehlt nichts ...«

»Dann bleib du hier stehen, und ich hole Papa«, sagte er, »so hat Papa es mir aufgetragen ...«

Eigentlich sollte ich gehen, alles war klar. Aber ich konnte nicht. Ich stand in dem Tor wie ein Bettler. Ja, ich wollte um Liebe betteln, wohl wissend, daß ich genau das nicht tun durfte. Dann dachte ich: »Was eigentlich ist Sünde? War Sünde das, was ich aus mir gemacht hatte, oder eher das, was ich andern zugefügt hatte? Meinem Vater oder jetzt ihr ...« Ich kannte sie nur von Fotos. Sie war hübsch, sie hatte ein so heiteres Gesicht. Kurze dunkle Haare, dunkle Brauen, eine lustige kleine Nase. Auf diesen Fotos hatte ich Euch zusammen gesehen, wie ihr engumschlungen in die Kamera lachtet. Seinerzeit war es nur gewöhnliche Neugier gewesen, dann hatte sich Schmerz dazugesellt ... Aber ich wußte, was ich tat, und tief in meinem Herzen hatte ich mit so einem Ausgang gerechnet.

Einen anderen hatte ich nicht verdient. Ich war von der Straße in dieses Haus gekommen. Zuerst hatte ich von ihren Kleidern Besitz ergriffen, danach von der Liebe ihres Sohns und dann von Deiner Liebe. Das konnte nicht straflos abgehen, für so einen Diebstahl mußte man bezahlen. Ich sollte kehrtmachen und gehen. Was bedeutete es schon, daß ich nicht wußte, wohin. Was ging sie das an. Trotzdem blieb ich in dem Tor stehen, Andrzej. Wie ich in diesem Tor stand ...

Und auf einmal sah ich Dich, Du kamst eiligen Schritts durch den Hof gelaufen. Ich wollte meinem Gesicht einen halbwegs menschlichen Ausdruck geben, so etwas wie ein Lächeln, aber ich war unfähig dazu. Mein Gesicht fiel zusammen. Meine Nerven schienen porös zu werden und zu zerfallen. Alles zitterte und war wie in Einzelteile zerlegt. Es erschien mir unmöglich, das alles je wieder zusammenzubekommen. Du tratst zu mir, aber ich schaffte es nicht, Dir ins Gesicht zu schauen und zu prüfen, ob ich darin den vertrauten Ausdruck der Verlegenheit finden würde. Du drücktest mich an Dich.

»Krysia«, hörte ich Dich sagen, »beruhige dich. Gleich erkläre ich dir alles, komm ...«

Wir gingen in die Konditorei an der Ecke, wohin ich einst die Krapfen gebracht hatte. Wir setzten uns an ein Tischchen oder, genauer, Du setztest mich dorthin, ich war nicht einmal fähig, einen Stuhl zu wählen. Selbst eine solche Entscheidung schien über meine Kräfte zu gehen. Vor mir sah ich Dein Gesicht. Du sahst mir in die Augen.

»Krysia«, sagtest Du, »unser Leben hat sich etwas kompliziert, aber wir sind zusammen, und wir müssen zusammenbleiben. Das weißt du doch genausogut wie ich ...«

Ich nickte, denn ich war unfähig, irgendeinen Ton herauszubringen.

»Sie wollte nicht nach Krakau. Ich habe ihr alles gesagt, aber sie will trotzdem bei uns bleiben ... Sie ist sehr krank ...«

Mir kamen die Tränen. Deine Worte waren doch das Urteil oder, genauer, dessen Bestätigung.

»Sie wird mit Michał in einem Zimmer schlafen ... Sie leidet an einer Krankheit, die mit den Nerven zusammenhängt. Die schwedischen Ärzte meinen, daß die Familienatmosphäre ihr vielleicht Heilung bringt ...«

»Und du willst ihr die Hölle bieten?« hörte ich mich plötzlich mit einer Stimme wie vom Tonband sagen. »Was wird meine Anwesenheit für sie bedeuten?«

»Sie ist einverstanden.«

»Wie kannst du von ihr so eine Entscheidung verlangen! Das ist unmenschlich! Was bist du denn für ein Mensch!« Das war schon wieder ich selbst. Von einem Augenblick auf den anderen wurde ich von der verlassenen Geliebten zur Frau, die sich in die Lage einer anderen Frau einfühlen konnte.

»Sie ist in einem solchen Zustand, daß deine Anwesenheit ihr weder hilft noch schadet. Sie will bei ihrem Sohn sein ...«

»Andrzej, was redest du da!«

Für einen Moment dachte ich, Du wärst nicht bei Verstand. Und doch geschah es genau so, wie Du gesagt hattest. Wir sprachen noch eine Weile miteinander, es gelang Dir, mich dazu zu überreden, sie zu sehen. Danach sollte ich entscheiden.

Mit klopfendem Herzen ging ich die Treppe nach oben, die Tür, diesmal mit dem Schildchen »Józef Krupa, Schneider«, barg wieder Ungewißheit. Ich wußte nicht, was mich dahinter erwartete. Maria saß auf dem Sofa und starrte vor sich hin. Als wir eintraten, wandte sie sich uns zu. Ich sah ein eingefallenes Gesicht, in dem vor allem die Augen und der zu große Mund hervorstachen. Sie lächelte, und ich erkannte sofort dieses zähnebleckende Grinsen wieder. Der Vorbote des Todes … Zum zweiten Mal hatte ich das Gefühl, meine Nerven lösten sich in ihre Bestandteile auf, ich spürte geradezu ihr schmerzvolles Stechen und Zucken.

»Du bist Krystyna«, sagte sie mit einer Stimme, die von woanders herzukommen schien, so als existierte sie außerhalb dieser Person.

Sie streckte mir ihre Hand entgegen, ich ergriff sie und hatte dabei das Gefühl, ein paar Knochen in der Hand zu halten.

»Ich freue mich, daß Andrzej dich hat … das ist gut …«

Wieder entstand dieses Gefühl der Irrealität, bisher war es meist mit meiner Vergangenheit verbunden gewesen, jetzt erfaßte es auch meine Gegenwart.

»Michał sieht so hübsch aus«, fuhr sie fort, »wie er gewachsen ist …«

»Und wo ist er?« fragte ich.

Einmal schon hatte ich so nach ihm gefragt, damals im Holzhaus, als ich nicht wußte, wo ich stand. Damals hatte ich bei ihm Hilfe gesucht, jetzt suchte ich sie wieder.

»Er ist im Nebenzimmer«, antwortete sie, »ich glaube, er hadert ein bißchen mit mir.«

»Ich schaue nach ihm.«

Wie auf Stelzen durchquerte ich das Zimmer, und als ich Michał sah, entdeckte ich in seinem Gesicht dieselben Gefühle, die ich empfand.

»Wird sie bei uns wohnen?« fragte er.

»Sie ist deine Mutter …«

Ich weiß nicht, ob außer uns jemand die Situation hätte verstehen können, doch wir lernten, mit ihr zu leben. Die zwei Zimmer, die wir belegten, waren recht groß, aber wir hatten in ihnen alle Möbel zusammengestellt, die nicht geplündert worden waren. Maria schlief tatsächlich in dem kleineren Zimmer mit Michał und wir in dem Durchgangszimmer auf dem Sofa. Doch während Michałs Anwesenheit gleich neben uns in dem Holzhaus unsere Liebe nicht gestört hatte, wirkte die Anwesenheit Deiner Frau gleich hinter der Wand lähmend. Wir lagen nebeneinander und waren unfähig zu irgendeiner wärmeren Geste. Wir unterhielten uns flüsternd über Dinge des Alltags, was zu erledigen sei und so weiter. Jetzt, wo sie hier war, hatte ich mehr Pflichten, die schwierigste war, sie zum Essen zu überreden. Darin bestand eben die Krankheit. Sie konnte nicht essen. Es kam immer wieder vor, daß wir sie ins Krankenhaus bringen mußten, wo sie dann eine Infusion bekam. Nach ein paar Tagen holten wir sie dann wieder zurück. Ich wußte, daß wir sie mit unserem ganzen Zureden quälten. Beim Anblick des in Brei getauchten Löffels malte sich an Entsetzen grenzender Ekel auf ihrem Gesicht.

»Maria«, bat ich, »nur noch ein Löffelchen. Das eine Löffelchen ...«

Ihre zu großen Augen füllten sich mit Tränen. Und sie behielt den Inhalt des Löffels in ihrer Backe, wie ein kleines Kind.

»Jetzt schluck schon, schluck«, bat ich.

Michał hielt sich von seiner Mutter fern, er war böse, weil sie in seinem Zimmer schlief. Bisher hatte er es für sich allein gehabt. Eines Tages sagte ich:

»Komm, Michał, machen wir einen Spaziergang.«

Wir gingen in den Park. Ich versuchte, ihm zu erklären, daß sein Verhalten ihr gegenüber ungerecht und grausam sei. Möglicherweise hing es von seinem Verhalten ihr gegenüber ab, ob sie gesund würde.

»Aber ich bin erst sieben Jahre alt«, sagte er unter Tränen. Er wollte mich daran erinnern, daß er noch ein Kind sei und man sich eher um ihn kümmern müsse. Für ihn sorgen müsse. Plötzlich begriff ich, daß sein Groll sich gegen mich richtete. Seit dem Moment, in dem seine Mutter im Haus aufgetaucht war, fühlte er sich von mir verlassen.

»Michał«, sagte ich sanft, »wir brauchen uns nicht zu sagen, daß wir uns liebhaben. Das wissen wir doch …«

»Ihr muß ich das auch nicht sagen«, brach es aus ihm heraus, »weil ich sie nicht liebhabe.«

»Und liebst du dein Bein oder deinen Arm?«

»Nein«, erwiderte er verwundert.

»Siehst du, aber versuch mal, ohne sie zu leben. Genauso ist es mit einer Mutter. Sie ist deine Mutter. Sie hat dich zur Welt gebracht.«

»Aber sie war nicht da … du warst da …«

Aber etwas änderte sich nach unserem Gespräch doch. Als ich abgehetzt von der Arbeit heimkam, nachdem ich vorher lange auf die Straßenbahn gewartet und danach noch Einkäufe gemacht hatte, fürchtete ich, sie sei zu lange allein gewesen, als ich also heimkam, fand ich sie vor Erregung zitternd vor. Sie saß auf der Bettkante, und ihr Kopf zuckte aufgeregt. Ich glaubte, etwas hätte sie erschreckt. Ich drückte sie an mich und streichelte ihren bebenden Rücken.

»Es ist schon gut, Maria, ist schon gut«, wiederholte ich zärtlich.

Sie befreite sich, ganz offensichtlich wollte sie mir etwas sagen, aber sie konnte es nicht. Schließlich holte sie mit zitternden Händen eine Zeichnung unter dem Kopfkissen hervor, eine mit Buntstiften gemalte Kinderzeichnung: ein Haus, ein Zaun, ein Baum und eine strahlende Sonne.

»Hat Michał das gemalt?«

Sie nickte, und dann zeigte sie auf sich. Da verstand ich alles. Michał hatte für sie ein Bild gemalt. Die Gemütserregung verschlimmerte ihre Krankheit, weder an diesem noch am nächsten Tag konnte sie etwas zu sich nehmen. Wir wollten sie schon ins Krankenhaus bringen, als es ihr doch wieder besser ging, sogar viel besser. Allein aß sie ein Viertel des Breis auf ihrem Teller.

»Siehst du«, sagte ich zu Michał, »was Güte für ein Heilmittel ist.«

Als ob er sich schämte, sagte er leise:

»Ich bin überhaupt nicht gut.«

Er tat mir leid. Keiner von uns fand sich in dieser Situation zurecht, sie wuchs uns einfach über den Kopf. Im Grunde genommen drehte sich unser Leben um die Krankheit von Maria, die dadurch kein bißchen glücklicher wurde. Aber gab es einen anderen Ausweg? Ein- oder zweimal tauchte die Schwester aus der Gegend von Krakau auf, es verlockte sie allerdings wenig, Maria zu sich zu nehmen. Sie sagte, sie habe zwei Kinder und ihr Mann und sie arbeiteten. Sie müßten dann eine Hilfe nehmen. Wir waren bereit, so eine Hilfe zu bezahlen, aber alles scheiterte dann daran, daß Maria schon bei der ersten Andeutung, daß sie von hier weg solle, zusammenbrach. Wir glaubten, das sei das Ende. Der Notarzt ließ lange auf sich warten. Schließlich wurde sie im Krankenhaus gerettet. Ihr Aufenthalt dort war wie ein Vorwurf. Wir besuchten sie täglich. Monate vergingen.

Eines Abends schrubbte ich die Wanne aus und badete zuerst Maria. Mir ging das immer sehr nahe, wenn sie ihren Körper vor mir entblößte. Die streichholzdünnen Arme und Beine und die fast knabenhaften, von den Rippen scharf umrissenen Konturen; die Brüste waren faltig und braun mit eingetrockneten Brustwarzen. Man durfte sie nicht allein lassen, weil sie vor Schwäche hätte umfallen können. Meine Anwesenheit war also absolut notwendig. Für mich war das Ganze wahrscheinlich viel quälender. Maria war sich darüber im klaren, daß sie keine vollwertige Frau war, und hatte sich damit abgefunden. Aber vielleicht schien es mir auch nur so, was konnte ich denn wirklich von ihr wissen. Manchmal füllten sich ihre Augen mit Tränen, und ihre Schultern fingen an zu zittern. Wen beweinte sie dann, sich und ihre Vergangenheit, ihren verlorenen Mann oder ihren Sohn, der vor ihr weglief? Michał gab sich Mühe, er gab sich große Mühe, aber er empfand einen körperlichen Widerwillen dagegen, nahe bei seiner Mutter zu sein. Im Grunde war er in unser Zimmer gezogen, hier machte er seine Hausaufgaben, dort schlief er nur.

Ich half Maria, sich abzutrocknen, zog ihr ein Nachthemd an und rief Dich, damit Du sie in ihr Zimmer brächtest. Das Wasser floß in die Wanne, und ich wusch mir gerade das Make-up aus dem Gesicht, als Du zurückkamst. Ich muß komisch ausgesehen haben mit einem verschmierten Auge, aber Du sahst das nicht. Seit einem halben Jahr hatten wir uns nicht geliebt, wir hatten es einfach nicht gekonnt. Am Ende forderte die Natur ihr Recht. Du drehtest den Schlüssel in der Tür um, und wir stürzten plötzlich aufeinander zu. Du löstest mir den Bademantel, unter dem ich nackt war, bedecktest meine Brüste und meinen Bauch mit Küssen, ich fühlte die Berührung Deiner Zunge, und mein Verlangen, mich mit Dir zu vereinen, war so endgültig, daß ich nur noch beten konnte. Wir liebten uns im Stehen, inmitten der überall auf Schnüren aufgehängten fremden Wäsche, dieser übergroßen Unterhosen des Schneiders und in Gesellschaft der rosafarbenen Büstenhalter seiner Frau. Du hieltest mich noch eine Weile in den Armen, dann löstest Du den Druck. Ich spürte eine plötzliche Schwäche in den Beinen und setzte mich auf den Rand der Wanne. Ich sah Dein verändertes Gesicht, auch Du warst mit Deiner Kraft am Ende.

Dieses Leben zu viert war manchmal schier unerträglich, aber wenn dann eine überraschende Lösung eintrat, war sie wie ein böser Scherz. Es kam das Jahr neunzehnhundertachtundvierzig, an einem Abend im Oktober gingst du nach draußen, um den Abfall wegzubringen, kurz darauf läutete es an der Tür. Ich dachte sogar, Du hättest den Schlüssel vergessen, aber vor der Tür standen zwei unbekannte Männer. Sie trugen Staubmäntel und beide genau die gleichen Filzhüte. Siamesische Zwillinge, dachte ich voll Abscheu. Sie fragten nach Dir.

»Mein Mann ist nicht da«, erwiderte ich.

»Und wann kommt er zurück?«

»Weiß ich nicht.« Fieberhaft überlegte ich, wie ich Dich warnen könnte.

Ich wußte, daß ich jetzt keinen falschen Schritt tun durfte, zum Beispiel, Michał nach Dir zu schicken. Ich hoffte auf ein Wunder. Sie fragten, ob sie sich ein wenig umsehen dürften.

»Haben Sie einen Durchsuchungsbefehl?«

Einer von ihnen klappte seinen Aufschlag um und zeigte ein Abzeichen. Ich wußte nicht, ob das als Ausweis genügte, wollte die Situation aber nicht noch zuspitzen. Ich zeigte ihnen unsere Tür und folgte ihnen. Da tauchte im Flur der älteste Sohn des Schneiders auf. Ich schaute zu ihm hin und zeigte mit meinem Blick auf sie und dann auf die Eingangstür. Er begriff sofort und gab mir mit seinen Augen ein Zeichen. Eine halbe Stunde verging. Du kamst nicht, und ich wußte schon, daß Du gewarnt worden warst. Sie stöberten ein bißchen im Zimmer herum, und dann fragten sie, wer in dem anderen Zimmer wohne. Ich antwortete, eine Kranke aus dem Konzentrationslager. Sie fragten, wer das sei.

»Andrzej Korzeckis Frau«, erwiderte ich und vergaß, daß ich mich als solche ausgegeben hatte.

»Zwei Frauen«, grinste einer der beiden, »kein Wunder, daß er nicht zu Hause ist.«

Ich sagte nichts. Schließlich gingen sie. Ich schloß hinter ihnen ab und ging schnell in unser Zimmer zurück. Plötzlich umgaben mich wohlmeinende Gesichter, und der ältere Sohn des Schneiders erzählte aufgeregt:

»Ich gehe raus, schaue, da geht der Herr Dochtor mit dem leeren Abfalleimer, und ich zu ihm. ›Herr Dochtor, sie sind da, sie wollen Sie holen.‹ Da wußte der Herr Dochtor sofort, was er tun mußte. Er sagt, Sie sagen meiner Frau, daß ich von mir hören lasse. Sie soll auf Nachricht warten ...«

Welcher Frau, dachte ich traurig, gerade eben war ich daran erinnert worden, daß das nicht ich war.

Was war das doch für ein Oktober, neunzehnhundertachtundvierzig ... Nach etwa zwei Tagen fragte Maria nach Dir. Ich zögerte, aber ich sagte ihr die Wahrheit. Ihre Augen wurden für einen Moment noch größer.

»Mama sieht aus wie ein Koala-Bär«, bemerkte Michał einmal.

Mich erinnerte sie an die Frau auf dem berühmten Bild von Munch »Der Schrei«. Das Gesicht dieser Frau, die Augenhöhlen. Manche behaupten sogar, das Bild verkörpere den Tod. Das wäre gut möglich, der Maler war ja schon von ihm gezeichnet, und Maria hatte der Tod im Lager angesteckt ... Wie sich zeigte, hatte ich richtig gehandelt, als ich sie in alles einweihte. Die neue Situation riß Maria aus ihrer für uns unbegreiflichen Welt. Nie erzählte sie davon, was sie durchgemacht hatte. Überhaupt sprach sie wenig, sie vermochte tagelang zu schweigen. Aber jetzt fing sie zum ersten Mal an, sich für das zu interessieren, was um sie her geschah. Vorher waren es einzelne Signale gewesen, wie diese Sache mit Michałs Zeichnung, jetzt konzentrierte sich Marias Aufmerksamkeit für länger auf uns. Ich war ständig in Eile, von der Arbeit nach Hause, von zu Hause zur Arbeit. Ich mußte saubermachen, einkaufen, Maria füttern. Aber mit dem Füttern wurde es immer besser, eines Tages nahm sie mir sogar den Löffel aus der Hand und begann, allein zu essen. Als ich sie einmal nach der Arbeit nicht in ihrem Zimmer vorfand, bekam ich einen Schreck. Ich fand sie in der Küche, wo sie das Geschirr abwusch. Plötzlich spürte ich einen Kloß im Hals und ließ mich auf einem Hocker nieder. Sie wandte mir ihren Kopf zu, unsere Augen trafen sich. Wir schauten uns an wie zwei Frauen, die beide einen Haushalt und ein Kind am Hals haben. Ich habe Dir davon erzählt, Du hast Dich gefreut.

»Wenigstens wird es leichter für dich«, sagtest Du.

Die Nachricht von Dir traf nach einer Woche ein. Ich bekam eine Adresse und gleichzeitig die Warnung, ich solle versuchen, einen eventuellen Schutzengel abzuhängen. Ich solle mit der Bahn nach Klarysewo fahren und von dort noch ein gutes Stück zu Fuß gehen. An der Wegkreuzung müsse ich rechts abbiegen, ohne jemanden nach dem Weg zu fragen. Zweihundert Meter hinter der Kreuzung stehe eine Villa mit kreuzweise zugenagelten Fenstern. Ich solle um sie herum und über den Hof hineingehen. In Klarysewo stieg ich aus. Es war schon dunkel. Es roch nach Herbst, meine Füße traten auf nasses Laub. Ich fühlte mich ungemütlich so allein in der Dunkelheit. Die Villa hätte meinem Gefühl nach längst kommen müssen. Endlich erblickte ich sie. Ich ging um sie herum und klopfte an die

Küchentür. Ich wartete lange. Das Haus schien unbewohnt. Ich versuchte es noch einmal mit Faustschlägen. Nach einer Weile hörte ich Geräusche und eine männliche Stimme:

»Wer ist da?«

»Zu Wojciech von Wanda«, antwortete ich.

Die Tür öffnete sich, und ich sah einen wenig vertrauenerweckenden Mann. Er hatte einen Stoppelbart und eine tiefe Narbe auf der Wange, im Mundwinkel klemmte eine Kippe.

»Gehen wir«, sagte er kurz.

Wir gingen eine enge Treppe in den Keller hinunter. Er kümmerte sich nicht um mich, ein paarmal stieß ich mich an irgendwelchem Gerümpel. Schließlich öffnete er eine Tür. Sie leuchtete als helles Viereck in der Dunkelheit. Ich trat in einen völlig verqualmten Raum. An der Decke brannte eine nackte Glühbirne. Am Tisch spielten ein paar Männer Karten, einer von ihnen warst Du. Bei meinem Anblick erhobst Du Dich. Du trugst einen schwarzen Rollkragenpulli und warst unrasiert. Aber wie immer wirkte Dein Anblick geradezu lähmend auf mich. Ich hatte Dich noch gut in Erinnerung, aber meine Erinnerung war nichts im Vergleich zu Deinem wirklichen Gesicht. Die andern verschwanden, und wir blieben allein. Du drücktest mich an Dich. Ich spürte den Geruch von Rauch und Wodka, genauer gesagt, von Selbstgebranntem, den Unterschied kannte ich. So standen wir da, engumschlungen. Ich spürte, wie Dein Körper mich bedrängte, und dann hörte ich Deinen heftigen Atem. Du schobst mir den Rock hoch. Ich hatte Angst, jemand würde ins Zimmer kommen, darauf war ich nicht vorbereitet gewesen. Und dann dieser Geruch von Selbstgebranntem ... Ich wollte Dich schon abwehren, aber dann ließ ich Dich gewähren. Das warst doch Du. Als hättest Du meine Gedanken erraten, flüstertest Du:

»Hier kommt niemand rein.«

Du hobst mich hoch, gleich darauf lag ich auf einem Bett, dessen Eisenrost jämmerlich quietschte. Wir hatten nicht einmal Zeit, uns auszuziehen. Mit einem Ruck zogst Du mir die Höschen aus. Ich glaube, zum ersten Mal spürte ich Dich so rücksichtslos in mir, ohne daß Du Dich um meine Gefühle gekümmert hättest. Ich wurde von Dir geradezu vergewaltigt. Vielleicht war es auch einfach die Szenerie ... Aber Du wußtest doch von gar nichts, also muß ich die Schuld bei mir suchen. Du wolltest Dich einfach vor Deiner Angst und Einsamkeit in mich flüchten. Das Bett gab immer schrillere Töne von sich, es war offensichtlich völlig verrostet. Ich hatte Angst, daß man uns im ganzen Haus hören würde, daß die andern es hörten. Aber ich konnte nichts dagegen tun, Du bohrtest Dich immer ungestümer in mich ein, und es tat mir schon weh, doch ich hielt Deine Hüften mit meinen Schenkeln umklammert, denn ich wollte, daß Du wußtest, daß ich bei Dir war. Schließlich zogst Du Dich mit einem Schluchzer zurück, der irgendwo in Deiner Kehle steckenblieb. Und sofort liebte ich Dich wieder. Ich kannte diese Wehrlosigkeit von Dir. Wir lagen regungslos da, und plötzlich merkte ich, daß Du schliefst, Du schnarchtest sogar leicht durch die Nase. Auch das kannte ich. Nach ein paar Minuten fuhrst Du hoch.

»Bin ich eingeschlafen?« fragtest Du verwundert, früher hattest Du das nie gemerkt, denn früher war es immer unser Bett gewesen.

Anschließend redeten wir. Du sagtest, die Sache sei sehr ernst. Man habe begonnen, die Menschen zu verhaften, mit denen Du in der Konspiration zusammengearbeitet hättest.

»Sie verhängen Todesurteile für solche wie mich«, sagtest Du leise.

»Ich weiß«, antwortete ich kurz.

»Ich werde ins Ausland verschwinden müssen, Krysia. In zwei Wochen geht es rüber ...«

Diese Worte hallten hohl in mir nach. Ich fühlte gar nichts. Ich hörte, wie Du sagtest:

»Wie kann ich Dich mit ihnen hierlassen.«

»Du mußt Dich retten«, erwiderte ich.

Wir schauten uns an, der unerfreuliche Eindruck hatte sich schon verflüchtigt, ich erinnerte mich schon nicht mehr daran. Nur Dein Gesicht war da, einfach Du ...

DER DRITTE BRIEF
(Fortsetzung)

Ich mußte mein Schreiben unterbrechen, weil Michał aufgewacht war. Ihm ist der Tod seiner Mutter sehr nahegegangen. Er weinte und traute sich nicht, zu ihr ins Zimmer zu gehen. Ich saß bei ihm, bis er auf unserem Sofa eingeschlafen war, und dann kam er mit nackten Füßen zu mir gelaufen. Ich nahm ihn in die Arme. Und eigentlich weinten wir beide, denn auch mir flossen die Tränen über das Gesicht.

»Ich war nicht gut zu ihr ...«

»Das ist nicht wahr, Michał«, sagte ich, »es war für uns alle schwer, aber wir haben sie doch geliebt.«

Er schaute mich an.

»Nicht wahr, wir haben meine Mama geliebt?«

Schweigend nickte ich.

»Möchtest du zu ihr gehen?«

»Morgen früh gehe ich zu ihr«, antwortete er schon etwas ruhiger.

Ich führte ihn zum Sofa und hielt seine Hand, bis er eingeschlafen war.

»Krysia«, sagte er schon im Halbschlaf, »aber du wirst nicht sterben, versprichst du's?«

»Ich werde mir Mühe geben«, antwortete ich.

Michał war zwölf, aber er war immer noch ein Kind.

Aus Klarysewo kam ich völlig zerschlagen zurück. Die Umgebung, in der ich Dich zurückgelassen hatte, war bedrückend, und unsere Zukunft versprach ähnlich zu werden. Wir mußten uns trennen, wer weiß, für wie lange. Zwei Wochen, wiederholte eine dumpfe Stimme in mir, zwei Wochen ... Ich erledigte verschiedene Dinge, um die Du mich gebeten hattest. Unter anderem sollte ich zu Deinem Professor gehen und ihn über Dein Schicksal unterrichten. Das belastete mich nicht weiter, denn ich sollte das erst tun, wenn ich die Nachricht hätte, daß Du in Sicherheit wärst. Ich fuhr noch einmal nach Konstancin, das heißt zu der Villa auf halbem Weg zwischen Konstancin und Klarysewo, um mich von Dir zu verabschieden. Da war das quietschende Bett und unser verzweifeltes Bedürfnis, einander so nahe wie möglich zu sein. Ich hatte das Gefühl, Du wolltest Dich wieder vor der ganzen Welt und vor Dir selbst in mir verstecken. Und ich fühlte Bitterkeit, daß Dir meine Liebe so wenig bedeutete. Sie kann Dir nicht das geben, was Du in ihr suchst. Als ich wegging, weinten wir beide. Du schämtest Dich Deiner Tränen nicht. Sie waren kein Ausdruck von Schwäche.

»Es hat keine Bedeutung, für wie lange wir uns trennen, Liebste«, sagtest Du, »ein Jahr, zehn Jahre. Wir werden immer zusammensein ... Mit jedem Gedanken werde ich bei dir sein ... bei euch«, verbessertest Du Dich. »So sehr habe ich mir gewünscht, heil aus dem Aufstand zu euch zurückzukommen, und siehst du, es ging. Jetzt muß es auch gehen.«

»Es wird gehen«, antwortete ich mit vom Weinen belegter Stimme.

Das Abteil in der Bahn war nur schwach erleuchtet, selbst wenn jemand hereingekommen wäre, hätte er mein verweintes Gesicht nicht gesehen. Aber bis Warschau blieb ich allein.

Gut zwei Wochen vergingen. Täglich hörte ich die Nachrichten im Radio und horchte nach Schritten auf der Treppe. Ich wartete. In der Woche vor Weihnachten folgte mir der ältere Sohn des Schneiders in die Küche, er schaute sich um und sagte in vertraulichem Ton:

»Frau Dochtor, Sie gehen morgen abend um sieben an den Hauptbahnhof und warten bei Kasse 1.«

Ich war pünktlich, zu meinem Pech war niemand bei der Kasse, so daß ich auffallen mußte. Ich schlenderte umher. Eine halbe Stunde verging, eine Stunde. Niemand sprach mich an. Ich beschloß, wieder nach Hause zu gehen. Und da stürzte so ein Individuum in der Tür auf mich zu. Der Geruch verschwitzter Kleider umfing mich, gleichzeitig aber spürte ich, daß mir etwas in die Hand gedrückt wurde. Den Zettel las ich erst in der Straßenbahn. Es war nur eine Warschauer Adresse. Ich fuhr sofort hin. Eine fremde Frau empfing mich, nicht mehr ganz jung, mit müden Augen. Sie sagte, der Transport über die Grenze sei mißglückt. Ein Teil der Gruppe sei verhaftet worden. Du hieltest Dich versteckt. Vorläufig könnten wir keinen Kontakt aufnehmen. Schweigend nickte ich zum Zeichen, daß ich alles verstanden hatte. Ich bat, Dir auszurichten, daß bei uns alles in Ordnung sei. Maria fühle sich besser. Und so war es wohl auch. Ich hatte ihr von allem berichtet. Davon, daß Du ins Ausland gehen würdest. Daß Du schon abgereist wärst. Sie hatte genickt, so wie ich es jetzt vor der fremden Frau tat. Maria versuchte, mir zu helfen. Einmal traf ich sie nach der Arbeit beim Kartoffelschälen an, ein anderes Mal sah ich sie mit einem Lappen in der Hand, sie ging durchs Zimmer und staubte die Möbel ab. Sie aß schon allein, wenn auch winzige Portionen, aber sie aß alles. Ich mußte keinen Brei mehr kochen, dessen Anblick allein schon genügt hatte, daß es einem schlecht wurde. Allmählich änderte sich auch Michałs Verhältnis zu ihr. In dem Maße, wie Maria normaler wurde, entwickelte er ein engeres Verhältnis zu ihr. Einmal fand ich sie zusammen am Tisch, sie spielten Mensch-ärgere-dich-nicht. Maria war ganz aufgeregt, und ich fürchtete, es würde mit einem mehrtägigen Fasten enden, aber beim Abendessen pickte sie dann doch ein bißchen von ihrem Teller. Als ich sie da bei dem Spiel sah, überkam mich ein eigenartiges Gefühl: Hier habe ich also zwei meiner Kinder vor mir ... So etwas hatte ich schon einmal bei meinem Vater im Ghetto empfunden. Der Vergleich ging mir nahe, und die Sehnsucht nach ihm schnürte mir die Kehle zu. Fast hörte ich diese leise Stimme: »Elusia.«

Der ältere Sohn des Schneiders brachte uns einen Weihnachtsbaum, hoch bis zur Zimmerdecke. Michał freute sich, er schmückte ihn, und Maria half ihm dabei. Ich kümmerte mich um die Einkäufe. Die Frau des Schneiders erbot sich, mir den Karpfen in Gelee zu machen.

»Sie haben so viel am Hals, Frau Dochtor«, sagte sie, »da muß man helfen wie ein Christenmensch.«

Seit Deinem Verschwinden waren unsere Beziehungen viel besser geworden. Nur das merkwürdige Paar mit seinen anämischen Zwillingen hielt sich abseits.

»Das sind so Mucker«, sagte die Schneidersfrau unwillig, als ich sie nach ihnen fragte.

Endlich war der erste Stern da, Michał erspähte ihn durchs Fenster. Wir begannen, die Oblaten zu teilen. Maria mit Michał, ich mit Michał, ja und dann ich mit Maria. Und da passierte etwas Unerhörtes. Wir fielen uns gleichzeitig in die Arme. Sie war fast so groß wie ich, aber als ich sie umarmte, hatte ich Angst, weil sie gar so zerbrechlich war. Ich spürte die beweglichen kleinen Knochen und fürchtete, sie würden unter meinen Händen zerfallen. Sie weinte, und gleich darauf weinten wir beide.

»Warum weinen diese Weiber nur dauernd«, sagte Michał.

Da merkten wir erst, daß er ganz allein am Tisch saß und sich ein Stück von dem Karpfen auf den Teller legte.

Aber für Maria war die Erregung zuviel gewesen, sie konnte keinen Bissen herunterbekommen. Ich sah, wie sie sich mühte, um uns nicht zu verletzen. Ich stellte ihr eine Tasse gesäuerter Suppe hin.

»Trink das aus«, sagte ich, »das ist sehr nahrhaft.«

Damit ging es schon besser, sie trank in kleinen Schlückchen. Es gab noch das vierte Gedeck für den unbekannten Gast. Für mich warst das Du. Michał und Maria lebten im Glauben, Du seist im Ausland. Ich ließ sie in dem Irrglauben, es reichte, daß ich vor Angst fast umkam. Es hatte keinen Sinn, sie einzuweihen, schließlich war sie eine kranke Frau und er ein kleiner Junge.

Mich quälte auch der Gedanke, daß ich den Professor nicht von Deinem Schicksal unterrichtet hatte. Was sollte ich tun? Von einem Tag auf den anderen warst Du aus der Klinik verschwunden. Der Professor war ein guter Bekannter meines Vaters gewesen, vielleicht sogar mehr als ein Bekannter, sogar bestimmt mehr, er war sein Freund. Zum letztenmal hatte ich ihn im Juni neununddreißig gesehen, bevor er nach Amerika gefahren war.

»Ich weiß nicht, ob das eine gute Zeit zum Reisen ist«, hatte mein Vater gesagt, »etwas Schlechtes liegt in der Luft.«

»Im Sommer brechen nur Revolutionen aus, Artur«, hatte der Professor scherzend geantwortet, »notfalls schaffe ich es, rechtzeitig zurück zu sein.«

»Vielleicht ist es aber besser, gerade nicht zurückzukommen«, warf meine Mutter ein.

Beide schauten sie an.

»Liebe Frau«, antwortete der Professor, »ein alter Wolf

leckt seine Wunden zu Hause, in einem fremden Revier geht er zugrunde ...«

Allem Anschein nach stimmte ihm mein Vater zu, ich merkte es an seiner Miene. Aber der Professor schaffte es nicht mehr zurückzukommen, er blieb bis zum Kriegsende in Amerika. Von seiner Rückkehr hatte ich durchs Radio erfahren. Er hatte gleich die Abteilung in der Klinik übernommen. Was wäre, wenn er mich jetzt wiedererkannte, das war immerhin gut möglich. Trotzdem entschloß ich mich zu diesem Gespräch. Ich hatte mir vorgenommen, mich unter meinem jetzigen Namen vorzustellen, würde er mich aber danach fragen, würde ich zugeben, wer ich war. Er würde mich nicht verraten. Er würde mich sogar verstehen. Durch seine Sekretärin vereinbarte ich einen Termin in privater Angelegenheit mit ihm. Ich sagte, ich würde es dem Professor persönlich erklären. Ich nahm mir frei, denn der Professor hatte mir einen Termin am Vormittag gegeben, er war sehr beschäftigt. Als ich sein Büro betrat, durchzuckte mich etwas, es war wie der Schmerz, wenn der Zahn schon längst gezogen ist, oder eher wie die Erinnerung an den Schmerz. Der Professor hatte meinen Vater gekannt. Er erhob sich hinter seinem Schreibtisch. Er war sehr alt geworden, es war erschütternd zu sehen, wie sehr er gealtert war. Vollkommen weiße Haare, ein zerfurchtes Gesicht, die Augen in einem Netz aus Falten. Wir schauten einander an.

»Frau Chylińska?« lächelte er schließlich.

»Ja«, antwortete ich und wußte, daß er mich erkannt hatte und daß er wußte, wer ich war.

»Vielleicht lasse ich uns einen Kaffee bringen?« fragte er voller Wärme.

Und das war nicht an Krystyna Chylińska gerichtet, sondern an Elżbieta Elsner.

»Sehr gerne«, antwortete ich.

Er bat mich, Platz zu nehmen, und bot mir eine Zigarette an.

»Herr Professor ... ich komme wegen Andrzej Korzecki«, ich verstummte und suchte nach Worten.

»Was ist mit ihm?«

»Er ist in Schwierigkeiten. Er konnte damals nicht zum Dienst kommen, er war sehr unglücklich darüber. Er konnte Ihnen nicht Bescheid geben ...«

»Ja, ja, so sind die Zeiten ... Könnte ich irgendwie helfen?«

»Nein, ich glaube nicht«, antwortete ich.

»Ich werde ihn hier jederzeit wieder aufnehmen, wenn ich noch da sein werde ...«

Und das war eigentlich alles, als Krystyna Chylińska hatte ich meinen Auftrag erledigt. Aber es gab viel, was er der anderen sagen wollte. Und er erzählte, welche Hölle es für ihn gewesen war, von seinem Land abgeschnitten zu sein. Er hatte versucht, etwas zu tun, hatte zur Hilfe für diejenigen aufgerufen, die ins Gas geschickt wurden, und dann zur Hilfe für das brennende Ghetto. Niemand hatte ihm zuhören wollen. Ich nickte verständnisvoll mit dem Kopf, ich glaubte ihm. Ich verstand ihn besser, als er dachte. Ich wußte doch nur zu gut, wie quälend Gewissensbisse sein konnten. Als er von der Hilfe für die Juden sprach, ging mir durch den Kopf, wie Du dieses Gespräch aufgenommen hättest. Sicher hättest Du ihm vorgehalten, daß er die Polen und deren Aufstand vergaß, denen auch niemand zu Hilfe gekommen war. Und was hätte ich dann auf Deinen Vorwurf geantwortet? Vielleicht hätte ich gesagt: »Ja, so ist das nun einmal, deine Toten, meine Toten.« Nur, ich hätte damit meine Schwierigkeiten gehabt. Ich war ein gespaltenes Wesen – nicht nur wegen meiner Herkunft, sondern auch gefühlsmäßig. Irgendwo tief in meinem Herzen kämpften zwei Naturen miteinander, die jüdische und die polnische, ich hatte geglaubt, die Verbindung mit Dir hätte die Sache entschieden. Aber so einfach war das nicht, der Professor hatte da nur etwas wieder zum Vorschein gebracht, das begriff ich, als ich in die Augen des alten Juden sah, die mich so tragisch anschauten.

Ich stand auf, zum Abschied küßte er mir die Hand.

»Wenn ich irgend etwas tun kann, jederzeit«, sagte er mit gerührter Stimme.

Ich dankte ihm. Er war so, wie ich ihn mir vorgestellt hatte, verständnisvoll und diskret. Da ich jemand anderes sein wollte, akzeptierte er das. Ich hätte vor ihm ich selbst sein können, wenigstens für eine Weile, aber genau davor hatte ich Angst. Eine Rückkehr in meine alte Haut hätte für mich selbst gefährlich werden können. Davon war ich überzeugt, und doch kehrte ich zu meinem alten Ich zurück – durch Zufall, wie das im Leben so ist. Deine Abwesenheit hatte meine Wachsamkeit geschwächt, ich fürchtete mich nicht mehr so davor, unter Menschen zu gehen, und mit jemandem aus der Vergangenheit zusammenzutreffen erschien mir nicht mehr als eine Katastrophe. Ich ging ja jetzt auch überall allein hin, ich hätte es also fertiggebracht, es immer irgendwie hinzudrehen, mich zu verleugnen, um Diskretion zu bitten oder, genauer, den Mund zu halten. Diskretion war hier wohl ein zu elegantes Wort. »Ich bitte um Diskretion, bitte sagen Sie niemandem, daß ich im Ghetto eine Hure war«, das klang schlecht. Für eine Zeitlang hörte ich also auf, mich wegen meiner Vergangenheit zu ängstigen, vielleicht gerade deshalb vertrat sie mir buchstäblich den Weg. Eine Frau rempelte mich ziemlich brutal mit ihrer Einkaufstasche an und schaute sich nicht einmal um.

»Sie könnten auch aufpassen«, schimpfte ich ihr nach. Ich war übermüdet, so viel Verantwortung lastete auf mir, vor allem aber die Krankheit von Maria. Deshalb hatte meine Stimme einen härteren Ton, ich war nicht mehr höflich im Umgang mit Unbekannten, die zufällig meinen Weg kreuzten.

Die Frau blieb auf dem Gehweg stehen und drehte sich in voller Größe zu mir um. Mein erster Eindruck war, daß ich dieses Gesicht kannte. Und dann: Wera! Wir schauten uns wortlos an. Sie hatte sich fast nicht verändert, ihr Make-up war ziemlich aufdringlich. Sie war nur etwas älter und trug ihr Haar glatt und unter einem Kopftuch versteckt.

So standen wir ein paar Schritte voneinander entfernt da, schließlich ging ich auf sie zu.

»Du lebst«, sagte ich.

»Rein zufällig«, sie lachte laut, und auch ihr Lachen war noch dasselbe, es hätte ihr als Visitenkarte dienen können.

»Bist du mit Natan zusammen?«

»Natan ist schon dort«, sie zeigte mit dem Kopf zum Himmel.

Wir traten zur Seite, denn die Leute rempelten uns an.

»Starb er im Aufstand?«

»Zwei Wochen nach deinem Verschwinden. Otto zog wie ein Gespenst durchs Ghetto, ich wußte sofort, daß du ihn hattest sitzenlassen. Ich wußte es schon, als ich den Pelz fand ... Na und da schnappte er sich Natan und befahl ihm, ein kleines Kind zu erschießen, aber Natan hätte kein Kind getötet ... da jagte ihm der andere eine Kugel rein, genau hier«, zeigte sie mit dem Finger, »zwischen die Augen ...«

»Er ist durch mich gestorben«, sagte ich leise.

»Ach was, es kam, wie's kommen mußte«, bemerkte sie leichthin, »jedem ist sein Schicksal bestimmt.«

»Fehlt er dir, Wera?«

»Was weiß ich ...«

Eine Weile schwiegen wir.

»Bist du allein?« fragte ich.

»Ach woher denn«, antwortete sie immer noch mit ihrer markanten Stimme, »ich hab' einen Alten und drei Bälger. Du siehst, was aus mir geworden ist«, sie zeigte auf die vollgestopfte Tasche, »Einkäufe, Töpfe, Windeln ... das Jüngste ist noch kein Jahr alt.«

»Dann bist du glücklich«, sagte ich.

»Glücklich, unglücklich, ich mach' mir da keine großen Gedanken, Hauptsache, ich komm' durch den Tag ...«

»Und dein Mann?«

»Er hat eine feste Stelle, mit dem Geld ist es ein bißchen knapp, aber Hunger leiden wir nicht. Ich habe auch gearbeitet, aber jetzt mit den Kindern ... Vielleicht kommst du mal auf einen Besuch vorbei. Zu dir will ich mich nicht einladen – ich in Salons ...«

Wenn du nur diese Salons sehen würdest, dachte ich, aber ich sagte es nicht laut. Es war besser so.

»Gut, ich komme. Wann paßt es?«

»Immer abends, wenn die Kinder ins Bett gehen, denn sonst weiß ich nicht, wo zuerst hinlangen.«

Sie gab mir die Adresse. Ich wollte eigentlich nicht hingehen. Aber ein paar Tage später stand ich dann doch vor ihrer Tür. Etwas zog mich hin. Es war schwer zu beschreiben, ob es die Angst war, sie würde mich am Ende noch suchen, oder das Bedürfnis, mich wenigstens für eine Weile offen zu erkennen zu geben. Sie wußte alles über mich, und vielleicht wußte sie sogar mehr von mir als ich selbst. Sie war eine gute Psychologin, und auf ihre einfache Art wußte sie viel über die menschliche Seele. Dort im Ghetto war sie mein erster Beichtiger gewesen ... Als ich nach Hause kam, konnte ich es kaum glauben, daß ich sie gerade getroffen hatte. So anders war jetzt mein Schicksal. Maria, Michał, Dein Fernsein ... Oder vielleicht nutzte ich die Gelegenheit aus, daß Du nicht da warst, und tauchte in meine Vergangenheit ein ...

Wera wohnte in einem Hochhaus, in einer Dreizimmerwohnung mit Küche. Es war sauber und weniger ärmlich, als ich nach ihrem Aussehen hätte erwarten können. Ihr Mann war noch nicht zurückgekommen, er hatte eine leitende Stellung und arbeitete die zweite Schicht. Weras Kinder waren hübsch, alle hatten sie schwarze Haare und pechschwarze Augen.

»Ich hab's schon mit diesen Juden«, bemerkte sie, »zum Mann hab' ich mir einen Beschnittenen genommen, was soll's ...«

»Und er weiß Bescheid?«

»Worüber?« Im ersten Moment verstand sie nicht, und ich fühlte mich entsetzlich. »Er weiß es, warum sollte er es nicht wissen ...«

»Und wie hat er es aufgenommen?« bohrte ich weiter.

»Wie ein Mensch«, ihre Antwort machte mich noch verlegener.

»Und deiner?« fragte sie und schaute mir dabei in die Augen.

Schweigend schüttelte ich den Kopf. Nachher saß ich am Tisch, während sie den Kindern das Abendessen gab und das Jüngste wusch. Ihr Mann kam. Er sah anders aus, als ich ihn mir vorgestellt hatte, er war klein und hatte ein Durchschnittsgesicht. Als er mich ansah, erschienen mir seine Augen klug, aber vielleicht war das auch diese jüdische Traurigkeit, nach der ich mich heimlich sehnte. Wera stellte mich als eine alte Bekannte vor, was etwas zweideutig klang, aber nur für mich, denn nur ich war ja erfüllt von dieser ewigen Furcht. Er legte sich gleich hin, weil er müde war, und wir saßen in der Küche. Wera holte einen Viertelliter Wodka aus der Anrichte.

»Ich kaufe jeweils nur einen Viertelliter, weil der Alte meckert. Er trinkt nicht ...«

Wie ist es ihm nur gelungen, sie an sich zu binden, dachte ich. Jede andere hätte ich mir in einer ähnlichen Situation vorstellen können, nur nicht sie. Wera mit so einem unscheinbaren Menschen, umgeben von Kindern, und dies alles, ohne dabei aufzubegehren ... Durch die Wand hatte ich doch oft die Streitereien mit Natan gehört, die Kräche. Sie belegten sich gegenseitig mit den schlimmsten Namen, er nannte sie Hure, sie ihn Spitzel, aber danach versöhnten sie sich und gingen ins Bett. Ihre Liebe war genauso lärmend gewesen. Und jetzt plötzlich diese Wohnung, die Kinder, der Mann ... Sie erriet wohl meine Gedanken, denn sie lächelte:

»Ich bin schon endgültig zu einer jüdischen Mama geworden, für mich zählen nur die Kinder. Na ja und mein Alter, ihm würde ich kein Haar krümmen ...«

Diese Worte schnürten mir die Kehle zu, ich verspürte plötzlich Selbstmitleid.

»Und mein Mann weiß nicht einmal, daß ich Jüdin bin«, sagte ich.

Wera schaute mich aufmerksam an.

»Ela, daß du nur nicht dein Leben verlierst.«

»Ich habe es längst verloren«, antwortete ich mit erstickter Stimme, »ich weiß nicht, wer ich bin ... ich weiß es wirklich nicht ...«

»Vielleicht kann er es dir sagen, dein Allerliebster.«

»Er kann es nicht, Wera, er weiß nicht einmal, wie ich wirklich heiße.«

Sie nickte nur mit dem Kopf. Wir sprachen nicht weiter darüber, sie erzählte von ihren Kindern. Von den Sorgen mit ihrer Mutter, die sich nicht damit abfinden wollte, daß ihre Enkel nicht getauft waren.

»Sehr religiös sind wir gerade nicht, aber taufen lassen werde ich die Kinder nicht«, sagte sie, und dann fügte sie plötzlich hinzu, »ich hab' ihn doch deshalb geheiratet, weil er Jude ist ... wie Natan ...«

Das war eine wunderschöne Liebeserklärung, und ich wollte etwas sagen, aber ihre Augen hielten mich zurück. Als wir uns verabschiedeten, standen Tränen in ihnen.

»Es ist besser, wenn wir uns nicht mehr sehen«, sagte sie, »das bekommt dir nicht gut ...«

Sie hatte wohl recht, wie immer.

Wir dagegen sahen uns erst im Mai neunundvierzig wieder. Unter fremdem Namen lebtest Du in einer schlesischen Kleinstadt, wo Du im Krankenhaus als Pfleger arbeitetest. Ich erfaßte die Situation gleich, als ich Dich nur sah. Du trankst. Du hattest Tränensäcke unter den Augen und ein vom Alkohol gerötetes Gesicht. Sofort war mir klar, daß uns Unheil drohte. Du mußtest um jeden Preis von dort weggeholt werden. Du mußtest zu uns und zu Deiner Arbeit zurück, so schnell wie nur irgend möglich. Schon im Zug auf der Rückfahrt dachte ich darüber nach. An wen sollte ich mich wenden. Dieses eine Mal überlegte ich, ob ich nicht mit meiner Mutter Kontakt aufnehmen sollte. Sie konnte immer alles in Ordnung bringen, auf jeden Fall hatte sie es geschafft, daß ihr unser Haus nicht weggenommen worden war. Ich hatte es zufällig erfahren. Eine Arbeitskollegin sagte von jemandem, er habe kein Glück, und dann fügte sie hinzu: »Zwei Villen weiter lebt diese Elsner ganz für sich allein, als man sie raushaben wollte, ging sie zu dem Glatzköpfigen ...«

So erfuhr ich, daß sie lebte und es ihr gutging. Es stellte

sich heraus, daß sie manchmal in unser Büro kam. Das beunruhigte mich. Für alle Fälle stellte ich meinen Schreibtisch so, daß ich mit dem Rücken zur Tür saß, von hinten ist es immer schwerer, jemanden zu erkennen.

Ich wartete auf ein Wunder, und ich glaube, es geschah eines. Einmal während einer Anprobe sprach Herr Krupa die Sekretärin einer wichtigen Persönlichkeit an – ich hatte ihr ein paarmal die Tür geöffnet –, ob sie mir nicht helfen könnte, eine bessere Arbeit zu finden. Ich würde drei Sprachen perfekt beherrschen und in diesem Büro versauern. Sie versprach, darüber nachzudenken. Ja, und eines Tages kam sie angerannt wie die Feuerwehr und bat um die Adresse meines Büros. Sie suchte mich auf. Es stellte sich heraus, daß die Übersetzerin krank geworden war und ihr Chef Gäste aus dem Ausland hatte. Ich nahm mir frei. Es waren Franzosen, irgendwelche französischen Kommunisten, die von allem, was ihnen unter die Augen kam, begeistert waren. Ihnen gefielen die Trümmer und daß sie wieder aufgebaut wurden, ihnen gefielen die schlechte Kleidung, die müden Menschen und die geräumigen Dienstzimmer der Parteigrößen. Mit einem Wort, sie waren begeistert, und ich übersetzte diese Begeisterungsstürme aus dem Französischen ins Polnische und dann die Dankesworte aus dem Polnischen ins Französische. Der Chef der Sekretärin, für die Herr Krupa Kostüme und Blusen schneiderte, war untersetzt, hatte ein zerfurchtes Gesicht und eine hervorspringende Nase. Er sprach sehr leise. Mir schenkte er weiter keine Beachtung. Und trotzdem ließ er mir durch eben diese Sekretärin den Vorschlag machen, für ihn als Dolmetscherin zu arbeiten. Im ersten Augenblick bekam ich einen Schreck, denn ich hatte doch gefälschte Papiere und einen fingierten Lebenslauf, aber dann dachte ich, daß das unsere Chance sei. Ich wurde ohne größere Schwierigkeiten eingestellt. Ich wußte, ich würde nicht gleich zu Beginn mit unserem Anliegen herausrücken können. Ich müßte zuerst sein Vertrauen gewinnen. Das war insofern schwierig, als ich ihn ziemlich selten zu Gesicht bekam, eben nur dann, wenn er ausländische Gäste hatte. Aber da passierte es, daß wiederum die Sekretärin erkrankte und ich für sie einsprang. Ich muß ihm in dieser Rolle gefallen haben, denn unverhofft fragte er, ob ich das nicht auf Dauer machen wolle. Ich war sofort einverstanden, obwohl ich Angst hatte, daß ich damit nicht zu Rande kommen würde. Ich hatte immerhin den Haushalt, Michał und Maria am Hals. Aber es gab keinen anderen Ausweg. Ich kam jetzt immer um sechs zur Arbeit, weil er gewohnt war, früh aufzustehen, und erst spätabends kam ich zurück. Ich weiß nicht, wie ich das alles ohne die Hilfe der Familie Krupa geschafft hätte.

»Machen Sie sich keine Gedanken, Frau Dochtor«, versicherte die Frau von Herrn Krupa, »wir kümmern uns um Michał und die andere Frau Dochtor ...«

Dann wußten sie also Bescheid, wer Maria und wer ich in diesem Haus war, aber trotzdem zeigten sie sich nicht entrüstet. Im übrigen hatten sie uns vielleicht erst verziehen, als Du Dich verstecken mußtest. Vorher waren unsere Beziehungen eher unterkühlt gewesen.

Mit der Zeit wurde ich zur rechten Hand dieses Menschen. Wenn ich ihn mit jemandem verband, sagte er freundlich:

»Na was gibt's, Krysia, wer ist am Telefon?«

Ungefähr nach drei Monaten entschloß ich mich zu dem Gespräch. Ich wählte einen Moment, als er gerade Zeit hatte und guter Laune war. Es war ein Montag, und er hatte das Wochenende beim Fischen zugebracht und einen großen Hecht gefangen. Er erzählte mir in allen Einzelheiten, wie es gewesen war. Danach brachte ich ihm Papiere zum Unterschreiben, ging aber nicht weg. Ich wartete.

»Ist noch etwas?« fragte er verwundert.

»Ich habe etwas Persönliches …«

»Ich höre«, mir kam es so vor, als sei seine Stimme kalt geworden, trotzdem sagte ich: »Mein Mann … das heißt, jemand, der mir nahesteht … ist in einer schwierigen Lage …«

»In was für einer?«

»Er ist ein hervorragender Arzt, aber … er hat sich nicht gestellt … er weiß nicht, ob man ihn verhaftet … wenn …«

»Hör auf, herumzustottern«, knurrte er mich an, und ich beruhigte mich auf einmal. Ich begriff, daß er mich anhörte. Das war schon viel.

»Könnten Sie als Parteigenosse mir helfen?«

»Bittest du mich darum?« fragte er.

Sein Gesicht war undurchdringlich.

»Ja. Mein Leben hängt davon ab.«

Einen Moment lang überlegte er.

»Gut, erledigen wir das gleich«, sagte er, »verbinde mich mit Oberst Kwiatkowski.«

Wie in Trance fand ich meinen Weg ins Sekretariat, voller Zweifel, ob ich richtig gehandelt hatte, ob es nicht eine Falle war. Vielleicht hatte ich Dir selbst die Schlinge um den Hals gelegt, indem ich ihnen zu erkennen gegeben hatte, daß Du im Lande warst. Ich verband ihn mit dem Oberst. Meine Hände zitterten, fast schaffte ich es nicht, mir eine Zigarette anzuzünden. Er beendete das Gespräch schnell, und dann hörte ich den Summer.

»Du meldest dich morgen bei ihm im Mostowski-Palais. Ein Passierschein auf deinen Namen wird bereitliegen«, ich hörte, wie der Hörer krachend auf die Gabel fiel.

Kalter Schweiß trat mir auf die Stirn. Ich malte mir aus,

daß alles verloren sei. Aber es gab kein Zurück mehr, weder für mich noch für Dich. Von einer fürchterlichen Angst wie benommen torkelte ich auf die Toilette. Dort schloß ich mich ein. Ich spürte mein eigenes Herz schlagen, und der ganze Raum schien im Takt zu pulsieren. Ungefähr zehn Minuten saß ich so da. Ich mußte zurück, er brauchte mich vielleicht. Ich stellte ein paar Gespräche zu ihm durch, dann sagte er, daß er gehe und heute nicht mehr kommen werde.

»Sie sind ab drei Uhr frei«, bemerkte er, ohne dabei auch nur mit einem Wort mein morgiges Treffen zu erwähnen, und dann noch dieses »Sie«. Normalerweise hätte das nichts bedeutet, aber in dieser Situation …

Ich schleppte mich nach Hause, ich glaube, das ist der richtige Ausdruck. Meine Beine wollten mich nicht tragen. Wer war ich denn eigentlich? Ich hatte ein Liebesopfer bringen wollen und lauter Fehler gemacht. Vielleicht war es schon ein Fehler gewesen, daß ich geboren worden war. Die Tochter eines solchen Vaters … Ich war ihm äußerlich nicht ähnlich, aber wir hatten uns doch gut verstanden. Wir liebten Bach, seine Brandenburgischen Konzerte, wir liebten Bücher … Er hatte mir diese Liebe seit frühester Kindheit beigebracht. Und was war aus mir geworden? Damals im Ghetto hatte mich mein verhinderter Kunde, vor dessen Augen ich mich so fürchtete, gleich durchschaut, er hatte gesagt: »Du kannst dich nicht vor dir selbst rechtfertigen.« Daran lag mir auch überhaupt nicht, ich wollte mich vor meinem Vater rechtfertigen, aber er gab mir keine Chance, er schwieg. Für kein Geld auf der Welt wollte ich mit diesem Kunden nach oben gehen, selbst nach einem Krach mit dem Chef (das war noch vor dem Besuch des Lachenden Otto gewesen) war ich nicht gegangen. Der Intellektuelle spürte, daß ich Angst vor ihm hatte. Er lachte mir geradewegs ins Gesicht. Eines Tages brachte er ein Gedicht mit, das er geschrieben hatte. Ich warf einen Blick darauf: »Unser jüdischer Todesengel hat blondes Haar und statt der Augen zwei Saphire ...« Ich zerriß das Papier, ohne weiterzulesen. »Schade«, sagte er, »vielleicht hättest du etwas über dich erfahren ...«

Ich machte das Mittagessen, danach hatte ich zwei Stunden Französisch-Konversation mit Michał. Das war immer ein besonderes Vergnügen. Michał sprach diese Sprache fließend, wir konnten über jedes beliebige Thema sprechen, das heißt, er konnte es, ich kam mir bei ihm immer mehr wie eine Dilettantin vor. In letzter Zeit las ich fast nicht mehr, ich hatte keine Zeit. Das Leben war zu einer schweren Pflichtübung geworden, nur diese Unterrichtsstunden mit Michał gaben mir eine Atempause. Wir verstanden uns ausgezeichnet, es war genauso wie früher mit meinem Vater. Oft genügte ein Blick statt eines Wortes. Sonntags gingen wir oft in die Philharmonie, wir hatten ein Abonnement. Und es war wunderbar zu beobachten, wie Michał die Musik in sich aufnahm. Auch er liebte Bach. Ich legte ihm vor dem Einschlafen immer eine Platte auf, normalerweise bat er um die »Goldbergvariationen«, was insofern ganz passend war, als Bach sie ja auf Bestellung für jemanden geschrieben hatte, der an Schlaflosigkeit litt. Michał summte:

»Leg das pam, pam, pam ... auf«, und das waren eben die »Variationen«, die ersten Takte.

Als Maria sich besser fühlte, schlug ich ihr vor, mit uns in ein Konzert zu gehen. Erschreckt lehnte sie ab, aber als wir uns anschickten zu gehen, bemerkte ich, daß es ihr leid tat.

»Michał«, sagte ich, »du hast morgen eine Klassenarbeit. Bleib zu Hause.«

Er wollte erst protestieren, doch dann verstand er.

»Ja, richtig«, sagte er, »die Klassenarbeit. Aber die Eintrittskarte verfällt. Vielleicht würde Mama gehen?«

»Dann gehe ich vielleicht«, antwortete sie.

Zum ersten Mal ging sie weiter als bis zum Park, und deshalb hatte ich es nicht gewagt, sie allein mit Michał gehen zu lassen. Wir saßen nahe beim Orchester. Aus den Augenwinkeln beobachtete ich sie. Ihr Gesicht war wie immer, aber dann, als die Klänge von Beethovens Neunter, mit der die Matinee-Vorstellung begann, den Raum erfüllten, duckte sie ihren Kopf, als würde die Musik auf sie einschlagen. Und so ging sie hinaus, geduckt, als schützte sie sich vor einem Schlag. Krampfhaft hielt sie meinen Arm, und ich dankte Gott, daß ich das war und nicht Michał. Sie hörte auf zu essen, und eine Woche lang ging es ihr dann sehr schlecht. Drei Tage hing sie in der Klinik am Tropf. Ich machte mir Vorwürfe, aber lag darin am Ende nicht eine Gesetzmäßigkeit, daß ich ohne bösen Willen Menschen verletzte und ihnen Schwierigkeiten bereitete? Was würde nun kommen? Vielleicht war meine Bitte an den Genossen der Stein, der die Lawine auslöste. Und ich selbst hatte diesen Stein geworfen ... Ich konnte nicht schlafen und warf mich von einer Seite auf die andere. Ich machte kein Licht, denn Maria schlief jetzt in unserem Zimmer, ihr Bett stand auf der gegenüberliegenden Seite an der Wand. Meine Angst übertrug sich auf sie. Ich hörte, wie sie aufstand, und dachte, sie gehe ins Badezimmer, aber sie kam zu mir und setzte sich an den Rand des Sofas. Sie tastete nach meiner Hand und begann, mich zu streicheln. Das war für mich so überraschend, daß ich für einen Moment den Atem anhielt.

»Ich habe Sorgen«, sagte ich schließlich, »das heißt, ich weiß nicht, was ich tun soll ... vielleicht habe ich etwas Schreckliches angerichtet ...«

Und schon konnte ich nicht länger an mich halten. Ich erzählte ihr alles. Wo Du warst, was mit Dir los war und zu wem ich morgen in Deiner Angelegenheit gehen würde. Ich wußte, daß sie noch hilfloser war als ich, aber ich konnte damit nicht allein bleiben. Sie sagte nichts, ich spürte nur die Berührung ihrer Hand. Ein Weilchen blieb sie noch neben mir sitzen, dann ging sie zu ihrem Bett zurück. Ich wußte aber, daß sie nicht schlief. Beide hielten wir Nachtwache bis zum Morgen. Und als ich in der Frühe das Haus verließ, war sie noch nicht aufgestanden. Sie lag mit dem Gesicht zur Wand. Ich nahm das mit Erleichterung wahr, nach dem, was ich ihr in der Nacht erzählt hatte, war mir ein bißchen unangenehm zumute. Jetzt nahm ich all meine Kraft zusammen, um etwas die Stirn zu bieten, von dem ich nicht wußte, was es war. Ein Gespräch im Mostowski-Palais konnte nur das höchste Strafmaß bedeuten oder aber eine Begnadigung, einen mittleren Weg gab es nicht. Darüber war ich mir völlig im klaren.

Ich war pünktlich zur Stelle und nahm meinen Passierschein entgegen. Ich fand das Zimmer. Ich wunderte mich, hinter dem Schreibtisch eine Frau zu sehen, ich hatte nicht gewußt, daß sie dort auch Sekretärinnen beschäftigten. Sie kündigte mich an, und ich trat endlich über die Schwelle der gepanzerten Tür. Hinter dem Schreibtisch erhob sich ein hochgewachsener, dünner Mann.

»Ich heiße Krystyna Chylińska«, sagte ich mit dem unklaren Gefühl, daß er die Wahrheit über mich kannte.

»Bitte«, wies er mir einen Stuhl an.

Ich sah sein Gesicht aus der Nähe, und es überkam mich ein Gefühl der Kälte. Genauso war es, ich spürte geradezu, wie Ströme von Eiswasser über meine Haut flossen. Die Augen dieses Mannes ... Das Gesicht war fremd, aber der Blick, die Tiefe dieses Blicks.

»Ich höre«, ließ er sich vernehmen, als ich zu lange schwieg.

»Ich komme in der Angelegenheit einer mir nahestehenden Person ...«

»Ihr Name.«

»Aber ich weiß gar nicht ...«

»Was wissen Sie nicht?« Die Stimme klang scharf.

»Ich weiß nicht, ob es richtig war, hierherzukommen.«

»Sie können wieder gehen«, antwortete er.

Ich schwankte, ich glaube, ich war sogar bereit, das zu tun, aber als hätte er das vorausgesehen, sagte er:

»Seien Sie kein Kind.«

Er streckte mir ein Päckchen Zigaretten hin, stinkendes Zeug der billigsten Sorte, trotzdem nahm ich eine. Sie waren stark, und mir drehte sich der Kopf. Er zündete sich auch eine an und nahm dann aus der Schublade eine Akte.

»Es geht um Ihren Mann, so werden wir ihn nennen, Andrzej Korzecki. Ist er im Lande? Hält er sich versteckt?«

Das war eine Frage an mich, doch ich schwieg.

»Wir sind ihm ein wenig böse, aber nicht so, daß wir das nicht vergessen könnten. Wir werden ihn in Ruhe lassen. Soll er in die Klinik zurückkommen.«

Ich schluckte, meine Kehle war wie ausgedörrt.

»Welche Garantien habe ich, daß ihr ihn nicht verhaftet?«

Zum ersten Mal lächelte er.

»Ich könnte sagen, Sie haben mein Wort. Aber wenn Ihnen das nicht genügt, haben Sie noch das Wort des Genossen. Ihm trauen Sie auch nicht?«

»Darum geht es gar nicht«, erwiderte ich schnell, »nur, es ist so eine Verantwortung, über das Schicksal eines anderen zu entscheiden ...«

»Ich verstehe Sie«, sagte er langsam.

Ich dachte, er treibe seinen Spaß mit mir, und Ekel vor

diesem Menschen mit seinem gutaussehenden Gesicht stieg in mir hoch. Er war so selbstsicher, während ich über die allereinfachsten Reflexe keine Gewalt mehr hatte, mein Kopf zitterte wie der von Maria.

Lange kam ich nicht darüber hinweg, wie eine Fotografie gruben sich mir dieses Zimmer und dieser Mensch ins Gedächtnis. Die kalten, leicht spöttischen Augen. Auch an mich selbst erinnerte ich mich gut, dieser zuckende Kopf und die zitternden Hände. Ich verachtete mich ebenso wie diesen Menschen und die Situation, in der wir uns beide befunden hatten. Ich fühlte mich erniedrigt, aber das kam später. Als Du schon wieder hier warst. Vor uns lagen so viele Schwierigkeiten, daß das Gespräch mit dem Oberst in den Hintergrund rückte. Ich mußte Dich davon überzeugen, daß Du zurückkommen konntest. Die Wahrheit zu sagen ging allerdings nicht. Du hättest diese Wahrheit abgelehnt. Also blieb die Lüge. Ich log wie aufgezogen, daß Dein Professor das eingefädelt habe, Du ihn aber nicht merken lassen dürfest, daß Du es wußtest. Anfangs hörtest Du ohne Überzeugung zu.

»Der Professor hat mit der Staatssicherheit geredet?«

»Du bist sein Mitarbeiter. Er schätzt dich und braucht dich in der Klinik.«

»Und die haben gleich auf ihn gehört?«

»Er ist doch Jude.«

Das überzeugte Dich. Du kehrtest in die Klinik zurück. Marias Bett wanderte wieder in Michałs Zimmer. Die ersten Wochen waren sehr schwer. Ich war überzeugt, daß von dem Augenblick an, da Du zurück sein würdest, Dein Alkoholproblem gelöst wäre. Und ich behielt recht, es hörte von einem Tag auf den anderen auf. Am schwierigsten war es für Maria, plötzlich kam sie sich wieder überflüssig vor. Und Michał grollte, weil sie sein Zimmer belegte. Du nahmst sie so gut wie gar nicht wahr, die Probleme im Krankenhaus absorbierten Dich völlig. Selbst ich rückte in den Hintergrund, was sollte man da erst von ihr sagen. Ich war für Dich eine Frau, aber Maria existierte als Vorwurf, für den Du jetzt überhaupt keine Zeit hattest. Ich versuchte, Dich darauf aufmerksam zu machen, aber Du verstandest kaum, was ich eigentlich von Dir wollte.

»Maria?« fragtest Du zerstreut. »Sie sieht völlig in Ordnung aus, viel besser als damals ...«

Als ihre Krankheit wieder zu einem Problem wurde, war es schon zu spät. Sie kehrte in ihre eigene Welt zurück, und es gab keine Möglichkeit, sie von dort herauszuholen. Wieder bekam sie Brei, den sie im Grunde genommen gar nicht schlucken konnte. Also Krankenhaus, Infusionen, zu Hause, dann wieder das Krankenhaus. Nachts wachte ich auf und suchte nach einem Ausweg aus dieser Situation. Wie ernst sie war, darüber war einzig und allein ich mir im klaren. Ich spürte, daß sie nicht gesund werden wollte, weil ihr dazu die nötige Motivation fehlte. Ich bat Michał, ihr ein bißchen Zuneigung zu zeigen, aber er hatte seine eigenen Probleme. Er war ständig der Jüngste in seiner Klasse, und das machte ihm zu schaffen. Auch er schaute mich zerstreut an. Ich hatte sogar den Eindruck, daß unsere »Familie« auseinanderfiel und jeder seinen eigenen Weg ging ... Du und ich, wir schliefen auf einem Sofa, aber wir waren weit voneinander entfernt. Und es war nicht die Anwesenheit von Maria hinter der Wand, die uns voneinander trennte. Es war etwas anderes. Ich hatte sogar den Verdacht, Du hättest eine andere gefunden. Eines Tages bat Dich eine Frau ans Telefon, und als ich fragte, wer am Apparat sei, legte sie auf. Das tat mir weh. Daß Du etwas vor mir verheimlichen könntest. Aber was sollte ich da erst von mir sagen ...

Wir lagen in der Dunkelheit nebeneinander.

»Willst Du, daß ich gehe?«

»Nein.«

Und das war alles. Du drehtest mir den Rücken zu und schliefst sofort ein. Ich konnte nicht einschlafen. Ich sehnte mich nach Nähe. So lange waren wir ohne einander gewesen, und jetzt existierten wir wie hinter einer Glaswand. Ich sah Dich, spürte Dich neben mir, aber ich durfte Dich nicht berühren. War das die Strafe für meine Lüge, mit der ich Deine Rückkehr hatte erkaufen müssen? Aber das war meine Lüge, und ich hatte doch von Anfang an gelogen ... In diesen bitteren Nächten neben Deinem abgewandten Rücken verfolgte mich das Bild des Zimmers, das ich betreten, und das Bild des Mannes, der sich bei meinem Anblick hinter dem Schreibtisch erhoben hatte. Das Gesicht dieses Menschen, seine Augen. Die Augen hatten meine Angst gesehen, sie wie unter einem Mikroskop betrachtet, und das konnte ich ihnen nicht verzeihen. Und dann stieg noch so etwas wie Verachtung für den eigenen Körper in mir hoch. Vielleicht, weil er nicht länger Objekt Deines Begehrens war. Schließlich hatte ich gelernt, von außen zu existieren, und weil ich mich selbst nicht völlig akzeptieren konnte, war ich auf die Anerkennung durch Dich angewiesen, jetzt aber konnte ich mir ihrer plötzlich nicht mehr sicher sein. Nicht deshalb, weil Maria hinter der Wand schlief. Es trennte uns etwas, das in Dir war. Ich wußte, daß ich keine Fragen stellen durfte. Ich mußte es bei Deinem »Nein« belassen. Hätte es denn einen anderen Ausweg gegeben? Ich konnte nicht weggehen, ohne Dich und Michał vermochte ich nicht zu existieren. Nichts deutete darauf hin, daß diese Abhängigkeit schwächer wurde. Hier hätte das Gleichnis meines Vaters von den drei Schilfrohren gepaßt. Genau erinnere ich mich nicht, aber es ging irgendwie darum, daß die Schilfrohre sich gegenseitig stützten, doch als der Wind einmal eines von ihnen geknickt hatte, waren die zwei verbliebenen zu schwach, um selbständig zu leben. In meiner Situation gehörte die Geschichte umgedreht. Dieses eine Rohr konnte nur leben, wenn die andern zwei nahe waren. Eines Nachts kam mir sogar der Gedanke, daß Michał, wenn ich von hier wegmüßte, mit mir gehen würde. Das war der Zwillingsgedanke zu jenem aus dem Holzhaus, als ich nicht sicher war, ob Du lebend aus dem Aufstand wiederkommen würdest. Auch damals dachte ich, daß da wenigstens noch Michał sei. Aber ich schämte mich. Damals und jetzt ... Ich mußte lernen, Geduld zu haben und zu warten. Das Leben verlangsamte sich, es wurde grau, wie damals, als wir nicht zusammensein konnten ...

Als sich Marias Zustand verschlechterte und sie nicht mehr aufstand, stellte sich das Problem ihrer Pflege. Für die Zeit, in der wir nicht zu Hause waren, engagierten wir eine Pflegerin, aber Maria vertrug die Anwesenheit einer fremden Person nur schlecht. Du schlugst vor, sie zu Dir auf die Station zu nehmen, sie würde ihr eigenes Zimmer bekommen. Ihr unglücklicher Gesichtsausdruck war die Antwort darauf. Damals entschloß ich mich zu einem Gespräch mit dem Genossen.

»Ich habe eine Bitte«, sagte ich, »ich würde gerne wieder auf meine Stelle als Übersetzerin zurück, weil ... die Situation zu Hause ist sehr schwierig ...«, ich verstummte, ich wußte nicht, wie ich über Maria sprechen sollte, daß sie die »andere Frau Doktor«, also die Frau meines Mannes war, »jemand aus der Familie ist schwer krank und bettlägerig ...«

Augen, die fast in den Falten und Furchen der Haut verschwanden, schauten mich freundlich an.

»Na gut«, sagte er nach einer ziemlichen Weile, »ich komme Ihnen entgegen ...«

Damit hatte das Aufstehen um fünf, wenn es draußen noch dunkel war, ein Ende, auch die ganze Angst, daß ich mich verspäten würde. Das mochte er überhaupt nicht, und selbst war er unglaublich pünktlich. Nur, daß ihm ein Auto mit Chauffeur zur Verfügung stand. Doch muß ich zugeben, daß er als Chef sehr verständnisvoll war. Es kam vor, daß ich etwas Dummes machte, er wies mich dann darauf hin, aber in ruhigem Ton. Von Zeit zu Zeit wechselten wir ein paar Worte über private Dinge. Gewöhnlich erzählte er mir davon, was er gefangen oder erlegt hatte. Ich wußte nicht, ob er eine Familie hatte. Er wirkte eher wie jemand, der alleinstehend war. Er behandelte mich freundlich, fast väterlich. Wenn er schlechte Laune hatte, tönte es aus dem Hörer: »Stellen Sie die Verbindung her«, meist aber sagte er: »Na, Krysia, gib mir mal den X oder Y.« Ich verband ihn. Als Dolmetscherin brauchte er mich selten, manchmal läutete das Telefon aber nachts, dann schickte er den Wagen zu mir. Er wollte, daß ich ihm eine Funkmeldung übersetzte.

»Wort für Wort, denk daran«, erinnerte er mich.

Du konntest diese nächtlichen Ausflüge von mir nicht vertragen. Das Telefon weckte Dich, zwar war ich bemüht, selbst abzunehmen, doch manchmal kamst Du mir zuvor.

»Ja, Frau Chylińska ist da«, sagtest Du eisig und gabst mir den Hörer.

Wenn Du gewußt hättest, wieviel Du diesem Menschen verdanktest!

Jetzt konnte ich mich um Maria kümmern, doch beschränkte sich das darauf, daß ich täglich geschäftig um sie herumsprang. Ich wusch sie, kämmte sie. Sie hatte nur sehr spärliches Haar, und man konnte die Haut darunter sehen.

Ich fütterte sie mit Brei. Jeder Löffel, den sie davon herunterschluckte, war ein gemeinsamer Sieg.

»Und der letzte ... wirklich letzte«, sagte ich mit Engelsstimme und spürte, daß es falsch klang.

Maria stand mir auch deshalb nahe, weil sie wie ich getrennt von ihrem Körper existierte. Diese mit Haut bespannten Knochen waren die Hinterlassenschaft einer schlimmen Vergangenheit, von der sie sich nicht befreien konnte. Sie sprach nie davon, nur ein einziges Mal sagte sie leise:

»Immer sind sie da ...« und starrte in die Zimmerecke.

»Wer?« fragte ich.

Ich erhielt keine Antwort. Wen hatte sie dort gesehen: die Henker, die Mithäftlinge ...? Wir beide waren hoffnungslos in die Vergangenheit verstrickt, nur daß sie dort ihre Weiblichkeit gelassen und dadurch keine Chance mehr hatte, mir hatte diese Chance mein Körper genommen, der schamlos schön war. Da ich mich nicht von ihm befreien konnte, bemühte ich mich wenigstens, ihn vor ihr zu verbergen. Schließlich mußte sie doch denken, daß dies die Brüste waren, die Du berührtest, daß dies der Bauch war, die Beine ... Ich kam jetzt in die für eine Frau schönsten Jahre, die Jahre des Erblühens, und sie, die nur wenig älter war als ich, ging unwiderruflich dem Tod entgegen.

Bevor Du in der Frühe zur Klinik gingst, hattest Du sie untersucht. Irgend etwas gefiel Dir nicht, Du sagtest, ein EKG müsse gemacht werden. Wir verabredeten, daß der Krankenwagen um zwölf kommen sollte. Danach schickte ich Michał zur Schule. Schon im Mantel schaute ich zu ihr rein, ich trat näher heran, und dann setzte ich mich ans Bett. Sie hatte einen eigenartigen Gesichtsausdruck. Ich dachte, sie fürchte sich, allein zu bleiben.

»Ich gehe nur zum Laden«, sagte ich. »Ich bin gleich wieder da.«

Wir konnten uns nicht verständigen, aber ich ging dann doch nicht. Mir war klargeworden, daß sie starb. Beide wußten wir es, als wir uns wortlos ansahen. Ich wußte plötzlich, daß ich jetzt nicht weggehen durfte, nicht einmal ans Telefon. Es war schon zu spät für alles.

»Der Krankenwagen kommt bald«, sagte ich, obgleich das überflüssige Worte waren.

Sie schaute mich an. Ihre Augen schienen selbständig zu existieren, außerhalb dieses knochigen Gesichts. Sie erwartete etwas von mir. Vielleicht möchte sie, daß ich ihre Hand halte, dachte ich. Aber sie zog sie zurück. Bis zum letzten Augenblick schaute sie mir in die Augen ...

Danach ging ich durch die Wohnung und weinte. Wir hatten fünf Jahre zusammengelebt, unsere Lage hatte uns einander nahegebracht. Und die Liebe zu dem Mann und dem Jungen. Zeitweilig empfand ich sie wie einen Teil von mir, das läßt sich nur schwer erklären, aber genauso war es. Maria war zum kostbarsten Teil meiner selbst geworden ...

Ich rief in der Klinik an. Du machtest gerade Visite. In der Küche stieß ich auf die Schneiderin.

»Ist mit Pani Maria etwas nicht in Ordnung?« fragte sie, als sie mich so verweint sah.

Ich zögerte, ich wollte nicht, daß sie als erste von Marias Tod erführe. Aber ich wollte auch nicht lügen, wenigstens dieses Mal nicht.

»Sie ist gestorben.«

»O Jesus Maria!« rief sie vor Schreck aus. Ich hatte schon lange bemerkt, daß Angst oder Schmerz im Ausdruck einfacher Menschen etwas Groteskes haben. Jetzt faßte sie sich mit theatralischer Gestik an den Kopf. Wie ein Klageweib, dachte ich, aber hatte unser Leben denn nicht die

Ausmaße einer antiken Tragödie? Es gab keinen Ausweg, beziehungsweise jeder Ausweg war zwangsläufig schlecht.

»Ich helfe Ihnen, die Arme zu waschen, sie anzuziehen ...«

Es klang wie ein Echo der Worte Deiner Mutter, wie sie damals am Fluß gesagt hatte: »Und diese arme Maria.« Ich wollte nicht, daß man Mitleid mit ihr hatte. Maria war nicht arm gewesen, sie hatte nur ein tragisches Leben gehabt.

»Ich mache alles allein«, erwiderte ich.

Das Telefon läutete.

»Krysia?« hörte ich Deine Stimme. »Hast du angerufen?«

Stille.

»Maria ist gestorben.«

Stille.

»Ich komme, ich finde eine Vertretung.«

Eigentlich will ich nicht, daß Du jetzt hier mit uns bist, dachte ich.

»Du siehst sie morgen ... so ist es besser ...«

»Gut«, stimmtest Du sofort zu, »wirst du ... kommst du zurecht?«

»Ja«, erwiderte ich kurz.

»Morgen erledige ich die Formalitäten«, sagtest Du.

»Ja.«

»Und was ist mit Michał? Weiß er es?«

»Er ist in der Schule, mach dir keine Sorgen um ihn, ich ...«, plötzlich brach ich ab.

Die Mutter des Kindes war gestorben, also müßte der Vater es ihm sagen. Warum war ich so habgierig? War es genau das, was sie mir nicht hatte verzeihen können? Hatte sie vielleicht deshalb ihre Hand zurückgezogen? Wer war ich in diesem Haus? Eine Flüchtige aus dem Ghetto ... Ich war hierhergekommen, um ihr alles zu nehmen, was sie liebte. Und jetzt, wo sie fort war, wollte ich zwar nicht mehr ihr Leben, aber ihren Tod weiterdirigieren. Ich sollte von hier weggehen und nach dem Begräbnis wiederkommen, ich sollte sie wenigstens für eine Weile allein lassen. Aber das war unmöglich. Jemand mußte sich um den Körper der Toten kümmern. Jemand Fremdes? Das hätte sie nicht ertragen, so wie sie mitleidsvolle Blicke und heimliches Entsetzen nicht ausstehen konnte. Es schmerzte mich jedesmal, wenn Fremde sich ihr näherten, Pflegerinnen, Ärzte. Sogar Deine Blicke taten mir weh, weil sie ihr weh taten ... Nein, niemand hatte das Recht, sich ihr zu nähern, bevor wir dafür nicht vorbereitet waren. Sie und ich. Ich schaute auf die Uhr, es war bald zwölf. Michał würde vor drei Uhr zurückkommen, es blieben also nicht ganz drei Stunden ...

Aus dem Badezimmer brachte ich eine Schale mit Wasser, dann zog ich ihr das Hemd aus, seifte den Schwamm ein und begann, ihren Körper zu waschen. Die hervorstehenden Rippen, den eingefallenen Bauch, die scharfen Hüftknochen. Mir kam der Vergleich zu dem vom Kreuz genommenen Christus in den Sinn, es gab eine gewisse Ähnlichkeit in der Art, wie ihr Körper dalag, in der Haltung des Kopfes. Doch gleich erschien es mir als ein Sakrileg, daß gerade ich das bemerkt hatte, wo ich doch einen anderen Gott und andere Heilige hatte ... Tränen traten mir in die Augen, und ich wusch Marias Körper gewissermaßen mit meinen Tränen, denn sie fielen auf sie herab und vermischten sich mit dem Wasser und der Seife.

Immer noch weinend nahm ich aus dem Schrank das Kleid, das einst Deine Mutter für mich geholt hatte. Es war dunkelblau mit weißem Kragen und weißen Manschetten. Ich hatte es an Marias Statt getragen, und jetzt zog ich es ihr an.

»Niemand wird dich mehr so sehen«, sagte ich wie im Fieber, »niemand wird dich mehr demütigen ...«

Michał wollte gleich in sein Zimmer gehen, aber ich hielt ihn zurück.

»Geh da nicht rein«, sagte ich und senkte unwillkürlich die Stimme.

»Schläft Mama?« fragte er.

Ich nahm ihn in die Arme und setzte ihn neben mich auf das Sofa.

»Michał«, sagte ich, »deine Mutter ist tot.«

Einen Augenblick lang dachte ich, daß er nicht verstanden hatte, aber dann fing sein Kinn an zu zittern, wie früher, als er noch ein kleiner Junge war und versucht hatte, seine Tränen zurückzuhalten. So saßen wir da und hielten uns gegenseitig fest.

Die Uhr schlug zwei. Zwei Stunden eines neuen Tages, den wir ohne sie würden überdauern müssen, waren vergangen.

DER VIERTE BRIEF

August 1957

Ja, Andrzej, ich bin jetzt zweiunddreißig Jahre alt, und noch immer sind wir zusammen. Als ich mich zum Schreiben hinsetzte, überlegte ich mir, was diese Briefe für mich bedeuten. Ich schreibe sie selten, und doch schaffen sie eine gewisse Kontinuität. Der Reihe nach erzähle ich Dir, was wir gemeinsam erlebt haben, was ich erlebt habe. Ich glaube, sie sind der Wandschirm, hinter dem ich mich nackt ausziehen kann. Es geht nicht darum, daß Du bestimmte Fakten nicht kennst, nie weiß man alles über die andere Person, das wäre wahrscheinlich furchtbar. Die alltäglichen Lügen bilden eine Schutzschicht, ohne die das nackte Fleisch zu sehen wäre. Das ließe sich nicht ertragen. Ich versuche nicht, mich zu rechtfertigen, ich weiß, daß es in unserem Fall nicht um irgendwelche kleinen Lügen geht, sondern um die eine Lüge. Ich trage sie in mir wie einen Dorn, der verletzt, mit dem ich aber gelernt habe zu leben.

An jenem Tag nach Marias Begräbnis kehrten wir zu dritt nach Hause zurück. Michał war wie besinnungslos vom Weinen, Du gabst ihm sogar eine Spritze, worauf er einschlief. Ich saß bei ihm und hielt ihm die Hand. In einem fort wiederholte er, daß er nicht gut zu seiner Mutter gewesen sei. Die Gewissensbisse, sie brachten ihn um. Ich ließ ihn reden, dann überkam ihn der Schlaf. Ich blieb noch eine Weile sitzen, um sicher zu sein, und ging dann in unser Zimmer zurück. Du saßest am Tisch und starrtest auf einen Punkt. Ich wußte, was Du fühltest, dasselbe nämlich wie Michał. Wortlos nahm ich aus der Anrichte eine Flasche Wodka und goß ihn in Gläser. Seit der Frühe hatten wir nichts gegessen, so daß wir schnell betrunken waren. Lallend erzähltest Du die allerdümmsten Witze, und ich prustete vor Lachen.

»Kommt 'ne alte Frau zum Arzt: ›Herr Doktor‹ ...«

»Dochtor«, verbesserte ich.

Ich konnte mir denken, was die ehrbare Schneiderfamilie dachte, als sie unser Gekicher hörte. Die Wände waren dünn. Damals wohnten nur noch sie in unserer Wohnung. Die merkwürdige Familie war ausgezogen, aber ihr Zimmer hatte sich Herr Krupa als Werkstatt genommen. Wir hatten nicht protestiert, immerhin hatte er eine mehrköpfige Familie. Sie machte den Hauptteil des Trauerzugs hinter Marias Sarg aus. Von Marias eigener Familie war nur die Schwester aus der Gegend von Krakau dagewesen, ihr Mann war bei den Kindern geblieben, weil die ältere Tochter Angina hatte. Von Dir aus dem Krankenhaus war niemand da, aber im »Życie Warszawy« las ich: »Dr. Andrzej Korzecki unser Beileid zum Tod seiner Frau Maria – die Kollegen.« »Seiner Frau Maria«, dachte ich, der Name war notwendig ... Ich las auch: »Dr. Andrzej Korzecki mein aufrichtiges Beileid anläßlich des Verscheidens seiner Frau – Jadwiga Kaczorowska.« Hatte sie damals telefoniert? Wenn ja, dann waren die aufrichtigen Beileidsbezeigungen nicht angebracht, das Weglassen des Vornamens der Frau dagegen um so mehr ...

Wir betranken uns also. Auf einmal fingen wir an, uns durchs Zimmer zu jagen, ich hatte Dir etwas versteckt, Du wolltest es Dir holen. Plötzlich versagten mir die Beine, und ich fiel der Länge nach hin. Du kamst zu mir auf den Boden. Ich sah Dein Gesicht, aber es war leicht verschwommen. Alles um mich her war unscharf. Ich spürte Deine Hände auf meinen Schenkeln, Du schobst mir den Rock hoch, und während Du Deine Wange an meinen nackten Bauch schmiegtest, fingst Du jämmerlich an zu heulen. Ich verstand, daß Du Deinen Schmerz dort ausweintest, wo Du immer Asyl gesucht hattest. Aber von diesem Moment an begann unsere Rückkehr zu uns selbst. Unsere Nächte fiebernder, verschlingender Liebe kehrten wieder, als wollten wir uns bemühen, die verlorene Zeit aufzuholen. Marias Tod brachte uns alle enger zusammen, denn auch Michał veränderte sich, er verspürte das Bedürfnis, sich mir anzuvertrauen. Gerührt hörte ich mir den Bericht über seine erste unglückliche Liebe an, deren Objekt eine Mitschülerin gewesen war. Leider war sie zwei Jahre älter als Michał und schaute auf ihn herab. Michał streckte sich im übrigen, er war jetzt vierzehn Jahre alt und so groß wie ich, nur war er erschreckend dünn. Dadurch entstand der Eindruck, seine Arme und Beine wären zu lang. Unter der Nase begann ihm ein Bart zu wachsen, und seine Stimme ging eine Tonlage nach unten. Michał hörte unwiderruflich auf, ein Kind zu sein, und das erfüllte mich mit Trauer, ich hatte ihn so geliebt, als er klein war …

Am zweiten Februar zweiundfünfzig heirateten wir. Der Beamte hatte uns den Termin vorgeschlagen. Du schautest mich an.

»Der Namenstag von Maria …«

Für mich war das noch ein anderes Datum, wie ein Geburtstag …

»Sie überlegen«, sagte der Beamte, »der zweite zweite zweiundfünfzig, so eine Zahl bringt Glück.«

»Glauben Sie?« fragtest Du unsicher.

»Also bitte, ich glaube daran«, erwiderte der zivile Geistliche.

Er hatte im übrigen etwas von einem Landpfarrer an sich, auch wenn er in der Hauptstadt Zivilehen schloß.

»Und ein anderer Termin?« fragtest Du.

»Erst im März.«

»Na dann eben den ersten«, sagtest Du und schautest mich an, und ich nickte.

Ich wollte, daß es dieses Datum war.

»Die gnädige Frau behält ihren Namen, oder nehmen Sie den Namen des Mannes?«

»Ich nehme den Namen meines Mannes«, erwiderte ich, ohne zu überlegen.

Endlich sollte in meinem Leben also etwas der Wahrheit entsprechen. Aber das Schicksal mischte sich wieder ein, und zwar schon bald. Ich war mir dessen nicht bewußt, als Du mir, assistiert von Michał, der sich das alles sehr zu Herzen nahm, und Deinen Arbeitskollegen, die diesmal in Scharen gekommen waren, den Ring anstecktest. Vielleicht wollten sie mich sehen. Auch der Professor war gekommen, er war schon sehr krank. Du hattest gesagt, er habe Kehlkopfkrebs. Tatsächlich sprach er undeutlich und heiser. Ich spürte, daß er für mich gekommen war, so warm schauten mich seine Augen an.

»Ich wünsche Ihnen und Ihnen, lieber Herr Kollege, Glück. Ihr habt es verdient wie niemand sonst ...«

Wenn er alles über mich gewußt hätte, wären das dann auch seine Worte für den neuen Lebensweg gewesen? Vielleicht hätte er dann etwas ganz anderes gesagt, zum Beispiel: Man muß sich vergeben können. Nur daß er es selbst nicht konnte. Er hatte seine amerikanische Hölle hierher mitgebracht, und sie brachte ihn um. Wieder Gewissensbisse ...

Zu dritt gingen wir zum Hochzeitsessen ins »Bristol«. Kellner bedienten uns. Michał legte sich unsicher die Gerichte von den Platten auf seinen Teller, gerührt schaute ich mir das an.

»Verdammt, lauter Korzeckis um mich rum«, sagte er, um zu überspielen, daß er eingeschüchtert war.

»Michał!« wiesest Du ihn zurecht.

Du saßest zu meiner Rechten, Michał zur Linken, auf meiner Herzseite. Ich hatte Euch beide ganz nah. Wie ich es wollte. Wie ich es mir seit dem Augenblick gewünscht hatte, als ich Dir an jenem Abend im Mai vierundvierzig die Tür geöffnet hatte. Was konnte ich mehr wollen, es war mir gelungen ...

Abends, als wir beieinander lagen, dachte ich, dieses Datum sei in doppelter Hinsicht eine echte Wende. In meinem Leben gab es jetzt mehr Wahrheit. Aber die Lüge folgte weiter meiner Spur. Auf unserer Heiratsurkunde prangten die falschen Elternnamen. Die Lüge ließ sich nicht so leicht ausradieren. Sie klebte dauerhaft an mir, und ich konnte nur versuchen, sie stückchenweise abzukratzen. Ich freute mich, daß Du jetzt »meine Frau« sagen konntest, wenn Du mich einem Fremden vorstelltest, ohne diese kurze Pause, auf die immer »und das ist meine Krysia« folgte. Ja, für Dich war es jetzt leicht. Einmal sagtest Du in der Frühe:

»Du bist eine kluge Frau«, in Deiner Stimme war etwas, das es mir nicht erlaubte, mit einem Scherz zu antworten, »hätte ich Maria nach Krakau gebracht, hätte ich nach ihrem Tod nicht damit leben können ...«

Ich hatte das von Anfang an gewußt und, indem ich dieser unnormalen Situation zugestimmt hatte, dabei dauernd an mich gedacht. Ein Tod Marias außerhalb unserer vier Wände hätte uns für immer auseinandergebracht.

Bald nach unserer Hochzeit wechselte ich die Arbeit, ich arbeitete jetzt als Lektorin für Französisch an der Warschauer Universität. Der dauernde Bereitschaftsdienst, die nächtlichen Telefonanrufe und Dein ständiges Mißfallen deswegen hatten mich ermüdet. Du konntest Dich nicht damit abfinden, daß »die da« an die Macht gekommen waren. Eines Tages saßen wir beim Frühstück, es war ein Sonntagvormittag, im Radio wurde Musik gespielt, dann hörte ich die Stimme des Sprechers.

»Und jetzt eine Erinnerung an Professor Artur Elsner.«

Ich verspürte einen schmerzhaften Stich in meinem Herzen, ganz so, als hätte jemand mit etwas Scharfem zugestochen. Kollegen und Studenten von damals erinnerten sich an Vater. Einige Namen waren mir noch vertraut. Der für mich einst so wichtige Name fiel aber nicht. Vielleicht gab es diesen Menschen nicht mehr, vielleicht hatte er den Krieg nicht überlebt. Jemand mir Unbekanntes sagte:

»Professor Elsner ging im Herbst neunzehnhundertvierzig mit seiner fünfzehnjährigen Tochter Elżbieta ins Ghetto. Es gibt keine Angaben darüber, ob sie den Krieg überlebt hat. Ihre Mutter, die sich gegenwärtig in Israel aufhält, weiß nichts über sie ...«

Dann war sie also dorthin gefahren. Sie. Das sah ihr ähnlich. Oder eigentlich war es völlig unverständlich. Ob sie auch von Gewissensbissen aufgerieben wurde ...? Du bemerktest nicht, was sich in mir abspielte, ruhig blättertest Du die Zeitung durch. Vielleicht hattest Du nicht gehört, was sie da über einen Juden sagten. Dieser Jude, das war mein Vater. In diesem Augenblick fühlte ich mich wie eine Fremde am eigenen Tisch. Weder war ich Deine Krysia noch Deine Frau. Ich war Elżbieta Elsner. Vielleicht wurde ich deshalb einen knappen Monat später wieder daran erinnert.

Ich kehrte von der Universität heim, es war früher Nachmittag. Die Sonne schien, und ich hatte mich zu Fuß auf den Weg gemacht. Auf einmal merkte ich, daß mir ein schwarzer Citroën folgte. Ich blieb vor einer Auslage stehen und sah, daß der Fahrer abbremste. Ich ging etwas schneller weiter. Dieses Spielchen dauerte an, bis wir etwa auf der Höhe der Ujazdowskie-Alleen waren. Als ich in die Piękna-Straße bog, holte mich das Auto ein. Jemand öffnete die Tür und sagte:

»Steigen Sie ein.«

Aus dem Fond beugte sich ein Mann. Ich erkannte in ihm den Oberst, dem ich es verdankte, daß sie Dich von einer Schuld reingewaschen hatten, die »so klein« war, daß jene bereit gewesen waren, sie zu vergessen ... Ich zögerte, aber ich konnte die Einladung nicht ausschlagen. Wir schrieben das Jahr zweiundfünfzig. Ich stieg ein. Er ließ den Chauffeur losfahren, eine Adresse nannte er nicht, aber ich dachte, wir würden zum Mostowski-Palais fahren. Ich wunderte mich, als ich merkte, daß wir in eine andere Richtung fuhren. Für einen Moment sah ich seine Augen im Innenspiegel aufblitzen, ihre Kälte erschreckte mich. Ich war an Deine hellen Augen gewöhnt, diese hier waren dunkel, sogar finster. Der Oberst war für mich eine rätselhafte Gestalt, wie aus einem Roman von Dostojewski. Was sich ringsherum abspielte, hätte im übrigen auch gut die Verfilmung eines Romans von ihm sein können. Die Kleinheit des Menschen, Verbrechen, unschuldige Opfer ... Wir hielten vor einem Wohnblock an. Er stieg aus und nickte mir mit dem Kopf zu. Der Chauffeur blieb im Wagen.

»Wohin gehen wir?« fragte ich, aber ich erhielt keine Antwort.

Er ging voraus, ich hatte Mühe, ihm zu folgen. Im zweiten Stock öffnete er die Tür mit seinem Schlüssel. Ich zögerte, trat dann aber hinter ihm ins Zimmer. Ich hatte geglaubt, es wäre eines ihrer getarnten Büros, deshalb überraschte mich der Anblick des Zimmers. Es war ein gewöhnliches möbliertes Zimmer.

Er forderte mich nicht auf, Platz zu nehmen oder den Mantel abzulegen. Auch er stand in seinem aufgeknöpften Mantel da, er war in Zivil. Das Schweigen dauerte an.

»Wo bin ich?« fragte ich schließlich.

»Sie sind in meiner Junggesellenwohnung«, erwiderte er langsam, wobei er mir direkt in die Augen schaute.

»Wozu?«

»Nehmen wir mal an, daß ich mit Ihnen bumsen will.«

Das Zittern in meinem Innern, das ich seit einiger Zeit verspürt hatte, hörte plötzlich auf.

»Dafür müßten Sie mein Einverständnis haben«, sagte ich ruhig.

»Das habe ich, vom ersten Augenblick an.«

Ich lachte los, ich glaube, ich lachte ihm tatsächlich direkt ins Gesicht. Ich war schon bei der Tür, als mich seine Worte erreichten:

»Wohin, Elżbieta Elsner?«

Das war wie ein Schuß in den Rücken. Langsam kam ich ins Zimmer zurück.

»Was wollen Sie?«

»Das habe ich Ihnen schon gesagt.«

»Einmal oder öfter?«

»Bis Sie mir langweilig werden.«

Wir standen uns gegenüber.

»Warum erst jetzt?« fragte ich, ich brauchte etwas Zeit, um einen Entschluß zu fassen. Ich wußte noch nicht, was es für mich bedeutete, daß er wußte, wer ich wirklich war oder, genauer, wer ich gewesen war.

»Mit der Sekretärin eines Genossen gehörte es sich nicht. Außerdem hatte ich es nicht so eilig.«

Ich wußte, daß ich es mit einem rücksichtslosen Menschen zu tun hatte. Es gab keinen Grund zu hoffen, daß er sich erweichen lassen würde. Menschen wie er hatten kein Gewissen.

»Und wenn ich mich weigere?«

»Nun ... wir haben zwei Möglichkeiten. Entweder sperren wir den lieben Ehemann ein, oder es gibt einen kleinen Tip, wer seine Frau wirklich ist beziehungsweise im Ghetto gewesen ist.«

Also wußte er alles über mich. Ich schaute ihn ungläubig an. War es möglich, daß er genauso ein Mensch war wie ich, wie die anderen? Was er jetzt mit mir machte, war doch eine so bodenlose Niederträchtigkeit, daß es eigentlich gar keinen Namen dafür gab.

»Ich kann mich an den Genossen wenden.«

»Theoretisch ja, aber das machen Sie nicht. Und sei es nur, weil dann Ihr lieber Mann eines Tages auf seinem Schreibtisch einen anonymen Brief finden würde, erst einen, dann noch einen ...«

»Hören Sie schon auf«, unterbrach ich ihn scharf, »und lassen Sie meinen Mann aus dem Spiel. Und nennen Sie ihn nicht ›meinen lieben Mann‹. Er ist ein wunderbarer Mensch, und Sie sind ein kleiner Erpresser!«

»Aber dieser wunderbare Mensch weiß nicht, wer seine wunderbare Frau war. Ich bin gespannt, wie er sich verhalten würde. Vielleicht würde er Ihnen ja vergeben. Im Grunde ist er doch ein Schwächling.«

»Ich verbiete Ihnen, über ihn zu sprechen!«

»In Ordnung. Lieben Sie ihn nur mit Ihrer reinen Liebe. Mich interessiert nur Ihr Körper. Er erregt mich wie kein zweiter. Vielleicht habe ich bewußt unser Treffen hinausgeschoben. Ich habe das Blut eines Jägers ...«

»Daran zweifle ich nicht«, erwiderte ich haßerfüllt.

»Das mag ich«, lachte er, »ihn werden sie lieben, mich

aber hassen. Diese Gefühle liegen so nahe beieinander, daß es schwer ist, sie zu unterscheiden.«

Plötzlich kam mir ein Gedanke.

»Mein Mann weiß alles.«

Seine Augen wurden dunkler, dann lachte er.

»Ach wirklich?«

Unsere Blicke maßen sich, aber da hatte ich schon verloren, und leider wußten wir es beide. Wütend begann ich, mich auszuziehen. Er schaute mir mit spöttischer Miene zu, dann kam er näher und packte mich an den Schultern.

»Die Strümpfe ziehe ich dir selbst aus«, sagte er.

Er stieß mich auf das kleine Sofa, das hart war und mit einem gemusterten Stoff bespannt. Wie beim Arzt, ging es mir durch den Kopf. Und ich beschloß, es auch so zu sehen. Ich spürte, wie er mir langsam die Strümpfe herunterzog, erst vom einen, dann vom anderen Bein. Mich überkam ein eigenartiges Gefühl. Mein Körper begann, sich von mir zu entfernen, und ich verlor die Kontrolle über ihn. Die Berührungen seiner Hände registrierte ich mit einem innerlichen Schauder, und als ich seine Zunge spürte, hörte ich mein eigenes Stöhnen. Das alles machte mir mehr Angst als die Situation vorhin. Ich fühlte mich wie unter Zwang und konnte mich nicht von dem, was jetzt allmählich passierte, befreien. Ich konnte mich nicht wehren. Mich überkam ein wildes Verlangen, fast fing ich an zu betteln.

»Jetzt ... jetzt ...«

»Noch nicht«, antwortete die verhaßte Stimme.

Er brachte mich so weit, daß ich mich in Konvulsionen wand, beherrscht nur von dem einen Verlangen. Schließlich tauchte sein Kopf zwischen meinen Schenkeln auf, er zog sich hoch, und dann spürte ich ihn in mir. Augenblicklich bekam ich einen Orgasmus, der mich fast zermalmte. Für mich war alles vorbei. Aber er blieb noch in mir, stützte sich auf seine Hände und beobachtete mein schutzloses Gesicht. Ich sah seinen Orgasmus, der seine Gesichtszüge noch mehr verzerrte. Seine Augen wurden dunkler, die Muskeln seiner Wangen bebten. Keinerlei Schwäche, auf die ich unbewußt gewartet hatte. Er stand auf, zog sich an und rauchte eine Zigarette.

»Das Bad ist dort drüben.« Er deutete mit dem Finger in Richtung des kleinen Flurs.

Ich sammelte meine Sachen zusammen, und ohne ihn anzusehen, schleppte ich mich ins Badezimmer. Dort stand eine ziemlich abstruse eiserne Wanne mit einer abgerissenen Dusche, ein Waschbecken, darüber ein quadratischer Spiegel mit einer Ablage, auf der Pinsel und Naßrasierer lagen. Ich griff nach ihm und stellte fest, daß keine Rasierklinge darin war. Für alle Fälle hatte er sie herausgenommen, schließlich war er ein Spezialist dafür, menschliche Schwächen aufzuspüren. Er mußte damit gerechnet haben, daß ich nach so etwas nicht gerade begeistert von mir sein würde oder gar von meinem Körper. Plötzlich kam es mir zum Bewußtsein, daß ich mich jedesmal, wenn mir etwas Schlimmes passierte, ins Badezimmer einschloß, dann war das also nicht das Ende für mich, es war nur die Fortsetzung …

Ich weiß nicht, wie lange ich dort saß. Er klopfte an die Tür.

»Sind Sie fertig?«

Ich kam heraus. Wortlos reichte er mir den Mantel und die Tasche. Auf der Treppe wartete ich nicht auf ihn. Er schloß die Tür ab, kurz danach hatte er mich eingeholt.

»Ich kann Sie auf dem Rückweg absetzen«, sagte er.

»Danke«, gab ich zurück, »ich gehe lieber zu Fuß.«

»Es ist ziemlich weit.«

»Ich komme zurecht.«

Er nahm es zur Kenntnis, ging an mir vorbei, und als ich auf die Straße trat, war das Auto schon weg. Ich wußte nicht genau, wo ich war. Ich fragte einen Passanten, wie ich von hier zur Noakowski-Straße käme.

»Da müssen Sie umsteigen«, erwiderte er in einem normalen, ja, freundlichen Ton.

Ich solle zuerst in die Trambahn steigen, die nicht weit von hier eine Schleife mache, und dann mit einer anderen Trambahn weiterfahren. Ich machte mich auf den Weg zu der Wendeschleife. Ich mußte mein Leben irgendwie ordnen. Jetzt erwartete mich das Schwerste von allem: ins Haus gehen und Dir in die Augen schauen. Ja, Andrzej, ich beschloß, mit Dir weiterzuleben. Noch in derselben Nacht nach diesem Erlebnis liebten wir uns. Ich umschlang Deine Hüften mit meinen Schenkeln, aber unter meinen Lidern rangen zwei sich überlagernde Gestalten miteinander, eine helle, die fast so etwas wie eine strahlende Aureole um den Kopf hatte, und eine dunkle, die wie mit Kohle gezeichnet war. Mal zeigten sie sich mir von der einen, mal von der anderen Seite. Ich sah sie ganz deutlich während meines Orgasmus, für einen Augenblick erschienen mir jene kalten Augen ... Später, als Du schon schliefst, schlüpfte ich ins Badezimmer. Ich machte das Licht an, und im Spiegel betrachtete ich mein Gesicht. Ich zog mein Nachthemd aus und betrachtete meine Brüste, berührte meinen Bauch und schob meine Finger zwischen die Schenkel. Schon einmal hatte ich mich so untersucht, und es war die gleiche Neugier gewesen. Dazu kam das Staunen, daß diese Brüste, dieser Bauch, daß ich das war, daß auch sie einen Teil von mir ausmachten. Ich packte Deinen Rasierer und nahm die Klinge heraus. Für einen Moment hatte ich Lust, mit ihr über meinen nackten Bauch zu fahren ...

Auf dem Rückweg von der Universität vermied ich es, zu Fuß zu gehen. Unser Leben ging seinen normalen Gang, manchmal kam es mir vor, als wäre jenes Erlebnis nicht wahr und nur ein Produkt meiner Phantasie. Aber die Szene in der Junggesellenwohnung kehrte immer wieder zurück, ich erinnerte mich gut an diesen Menschen und auch an mich selbst. Ich spielte ein eigenartiges Spiel mit mir. Ich wollte mir nicht eingestehen, daß ich nach dem schwarzen Citroën Ausschau hielt. Das demütigte mich, und trotzdem konnte ich mich ihm nicht entziehen. Und als ich schließlich das Auto sah, stieg ich nicht in den Bus, ich ging zu Fuß weiter, offensichtlich betrachtete ich mich selbst schon als Hure. Ich gestand mir das ein, doch ich konnte nicht zurück. Der Citroën erreichte mich in den Ujazdowskie-Alleen, die hintere Tür öffnete sich, wortlos stieg ich ein. Ich sah nicht einmal zu dem Mann hin, ich schaute aus dem Fenster, ohne eigentlich genau zu wissen, was sich davor abspielte oder welche Straßen wir passierten. Endlich waren wir an dem Wohnblock, einem abscheulichen sozialistischen Bauwerk mit einem ebenso abscheulichen Treppenhaus. Und die Wohnung mit dem harten Sofa. Ich zog den Mantel aus, den er mir abnahm und auf einen Bügel hängte. Sofort begann ich, mich auszuziehen, ich beugte mich vor, um meine Schuhe aufzuschnüren, da spürte ich seine Hände auf meinem Rücken. Er bog mich noch mehr nach vorne, dann schob er mir den Rock hoch und zog mir den Slip aus. Sein Griff war so stark, daß ich mich nicht befreien konnte. Brutal drang er von hinten in mich ein. Und wieder hatte ich keine Kontrolle über das, was geschah, etwas riß mich vom eigenen Bewußtsein los, ich empfand Schmerz, aber auch eine unbekannte Wollust, die ich plötzlich mit jeder Faser meiner Nerven spürte. Dann löste sich in mir alles auf, meine Knie zitterten, mit dem Kopf stützte ich mich auf den Boden. Das Gefühl der Demütigung war unvergleichlich viel stärker als beim ersten Mal, vielleicht demütigte mich schon die Art, wie er mich genommen hatte. Ich wollte mich vor diesem Menschen verhüllen, ihm verbieten, mich anzuschauen, aber seine Augen folgten mir, bis ich im Badezimmer verschwunden war. Ich erlaubte ihm nicht, mich zurückzufahren. Den Weg zur Haltestelle kannte ich schon. Er fuhr im Auto mit dem Chauffeur davon. Das war ein zusätzlicher Grund meiner Demütigung, der Fahrer, der sich doch sicher sein Teil dachte. Während ich mich von der leeren Tram durchrütteln ließ, war ich mir fast sicher, dies sei das letzte Treffen mit ihm gewesen, nochmals würde ich nicht in sein Auto steigen. Aber er hatte das vorausgesehen. Es vergingen vier Monate, bis der schwarze Citroën wieder am Randstein bei der Universität parkte. Ich gab mich geschlagen und stieg ein. Als ich mich in der Wohnung befand, war ich wachsam, entschlossen, ihm nicht zu gestatten, mich so wie das letzte Mal zu nehmen. Doch diesmal wollte er mir in die Augen sehen. Ich zitterte am ganzen Leib, er trieb es so weit, daß ich vor ihm niederkniete. Er näherte sich, legte seine Hand auf meinen Kopf, und mit dieser Hand dirigierte er mich. Ich war ihm zu Willen. All das war neu und so, als beträfe es nicht mich. Es fand neben mir statt, doch gleichzeitig erfüllte mich ein Gefühl der Abhängigkeit. Dieser Mensch beherrschte mich vollständig. Ich fühlte sein Erwachen in meinem Mund wie den Beginn neuen Lebens. Er brauchte mich gar nicht mehr anzuleiten, ich wußte selbst Bescheid. Danach lagen wir auf dem Boden, wie von Sinnen riß ich mir die Kleider herunter, er aber ließ sich Zeit.

»Noch nicht«, sagte er kalt, und ich winselte mit einer Stimme, die nicht mir gehörte.

Und als er schließlich die entscheidende Bewegung vollführte, als er sich über mir erhob, spreizte ich fast schon mit einem Glücksgefühl die Beine. Das dauerte immer nur kurz, danach hatte er viel Zeit, mich zu beobachten, und das erregte ihn am meisten. Denn ich hatte verloren, ich hatte mich vor ihm gedemütigt, indem ich um etwas gefleht hatte, gegen das sich alles in mir sträubte. Nach dem Augenblick der Erregung wurde ich wieder ich selbst. Und ich haßte diesen Menschen, fast betete ich, er möge verschwinden. Aber er war da und benutzte mich einfach, und das ließ er mich auch wissen. Es war etwas Unmenschliches in seinen Orgasmen, die ihm auch nicht für einen Moment außer Kontrolle gerieten. Lange entging es mir, daß er sich vor mir verstellte.

Unsere Treffen fanden alle paar Monate statt, danach fühlte ich mich jedesmal zerschlagen und flüchtete in meine Liebe zu Dir, und allmählich vergaß ich dann, aber es kam immer wieder der Moment, wo ich zu warten begann. Ich sträubte mich nicht mehr dagegen, ich wußte, daß es keinen Sinn hatte. Und dann tauchte er auf. Unsere Liebesszenen sahen jedesmal gleich aus, Verlangen mischte sich mit Demütigung, Verzückung ging fast augenblicklich in das Gefühl des Besiegtseins über, des Aufbegehrens. Aber ich war von diesem Menschen abhängig. Er schien mich so zu behandeln, wie ich es verdient hatte, rein instrumental oder, deutlicher noch, wie eine Hure. Einmal demütigte er mich schmerzlicher als sonst, er brachte es so weit, daß ich fast das Bewußtsein verlor, worauf er plötzlich von mir abließ und sich eine Zigarette holte. Ich sah sein Profil, er war nackt, bereit für die Liebe, und trotzdem peinigte er mich. Ich sah, daß er in der Innentasche seines Jacketts eine Pistole hatte, ich riß mich vom Sofa hoch und zog die Waffe heraus.

»Leg das weg«, sagte er ruhig, »sie ist geladen.«

Aber ich zielte auf ihn und drückte ab. Ich hörte den trockenen Schlag der Zündnadel, die Pistole war gesichert. Meine Kräfte versagten, und ich brach zusammen.

»So sehr haßt du mich also«, sagte er wahrscheinlich zum ersten Mal mit einer normalen, das heißt mit einer menschlichen Stimme.

Nachher nahm er mich auf den Arm, trug mich zum Sofa und küßte und streichelte mich. Wieder war ich von ihm abhängig, ich brauchte diesen einen flüchtigen Moment.

Wir trafen uns ein paar Tage nach Silvester, also schon neunzehnhundertvierundfünfzig. Zwei Wochen später bemerkte ich, daß etwas nicht in Ordnung war. Noch machte ich mir selbst etwas vor, aber die Tage vergingen, und ich bekam Gewißheit. Es war eine Katastrophe. Verachtung und der Haß auf den eigenen Körper verwandelten sich in Furcht. Mein Körper konnte mich vernichten, denn ich würde mich doch nicht dafür entscheiden, das Kind zu behalten. Ich wußte nicht, wer der Vater war, alles deutete auf ihn. Er nahm ja absolut keine Rücksicht auf mich, diktierte unsere Treffen, häufig entgegen meinem Frauenkalender. Ich mußte ihn finden, ich konnte nicht ein paar Monate warten, es wäre sonst zu spät. Dir konnte ich es auch nicht sagen, ich spürte, daß du dieses Kind würdest haben wollen, diesmal schon ein Kind der doppelten Lüge ... Wieviel es mich kostete, zum Mostowski-Palais zu gehen! Ich hinterließ beim Portier einen Brief für ihn, in dem ich ein Treffen bestimmte. Ich war mir nicht sicher, ob er den Brief erhalten würde und ob er bereit war zu kommen. Das Auto stand jedoch am Randstein. In der Wohnung fragte er, worum es gehe. Wir konnten in Anwesenheit des Chauffeurs nicht sprechen.

»Ich bin schwanger.«

»Von wem?«

»Wahrscheinlich von dir.«

Er lachte auf, aber das war nicht sein normales Lachen. Das spürte ich, solche Signale hatte es bisher nur wenige gegeben, und die waren undeutlich gewesen.

»Und jetzt?« fragte er.

»Du mußt mir helfen.«

Er schwieg, und dann sagte er den Satz:

»Vielleicht könntest du es ja zur Welt bringen ...«

»Hör auf, Witze zu machen!« fuhr ich ihn an, so weit ging meine Phantasie nun doch nicht, als daß ich mir hätte vorstellen können, er meine das ernst.

»Weil du unbedingt an diesem Goj kleben mußt!«

Beide waren wir wie vom Donner gerührt. Er war vermutlich noch mehr erschrocken als ich. Er hatte sich zu erkennen gegeben und damit augenblicklich verloren. Er konnte seine Maske nicht länger tragen, ich hatte sie ihm aus den Händen gerissen. Plötzlich stand er besiegt vor mir, der Ausdruck seiner Augen veränderte sich. Wie gewöhnlich fand alles ohne Worte statt. Wir waren in der Wohnung, in der er mich so viele Male gedemütigt hatte, aber jetzt hätte er es nicht gewagt, mich zu berühren. Er sagte, eine Frau werde mich anrufen und einen Termin für mich vereinbaren.

Als ich ins Treppenhaus trat, sah ich ihn sofort. Er stand auf dem Treppenabsatz und rauchte.

»Ich möchte allein sein«, sagte ich.

»Stell hier mal keine Bedingungen«, erwiderte er scharf und packte mich am Arm.

Wir gingen in eine Wohnung ohne Namensschild. Eine ältere Frau bat uns, abzulegen und ein Weilchen zu warten. Wir saßen nebeneinander auf einer Bank an der Wand, gegenüber war ein Spiegel. Einmal nur fing ich seinen Blick auf. Es traf mich wie ein Schlag, unwillkürlich schaute ich ihm in die Augen. Sie waren tief und warm. Er sagte nichts, aber ich wußte, worum er mich bitten wollte.

Es verging noch eine ganze Weile, ich begann mir Sorgen zu machen, daß es noch länger dauern könnte und ich es zu Hause nicht würde erklären können. Schließlich öffnete sich die Tür, und die Frau bat mich herein. Ich sah diesen Stuhl, und mir wurde ganz übel vor Angst. Der Arzt, ein kleiner Mann mit Glatze, untersuchte mich, dann sagte er:

»Vielleicht bitten wir Ihren Mann dazu.«

»Das ist nicht nötig«, erwiderte ich.

»Trotzdem, wir müssen uns unterhalten.«

Er öffnete die Tür zum Vorzimmer, und ich sprang eilig auf den Fußboden und zog meinen Rock herunter.

»Im vierten Monat«, sagte der Arzt, »zu spät.«

»Wieso?« Ich fühlte, wie ich innerlich zusammensackte.

Es war ein Gefühl, als hätten sich mir Herz und Magen losgerissen.

»Aber ich hatte doch vor zwei Monaten noch meine Periode ...«

»Gute Frau, es gibt die verrücktesten Sachen«, sagte er.

Und er wollte den Eingriff nicht vornehmen. Wortlos verließen wir die Wohnung, aber auf der Treppe sah ich ihn an und sagte:

»Wenn du mir das nicht aus der Welt schaffst, bringe ich mich um.«

Er lachte nervös.

»Liebst du ihn so, oder haßt du mich so?«

»Ich bin zu allem imstande.«

»Ich weiß.«

»Es muß schnell gehen.«

»Ich weiß.«

Diesmal mußte ich für ein paar Tage wegfahren. Das war um so schwieriger, als ich bisher ja nie allein weg gewesen war. Irgendwie mußte ich das erklären. Schließlich sagte ich, daß ich beschlossen hätte, endlich meine Kräfte an Übersetzungen aus dem Französischen zu erproben. Schon seit einiger Zeit war das im Gespräch gewesen.

»Fahr nach Ninków«, schlugst Du vor.

»Nein, ich habe schon eine Pension gefunden.«

»Vielleicht besuchen Michał und ich dich einmal.«

»Ich fahre doch nur für eine Woche ...«

Aber ich verabschiedete mich von Euch, als würde ich für immer weggehen. Ich schloß das nicht aus. Das Gefühl innerer Unruhe wurde dadurch verstärkt, daß ich schon nicht mehr sicher war, ob ich das Kind töten lassen wollte. Vielleicht unseres, das wir uns beide heimlich wünschten. Wäre da nicht er, wäre ich glücklich gewesen. Ich müßte mich dann nicht mehr entscheiden, da ich es schon in meinem Schoß trug.

Ich wählte einen Tag, an dem Du Dienst hattest und mich nicht an den Bahnhof begleiten konntest. Ich versprach zu telefonieren, sobald ich angekommen sei. Das Haus, in dem wir wohnten, war ungefähr einen Kilometer von der Post entfernt, und er mußte mich hinfahren. Er wartete draußen, während ich mit Dir sprach. Ich war nervös, erregt und fast sicher, daß es mein letztes Gespräch mit Dir sein würde, der Arzt hatte mir solche Angst gemacht ...

»Was hast du, Krysia, du hast so eine Stimme?« fragtest Du.

»Zum ersten Mal bin ich allein weg ...«

»Na, kleines Mädchen«, sagtest Du lachend.

Wir verabschiedeten uns bereits, aber bevor Du auflegtest, sagte ich:

»Ich liebe dich.«

»Und ich dich«, hörte ich.

Mit dem Gefühl eines solchen Schmerzes legte ich den Hörer auf, daß es mich fast in Stücke riß. Ich verließ die Post und hielt mir dabei den Leib. Er lehnte am Auto und rauchte.

»Was ist passiert?« fragte er beunruhigt.

»Nichts«, antwortete ich haßerfüllt.

Wir wohnten zusammen in einem Zimmer mit Doppelbett. Wir lagen nebeneinander, doch sprachen wir nicht miteinander. Ich wußte, daß er nicht schlief. Ich schlief auch nicht. Ein paarmal ging er nach draußen, er rauchte, ich hörte das Klicken des Feuerzeugs. Am Morgen brachte er mich ins Krankenhaus. Es war ein Militärkrankenhaus in einer Kreisstadt.

Ohne ihn anzuschauen, wollte ich der Pflegerin folgen, aber er hielt mich am Arm fest.

»Vom ersten Augenblick an habe ich dich geliebt«, sagte er.

Ich wollte es nicht, aber trotzdem hörte ich mich sagen:

»Wenn ich also sterbe, wünsche ich dir Gewissensbisse bis ans Ende deines Lebens.«

Und da fiel sein Gesicht in sich zusammen.

»Erinnerst du dich nicht an mich aus dem Ghetto?«

»Nein«, erwiderte ich kalt.

Es machte auf mich auch keinen Eindruck, ich war mit mir selbst beschäftigt, zu sehr hatte ich Angst um mich, als daß ich mir Gedanken wegen eines solchen Geständnisses gemacht hätte.

»Der Jüdische Todesengel hat blondes Haar ...«

Ich schlug ihm ins Gesicht. Das war zuviel für mich. Plötzlich kam mir mein Leben unglaublich kitschig vor. Dabei sollte mir schon allein meine Leidensfähigkeit das

Recht geben, Mensch zu sein. So sehr hatte ich immer leben wollen, doch meine gegenwärtige Situation zwang mich zu einem Risiko. Ich mußte es eingehen. Ich hatte keine Wahl.

Als ich ihn schlug, wurden einige Personen auf uns aufmerksam, und die Pflegerin stand interessiert am Rande. Trotzdem drückte er mich an sich.

»Ich flehe dich an«, sagte er in meine Haare, »gib mir das Kind ...«

Ich riß mich los und rannte den Flur hinunter. Tränen erstickten mich.

Danach kam das Schreckliche, das Unmenschliche. Das grelle Licht der Lampe. Ich lag nackt auf dem Tisch, die Arme mit Pflastern verklebt, Infusionsnadeln in den Adern, und ich hatte das Gefühl, daß diesmal nicht Maria, sondern ich der aufs Kreuz gespannte Christus sei, und das schien mir eine noch größere Gotteslästerung zu sein. Ich mußte zählen.

»Eins, zwei, drei«, ich spürte, wie meine Zunge steif wurde.

Als ich in den künstlichen Schlaf fiel, hatte ich nicht Dein Gesicht vor Augen, es war sein Gesicht. Und es war schmerzverzerrt. Die dunklen Augen waren voller Tränen. Als ich erwachte, hatte ich wieder sein Gesicht vor mir. Er schaute mich mit demselben Ausdruck an, den ich noch vom Einschlafen her in Erinnerung hatte. Mit Mühe hob ich meine Lider, wir schauten uns an, ohne ein Wort zu sagen.

Schließlich gelang es mir, »geh weg« hervorzustoßen.

Er zog sich sofort zurück.

Mein einwöchiger Aufenthalt verlängerte sich, ich rief vom Krankenhaus aus an und erzählte Dir, wie phantastisch ich mit meiner Übersetzung vorankäme.

»Ich habe schon sieben Seiten«, redete ich munter drauflos und war bemüht, Dich nicht hören zu lassen, wie schwach meine Stimme war. Immerhin warst Du Arzt.

Ich sah sehr schlecht aus, gleich nach dem Eingriff hatte ich einen Blutsturz gehabt, und die Ärzte hatten mir keine Chance gegeben. Aber ich schaffte es doch. Nur war ich sehr abgemagert, unter meinen Augen hatten sich tiefe, dunkle Flecken gebildet. So hatte ich nicht einmal während der Hungerzeit im Ghetto ausgesehen. Als ich keine Kraft hatte, vom Bett aufzustehen, als ich mit mir selbst rang, kam in mir so etwas wie Befriedigung darüber auf, daß mein Körper zu guter Letzt besiegt worden war. Nichts konnte er mir mehr diktieren, er kämpfte nur ums Überleben. Aber das war ein so matter Gedanke, daß er irgendwo in der Mitte abbrach, und eigentlich rekonstruierte ich ihn erst später, als es mir schon wieder besser ging. Es war mir nicht erlaubt aufzustehen, dabei mußte ich Dich doch anrufen. Ich gebärdete mich so hysterisch, daß mir schließlich ein Telefon ans Bett gebracht wurde. Das war kompliziert, man brauchte eine Verlängerungsschnur. Er erledigte alles, man hatte großen Respekt vor ihm in dem Krankenhaus, es war ja auch das Jahr vierundfünfzig.

Nach Hause zurück kam ich nach einem Monat. Ich sah immer noch nicht besonders gut aus und hatte Angst vor unserem Zusammentreffen, aber Du hattest Kummer in der Klinik, Dein Patient lag im Sterben, und Du bemerktest nichts. Im Grunde genommen sahen wir uns kaum. Die ganze Zeit saßest Du in der Klinik. Das war mir gerade recht. Nur Michał betrachtete mich aufmerksam.

»Ich bin in der Zwischenzeit älter geworden«, versuchte ich zu scherzen.

»Weshalb bist du weg gewesen?« fragte er.

Und plötzlich begann ich zu weinen. Michał fragte nicht

weiter, aber seine geliebten Augen sahen mich an. Er gab mir unser Leben wieder, dieses Leben, das dort im Krankenhaus schon für immer verloren gewesen schien.

»Ich möchte dich in Zukunft nie mehr sehen«, sagte ich dem anderen, als er mich an der Ecke Nowowiejska-Straße absetzte. Beide wußten wir, daß ich nicht mehr in sein Auto steigen würde. Später stellte ich mir die Frage, warum ich ihn nicht erkannt hatte, und ich kam zu dem Schluß, daß sie für mich damals alle das gleiche Gesicht gehabt hatten. Wie alle anderen war auch er damals ein Bettler gewesen, er hatte um das Leben gebettelt, um Brot und um Liebe, und ich hatte es ihm damals genauso wenig gegeben wie heute. Nicht weil ich so schlecht war. Ich konnte es einfach nicht. Ich konnte nur bei Dir ich selbst sein. Niemand war schuldig, über alles entschied das Schicksal. In dieser für mich schweren Zeit half mir Michał sehr, obwohl er damals ein fünfzehnjähriger Junge war, also in die schwierigen Jahre kam. Aber im Grunde hatten wir uns nie voneinander entfernt, es genügte ein Blick, um zu wissen, was der andere fühlte. Er fühlte, daß ich unglücklich war, und bemühte sich, bei mir zu sein. Einmal legte er wortlos zwei Eintrittskarten für die Philharmonie auf den Tisch. Seit der Zeit, als sich Marias Zustand verschlechtert hatte, waren wir nicht mehr im Konzert gewesen.

»Ich weiß nicht, ob ich gehen kann«, sagte ich, »ich habe ein wenig zu tun ...«

Dabei war es so, daß ich nicht in der Stimmung war, Musik zu hören, ich hatte nicht einmal Lust zu leben. Jetzt war ich es, die mit dem Gesicht zur Wand auf dem Sofa lag, und Du schautest meinen Rücken an. Einmal fragtest Du sogar, ob ich Sorgen hätte. Ich antwortete, daß ich übermüdet sei.

»Aber du hast doch gerade erst Urlaub gehabt ...«

»Ich habe mich aber nicht erholt«, gab ich unwillig zurück.

Du gingst der Sache nicht weiter nach, Du löschtest einfach das Licht, und nach einer Weile hörte ich Deinen gleichmäßigen Atem.

Michał sah mich an und sagte:

»Weißt du, daß die Brandenburgischen Konzerte gespielt werden?«

Das war wie ein Stichwort, ich konnte nicht so tun, als ob ich es nicht wüßte.

»Na gut.«

Und das Konzert war wie eine Heimkehr zu mir selbst. Die Musik, die Maria so niedergedrückt hatte, warf mich ans Ufer, und es verließ mich das Gefühl zu ertrinken. Ich klammerte mich an den Zweig, der das Leben war. Ich liebte es doch mit ganzer Kraft, ich liebte es in seiner natürlichen biologischen Form und geriet in Verzückung, wenn ich einen Regentropfen auf den Blättern, die Wolken oder die Sonne sah. Am schwersten war es für mich, einen Tag zu überstehen, wenn Grau den Himmel überzog, dieses Grau schlug sich dann augenblicklich in mir nieder. Ich konnte nicht wirklich ganz unglücklich sein, wo doch der Flieder blühte. Flieder ... sein Geruch war für mich der Geruch von Liebe, vielleicht weil ich Dich im Mai kennengelernt hatte. Die Tür hatte ich Dir am Abend geöffnet, aber am nächsten Tag hatte ich im Park unter einem Strauch gesessen, der mit buschigen Wolken weißer Blüten bedeckt war. Mein Gott, wie sie geduftet hatten ...

Ich kehrte also zu Euch von einer viel weiteren Reise zurück, als Du gedacht hattest. Und unser Leben ging weiter. Es ereigneten sich ein paar wichtige Dinge. Michał bestand das Abitur, er bestand auch die Zulassungsprüfung zur TH und bekam einen Studienplatz. Mich überraschte es, weil ich immer gedacht hatte, er würde sich für die humanistische Fakultät entscheiden, bis zuletzt hatte er im übrigen geschwankt. Aber schließlich meinte er, seine Berufung sei die Elektronik. Und wieder war er der Jüngste, aber diesmal bereitete ihm das kein Kopfzerbrechen mehr.

Es war kurz nach Neujahr neunzehnhundertfünfundfünfzig, als das Telefon läutete. Ich nahm den Hörer ab.

»Hier Kosowicz«, meldete sich eine heisere Stimme, eigentlich war es nur ein Flüstern. »Ich möchte mit Frau Elżbieta Korzecka sprechen ...«

»Das bin ich«, antwortete ich und hatte jetzt den unwiderlegbaren Beweis, daß er von Anfang an gewußt hatte, wer ich war. Er hatte meinen neuen Vornamen nicht behalten.

»Wie geht es Ihnen?« fragte er.

»Gut, und Ihnen, Herr Professor?«

»Ich bin schon alt«, erwiderte er.

Eine Weile schwiegen wir.

»Sind Sie mit Ihrem Leben zufrieden?«

»Ja.« Das war eine ehrliche Antwort, denn ich liebte es doch zu leben, trotz allem.

Wieder schwieg er, ich spürte, daß er mich nach meinem Vater fragen wollte, daß er mich die ganze Zeit nach ihm hatte fragen wollen, aber gerade mit ihm konnte ich nicht über meinen Vater sprechen. Das wäre eine Katastrophe geworden. Für mich. Und für ihn. Das Schweigen auf der anderen Seite war wie ein Hilferuf, aber trotzdem konnte ich nicht helfen.

»Dann auf Wiedersehen«, hörte ich ihn schließlich sagen.

Eine Woche später kamst Du nach Hause, und während Du noch in der Tür standest, wußte ich, daß etwas passiert war. Ich konnte es in Deinem Gesicht lesen.

»Der Professor ist gestorben«, sagtest Du.

Er hatte aber noch Zeit gehabt, Dich als seinen Nachfolger zu empfehlen. Für Dich war das ein schwieriger Augenblick, denn man verlangte, daß Du der Partei beitratst. Wie gewöhnlich suchtest Du Hilfe in mir, wortwörtlich fast.

»Eigentlich ist das eine reine Formalität«, sagtest Du, »aber ich weiß nicht, ob ich das ertragen kann.«

»Man kann viel ertragen«, erwiderte ich.

»Kannst du dir mich auf Parteiversammlungen vorstellen? Das ist doch geradezu grotesk! Ich, verstehst du, ich! Dort, mit denen!«

»Das sind Leute wie du. Deine Kollegen, die meisten sind aus ähnlichen Gründen eingetreten. Um besser zu leben, für die Karriere.«

»Die Karriere kann mich mal«, schriest Du, »aber ich will die Station.«

»Warum zögerst du dann?«

»Weil ich mir bisher selbst immer in die Augen schauen konnte.«

»Und so wird es auch weiter sein, Andrzej.«

Du schautest mich prüfend an, ob ich nicht scherzte. Nein, ich scherzte nicht. Ich brauchte diese zweideutige Entscheidung von Dir, so wie ich Deinen Antisemitismus brauchte. Beide trugen wir einen Makel in uns, und unser inneres Bild war nicht rein. Ich hatte unser Leben im Namen meiner Liebe durch Lügen entstellt, Du solltest jetzt dasselbe tun.

Und Du tratst der Partei bei. Eine Zeitlang liefst Du mit einem Gesicht herum, als hättest Du Essig geschluckt, und Michał und ich wechselten Blicke. Wir nahmen Deinen Seelenzustand nicht ernst. Als Du zur Parteiversammlung gingst, sagte ich:

»Denk einfach, es sei ein Besuch beim Zahnarzt.«

Bald war das kein Problem mehr, die Angelegenheiten der Station nahmen Dich ganz in Anspruch. Manchmal bekamst Du Wutanfälle.

»Ruft mich so ein Typ an und spricht zu mir per Genosse!«

»Aber du bist eben sein Genosse, er weiß doch nicht, daß es dir nicht ernst ist.«

»Sei nicht so geistreich«, aber Dein Zorn verflog, mein Spott tat Dir gut.

Das zweite wichtige Ereignis oder, genauer, das dritte – zuerst Michałs Abitur und Studium, dann Du in der Rolle des Oberarztes und schließlich, daß wir die Wohnung wiederbekamen – war der Auszug der Familie Krupa. Als erster zog der ältere Sohn, Heniek, aus, weil er in eine Villa in Milanówek bei Warschau eingeheiratet hatte. Ich hatte die Verlobte gesehen, sie war häßlich, aber sie hatte andere Vorzüge.

»Sie ist anständig, wie ... ich weiß nicht was«, erklärte mir ihr zukünftiger Ehemann, »so anständig, daß man sich nur wundern kann!«

»Und sie hat eine gute Mitgift, Pan Heniek«, sagte ich und traf damit einen wunden Punkt.

»Ums Geld geht es mir nicht, die Chuzpe hab' ich nicht«, sagte er, »bin ich denn ein alter Jude? Für mich zählt der Mensch ...«

»Für mich auch, mein lieber Heniek«, dachte ich.

Wie sich zeigte, war die Villa so geräumig, daß in ihr nicht nur das junge Paar, sondern auch die Eltern und Geschwister von Heniek Platz hatten, die Schneiderwerkstatt inklusive. Darum vor allem war es wohl gegangen. Henieks Schwiegervater verpflichtete sich, Aufträge vom Militär zu beschaffen, und das war eine Goldgrube. Es ließ sich ohne die Gefahr verdienen, daß sie einem Steuern aufbrummten und einen kaputtmachten. Familie Krupa lud uns zur Abschiedsfeier ein. Michał entschuldigte sich, aber wir konnten schlecht nein sagen. Nach ein paar Gläschen wurde es ziemlich fröhlich. Man erinnerte sich vergangener Zeiten.

»Ich schaue, da stehen die in ihren Staubmänteln«, erzählte Heniek, »da war ich husch vor der Tür, um Sie, Herr Dochtor, aufzuhalten ...«

»Sie haben mir das Leben gerettet, Pan Heniek«, sagtest Du, »damals hat man einem die Kapuze eins, zwei, drei übergezogen, da gab's Standgerichte.«

»Jetzt lassen sie angeblich den einen oder andern frei«, bemerkte Pan Heniek.

»Sie lassen welche frei, aber nicht gerade viele«, mischte sich Herr Krupa ein, der von Natur aus nicht sehr gesprächig war, aber diese Sache schien ihn umzutreiben. »Ich bin nur ein einfacher Mensch, aber das versteh' ich nicht. Wie geht das, niemand denkt mehr an die, wo da unschuldig sitzen. Sogar Wendehälse gibt's, das ist, als ob man diesen armen Schluckern ins Gesicht spucken würde ...«

Das ging Dir unter die Haut, Du wurdest ganz grau im Gesicht. Herr Krupa mußte gemerkt haben, daß er einen Bock geschossen hatte, denn gleich brachte er einen Toast aus:

»Auf unsere liebe Frau Dochtor!«

Alle tranken mir zu.

»Ich mag die Frau Dochtor«, strahlte die Schneiderin, »weil sie ist so wie wir, einfach, ist nicht überheblich ... sie redet mit einem ...«

»Und sagt zu einem Wodka nicht nein«, lachte Pan Heniek.

»Genau«, meintest Du säuerlich, »genug jetzt mit dem Wodka.«

Ja, und dann passierte noch etwas. Ich übersetzte eine Erzählung von Hemingway, die im »Przekrój« erschien. Es gab einiges Aufsehen. Nicht um mich, sondern um die Erzählung, aber ein bißchen von dem Zuckerguß bekam auch ich ab. Und dann druckte »Twórczość« das Fragment eines Romans einer französischen Schriftstellerin, das ich übersetzt hatte. Auch hier hörte ich Lobesworte. Dabei war ich doch eine Amateurin, ich hatte kein Studium abgeschlossen, Französisch hatte ich von zu Hause mitgebracht. Eine einzige Lektion, aber eine wichtige, hatte mir Jerzy Lisowski vom »Twórczość« erteilt. Er hatte meinen Text durchgesehen und einen idiomatischen Ausdruck gestrichen, den ich wortwörtlich übersetzt hatte. Darüber hatte er mit Bleistift »Pustel auf dem Arsch« geschrieben. Jetzt lautete der Satz: »Die Sache störte mich wie eine Pustel auf dem Arsch.« Plötzlich verstand ich, worin das Wesen einer Übersetzung bestand. Auch von einem Verlag wurde ich angerufen. Man lud mich zu einem Gespräch ein. Sie wollten, daß ich etwas für sie übersetzte. Ich erzählte Dir von dem Anruf, Du freutest Dich. Abends, es war Dein Namenstag, verkündetest Du unseren Gästen, ich hätte vor, eine berühmte Übersetzerin zu werden. Einer Deiner Kollegen sagte scherzend:

»Alle haben wir unsere kleinen Sünden, aber für Dich, Andrzej, gibt es zuerst Krysia ...«

»Dann Krysia«, fügte ein anderer hinzu.

»Und dann wieder Krysia«, riefen alle im Chor. »Aber bist du dir ihrer auch sicher, Andrzej?«

»Na ja, ich weiß nicht, was Krysia da noch in petto hat«, sagtest Du.

Was wußtest Du wirklich über mich, was dachtest Du Dir, das waren Fragen ohne Antworten. An demselben Namenstag stellte jemand lachend fest:

»Habt ihr gewußt, daß es bei den Jüdinnen quer herum ist?«

Wir waren alle schon betrunken, aber das machte mich nüchtern. Ich schaute zu Dir.

»Jüdinnen sind nicht mein Fall«, sagtest Du und mühtest Dich dabei, einen marinierten Pilz auf die Gabel zu spießen.

Du sagtest das ohne Überschwang, so als würdest Du eine Tatsache konstatieren, und ich fühlte mich bei Dir zum zweiten Mal als Elżbieta Elsner. Das war einen Monat vor meinem Besuch im Verlag. Ich ging mit flatterndem Herzen hin, denn ich war mir nicht sicher, ob ich das mit der Übersetzung schaffen würde. Der Schriftsteller, den man mir vorgeschlagen hatte, war schwierig, seine Prosa war sprachlich schwierig. Ich fürchtete mich nicht so sehr vor dem Original als vielmehr vor der polnischen Sprache. Ob ich immer den passenden Ausdruck finden würde. Die Lektorin empfing mich freundlich und sagte:

»Dann gehen wir mal zum Direktor. Er erwartet uns.«

Das Arbeitszimmer war groß, Schreibtisch, Teppich, eine Palme. Und hinter dem Schreibtisch er. Bei meinem Anblick erhob er sich, und ich stand plötzlich völlig hilflos da. Es war ein Gefühl absoluter Hilflosigkeit. Ich wußte, daß irgendein Kwiatkowski Direktor dieses Verlags geworden war, einer aus der Partei, sagten die einen, einer von der Staatssicherheit, sagten die anderen. Aber ich hatte diesen Namen nicht mit dem Menschen in Zusammenhang gebracht, an den ich so oft dachte.

»Herr Direktor, das ist Frau Korzecka«, stellte mich die Sekretärin vor.

»Angenehm, Kwiatkowski«, erwiderte er und küßte mir die Hand.

Das Schlimmste war, daß ich nicht mitbekam, was er zu mir sagte. Ich verstand auf einmal seine Worte nicht mehr. Da war nur dieses schmale Gesicht und die dunklen, ein klein wenig traurigen Augen. Das war nicht mehr Oberst Kwiatkowski, das war ein Zivilist desselben Namens.

»Wir geben Ihnen sechs Monate Zeit«, hörte ich ihn sagen, »wir wollen die Übersetzung gleich nach den Sommerferien haben.«

»So lange soll ich warten«, dachte ich, und dann dachte ich: »Weißt du, was Verzweiflung ist?« Ich kann sie nicht mit Worten beschreiben. Es ist ein Schmerz, der sich ausbreitet wie Ungeziefer, er ist überall, im Mund, in der Speiseröhre, im Magen. Und man kann nicht wegrennen. Etwas Fürchterliches im Gehirn. Man empfindet sie wie eine übergestülpte faulende Kappe, wie einen Pilz ... Verzweiflung stinkt, und man wird diesen Geruch nicht los ...

Ich erhob mich. Als wir schon vor der Tür waren, fragte die Lektorin voll Mitgefühl:

»Fühlen Sie sich nicht wohl?«

So schlimm war es also. Einmal schon hatte er mich in einem völlig desolaten Zustand gesehen. Damals hatte er auch hinter einem Schreibtisch gesessen und sich erhoben. Diese Bewegung, das Aufstützen der Hände auf die Tischplatte, war dieselbe gewesen. Er hatte sich wirklich in der Gewalt. Was war ich jetzt für ihn? Eine Erinnerung oder immer noch mehr? Er hatte gesagt, daß er mich vom ersten Augenblick an geliebt habe. So viele Jahre also. Aber kann man das ernst nehmen ...

Ich ging nach Hause, legte mich aufs Sofa und schaltete den Plattenspieler ein. Die »Goldbergvariationen«, Michałs geliebtes »Pam, pam, pam«. Und wieder war ich jemand anderes. Seit unserem letzten Treffen waren zwei Jahre vergangen. Jetzt war es Mai sechsundfünfzig. Zwei Jahre sind viel. Viel und wenig. Hier war es viel, fast ein Abgrund. Der schwarze Citroën war nur noch ein Requisit der Vergangenheit. Das Komische war, daß ich aufs neue von ihm abhängig war ... Meine zweite Natur machte sich bemerkbar. Damals hatte ich die Schuld bei meinem Vater gesucht, jetzt, wo ich den Gedanken an »den da« nicht zum Verstummen bringen konnte, versuchte ich krampfhaft, die Schuld auf Dich zu schieben. »Ein Narr mit weißem Bart« damals und jetzt »ein Karrierist, ein Antisemit, ein Schwächling«. Es war widerwärtig, wie gut ich die Rolle des Opfers gelernt hatte ... Oder war das vielleicht die Sehnsucht danach, wenigstens für eine Weile ich selbst zu sein? Er wußte doch alles über mich. Er dachte an mich mit meinem wirklichen Namen ... Oder war ich einfach dieses Theater um mein offizielles Leben leid, immerhin hatte ich noch ein zweites, heimliches. Wenn ich allein war, legte ich gewöhnlich das Kostüm der Ehefrau, der Adoptivmutter und Übersetzerin ab. Ich war dann mit meinem Vater ... Und immer empfand ich Groll gegen ihn. »Warum«, sagte ich dann, »hast du mich gelehrt, wie man sterben muß, warum hast du mir nicht gesagt, wie man leben muß.« Das Buch, das er damals auf den Knien liegen hatte, waren die »Betrachtungen über den Tod« von Mark Aurel. Im Sterben hatte er die Instruktionen vor sich ... Und ich? Was war mit mir? Ich wollte doch leben. Alles in mir hatte sich geradezu nach diesem Leben gedrängt. Ich hatte getan, als gäbe es keinen Tod. Als sähe ich ihn nicht. Obwohl ich ihm auf Schritt und Tritt begegnet war, immerhin lautete sein zweiter Name doch Ghetto. Deshalb hatte mich damals mein verhinderter Kunde so erschreckt, der Intellektuelle, der in meinem Leben dann noch in verschiedenen Rollen in Erscheinung treten sollte. Ich ertappte mich dabei, daß ich gerne gewußt hätte, wie er wirklich hieß. Er war doch so eine Krystyna Chylińska in männlicher Ausgabe. Aber vielleicht ging es genau darum, daß ich ihn fragen wollte, wie er damit zurechtkam. Wie er über sich dachte und welchen Namen er dabei benutzte. Ich kam doch damit seit so vielen Jahren nicht zurecht, ich existierte nicht als ich, ich wurde durch Eure Worte, Deine und Michałs, erschaffen. Vorhin habe ich geschrieben, daß ich zu den Gesprächen mit meinem Vater mein Kostüm ablegen mußte. Eigentlich nicht ... es saß so gut, daß ich es lediglich ein wenig zu lockern brauchte. Manchmal drückte es mir die Luft ab und war zu eng, dann tauchte vor mir jener Mensch auf ... Ich übersetzte das Buch mit dem Gefühl, jede Seite brächte mich näher zu ihm. Ich begeisterte mich völlig für das Buch und lief wie betäubt umher.

»Übertreib nicht mit diesem Franzosen«, sagte Michał und sah mir in die Augen, »sonst legst du noch mal statt der Teller Kehrschaufel und Handfeger auf den Tisch ...«

Ich lachte, aber nur, um meine Verwirrung zu verbergen. Gegenüber Michał fühlte ich mich auch nicht in Ordnung. Diese zwei Versionen meines Leben waren unvereinbar miteinander. Eines Tages stand ich in düsterer Stimmung auf, voll Auflehnung. Warum mußte es so sein, daß Sex in meinem Leben immer als etwas Tadelnswertes erschien? Meine Liebe zu Dir hatte Dich um Deine Frau gebracht, die Gedanken an jenen Menschen bedrohten unsere Liebe. Nichts konnte einfach sein, und ich brachte mich in Situationen, in denen ich unterdrücken mußte, was ein natürliches Bedürfnis meines Herzens war ... oder eben, was verboten war ... In der Anwaltskanzlei hatte eine Kollegin behauptet, der Geschäftsführer habe eine Schwäche für mich.

»Wundert dich das«, hatte eine andere geantwortet, »sie hat die Augen einer Hure.«

Sie hatte den Kopf gewandt und gesehen, daß ich in der Tür stand.

Lange konnte ich diese Worte nicht vergessen. Aber entsprach das nicht der Wahrheit? Meine zweite Natur machte sich sehr heftig bemerkbar, und gerade auf ihr lastete doch der ganze Schatz meiner Erfahrungen mit Männern, vornehm gesagt.

Dem älteren Sohn des Schneiders wurde ein Kind geboren. Er erschien bei uns und bat uns, Taufpaten zu werden. Wir konnten nicht ablehnen, das gehörte sich einfach nicht. Für mich waren damit verschiedene zusätzliche Unannehmlichkeiten verbunden, zum Beispiel, daß ich zur Beichte gehen mußte. Auch Dir stand das bevor, und es war Dir ebenfalls unangenehm, immerhin gehörtest Du der Partei an. Pan Heniek hatte das alles vorausgesehen und die Angelegenheit mit dem Pfarrer in Milanówek besprochen. Wir sollten uns dort spätabends an einem bestimmten Tag einfinden. Mit saurer Miene steuertest Du das Auto, unseren alten DKW, während ich versuchte, mir ein Gebet in Erinnerung zu rufen, das mir Wera beigebracht hatte, bevor ich aus dem Ghetto weggegangen war. Aber außer »Vater unser, der du bist ...« fiel mir nichts ein. Besser ging es mit »Ich glaube an Gott Vater ... und an Jesus Christus, unseren Herrn«, und auf einmal tat es mir fast weh, daß Christus nicht mein Herr war, daß ich ihm so hoffnungslos fern war ... Immer hatte ich irgendwelche Anliegen an ihn gehabt, und immer hatte ich mich wie die letzte Bettlerin gefühlt ... In mir tauchte der Gedanke auf, dem Pfarrer alles zu gestehen und ihn zu bitten, mich zu taufen. Gleich rief ich mich zur Ordnung. In der düsteren Kirche, nur beim Altar brannte eine Lampe, legtest Du als erster die Beichte ab. Dann kam ich an die Reihe, ich mußte mich geradezu zwingen, hinzuknien. Ich wollte weglaufen, das Bedürfnis wegzurennen war so stark, daß ich mich am Beichtstuhl festhalten mußte. Schließlich gaben diese unbeugsamen Knie unter mir nach.

»Gelobt sei Jesus Christus«, flüsterte ich, als sich der Kopf des Pfarrers zum Gitter beugte, aber das waren nur noch leere Worte. Ich hatte nicht das Gefühl, eine Gotteslästerung zu begehen, als ich meine unechten Sünden beichtete. Mir und diesem Menschen waren Rollen zugeteilt, die wir spielen mußten. Das war alles. »Mehr Sünden sind mir nicht gewärtig«, sagte ich mein Sprüchlein auf, »ich bedauere aufrichtig alle und bitte um Vergebung und die Auferlegung einer Buße.« Dabei dachte ich: »Was kannst du von meinen Sünden wissen und von meiner Buße, ich selbst erlege sie mir seit dem Tag auf, an dem ich das Ghetto verlassen habe ...«

Dann kam der Tag der Taufe, ich hielt das Kind in meinen Armen. Es war häßlich, und sein Gesichtchen, das die Spitzen eines Häubchens säumten, sah aus, als sei es verbrüht. Als der Pfarrer es mit Wasser beträufelte, fing das Kind an zu brüllen. Erleichtert gab ich es an die Mutter ab. Aber schon beim Verlassen der Kirche tat es mir leid. Ich hatte diese einfachen Leute betrogen. Vor Gott, an den sie glaubten, war diese Taufe doch ungültig. Und ich war der Grund dafür. Ein Judas im Rock, könnte man sagen. Auch er war Jude gewesen. Und plötzlich dachte ich: »Wie Er ...«, und ein Gefühl der Schuld oder Demut ergriff mich, ich konnte es nicht genau sagen.

Es war ein wunderschöner Tag, die Feier fand im Freien statt, im Obstgarten hatte man mit weißen Tüchern bedeckte Tische aufgestellt. Die Gesichter der Menschen an den Tischen waren charakteristisch, wie aus einem Sommertheater. Die Sonne und das herrliche Weiß der Kirschblüten ließen ihre Häßlichkeit in aller Schärfe hervortreten. Herr Krupa, massig, fast quadratisch, in einem selbstgeschneiderten Anzug, seine Frau mit ihrem fürchterlich großen Busen, ihre rosa Büstenhalter hatten uns im Badezimmer immer erschreckt, ihre Töchter mit irgendwelchen grotesken Faltenkleidchen aus Nylon und zu Locken auffrisierten Haaren, zu denen ihre pickligen Gesichter so gar nicht paßten. Dann die Militärs, aber nicht die piekfein geschniegelten von vor dem Krieg, nein, ihre Uniformen sahen aus wie Säcke, denn das war nicht mehr der richtige Stoff. Na, und dann die Frauen der Militärs, diese Majorsfrauen und Oberstfrauen mit ihren beim Lächeln abwechselnd in Gold und Silber aufblitzenden Zähnen. Und Du in einem Anzug, den Du nicht leiden konntest. Auch der war im übrigen von Herrn Krupa geschneidert. Aber Du warst etwas ganz anderes. Dein schöner, wohlgeformter Kopf, Dein Gesicht. Ich weiß nicht, zum wievielten Mal ich mit Erstaunen feststellte, daß ich hier einen echten Mann anschaute. Mit dem gleichen Erstaunen und Unglauben vertiefte ich mich in die Schönheit griechischer Statuen. Du wärst bestimmt ein ausgezeichnetes Modell gewesen. Ein- oder zweimal trafen sich unsere Augen. Du schautest mich an wie jemanden, den Du gut kanntest, den Du unter Tausenden von Menschen wiedererkennen würdest. Wenn Du meine Gedanken gekannt hättest, ob Du mich dann auch so angesehen hättest? Wenn Du die Wahrheit gewußt hättest ... Sie war für uns beide gefährlich. Ich liebte Dich, bewunderte Dich wie immer, aber mit dem anderen wollte ich ins Bett. Nach ein paar Gläschen stellte sich die vertraute Wärme ein, diese Hand, die meinen Bauch berührte, aber das war nicht Deine Hand ... Ich wollte das irgendwie abschütteln, das innere Thema wechseln. Nach all dem Wodka ging es leichter als sonst. Genau vor mir hatte ich einen blühenden Kirschbaum.

»Wenn du je mein Leben brauchst, so komm und nimm es dir«, sagte ich leise wie zu mir selbst.

»Was sagst du?« fragtest Du.

»Nichts, ich zitiere aus Tschechows ›Kirschgarten‹ ...«

»Aber Krysia, das ist doch aus der ›Möwe‹.«

Und da war plötzlich der Schreck, was Du wußtest, und der Gedanke, daß Du dann nicht so scherzen würdest, aber vielleicht wußtest Du gar nicht, daß die Hafendirnen an der Küste »Möwen« genannt werden.

Familie Krupa war stolz auf solche Taufpaten, auf Dich besonders, den Oberarzt. Fortwährend redeten sie Dich so an: Herr Oberarzt. Anfangs machten Dich all diese Avancen gereizt, aber erst dieser, dann jener trank Dir zu, abzulehnen war nicht möglich, und bald bekamst Du gute Laune, »Wodkalaune«, wie Michał das nannte. Ich wußte, daß wir uns, sobald wir nach Hause kämen, lieben würden. Und ich behielt recht. Der jüngere Sohn der Krupas fuhr uns nach Hause, Bolo, den ich mehr mochte, trotz der offensichtlichen Verdienste von Pan Heniek. Dieser jüngere hatte mehr Phantasie, davon zeugte allein schon, daß er sich aus ein paar alten Wracks ein Auto zusammengebastelt hatte, das an eine Kreuzung aus Hühnerhund und Dackel erinnerte. Mit diesem Gefährt brachte er uns vors Haus. Ich mußte Dich führen, weil Du schwanktest.

»Ein gutes Frauchen hab' ich«, sagtest Du und versuchtest, mich am Hintern zu fassen, »weißt du, Bolo, Krysia ist der Balsam meiner Seele«, und grabsch, griffst Du mir wieder an den Po.

Ich machte mich los, denn schließlich schaute Bolo zu, aber er verstand das, vielleicht besser als sonst jemand. Er war ganz anders als seine Familie geraten, sein Traum war es nicht, Anzüge zu nähen, sondern ein Fahrzeug zu bauen, das ohne Benzin fuhr, »mit Sonne«. »Aber was ist, wenn es regnet?« fragte ich. Das wußte Bolo noch nicht.

Zu Hause half ich Dir beim Ausziehen. Michał schaute zur Tür herein, sein einziger Kommentar sagte alles:

»Oh, là, là ...«

Deine Hände versuchten, an meine Brüste zu kommen, und zerrissen dabei meine Bluse. Ich hatte gute Lust, Dich wegzustoßen, doch ich tat es nicht. Ich legte mich neben Dich. Mit Deinem Körper erdrücktest Du mich, Du hattest vergessen, daß sich »ein Gentleman auf seine Ellbogen stützt«. Ich lag da wie erstickt, eingehüllt in den süßlichen Geruch von Alkohol, zu meinem Unglück hatte man auf der Taufe gefärbten Wodka serviert, weil man meinte, der normale sei an einem solchen Tag unpassend. Deshalb warst Du am Anfang auch so unzufrieden gewesen. Jetzt wolltest Du ganz dringend in mir sein, und es ging Dir ganz jämmerlich daneben. Schließlich half ich Dir. Und plötzlich fing es in Deiner Kehle an zu brodeln, ich bekam richtig Angst, bis ich begriff, daß es das Weinen eines Betrunkenen war.

»Krysia, du verachtest mich ...«

Und gleich waren wir uns ganz nahe, so nahe wie immer, gereinigt durch unsere Liebe und gegenseitige Hingabe. Es konnte gar nicht anders sein, Andrzej, selbst in den Augenblicken des Zweifels war das, was uns verband, so stark, daß das Band nicht reißen konnte. Manchmal war uns gar nicht bewußt, wie sehr wir einander brauchten ...

In diesem Sommer machten wir erstmals zu dritt einen Urlaub im Ausland. Du sagtest, es sei unsere verspätete Hochzeitsreise.

»Genau«, mischte sich Michał ein, »und gleich ein Geschenk: ein fertiges Kind.«

»Du meinst diesen Bengel, der sich da bei uns rumtreibt?« fragte ich.

»Genau«, in seinen Augen blitzten die vertrauten Funken auf.

Ich wußte gleich, daß er etwas im Schilde führte. Und

tatsächlich schnappte er mich am Arm und fing an, mit mir um den Tisch zu rennen.

»Michał! Du bist verrückt geworden«, versuchte ich mich zu wehren.

»Wenn du deine Frau wiederhaben willst, dann kauf sie frei«, rief er Dir zu.

»Na, ich weiß nicht, ob sich das lohnt ...«

Und was hättest Du gesagt, wenn Du die Wahrheit gewußt hättest? Genau das war doch die wichtigste Frage in meinem Leben, und doch konnte ich sie niemandem stellen, Dir nicht und schon gar nicht mir selbst. Ich wollte die Antwort nicht wissen, ich hatte eine Todesangst davor. Dabei konnte aber nur das eine unser Leben von der Lüge befreien: die Wahrheit. Warum war ich nur so ein Feigling? Ich wußte, warum, ich wußte es doch, es war sinnlos, es zu wiederholen.

Wir verbrachten einen Monat in Jugoslawien. Dubrovnik begeisterte mich, zum ersten Mal bedauerte ich, nicht malen zu können, so sehr wünschte ich mir, etwas von dort mitzunehmen. Fotos, das war zu wenig. Ich wollte die Sonne auf den Mauern festhalten, die engen Gäßchen, die steinernen Treppen, den Baum, der dicht über dem Abhang wuchs, und darunter das saphirblaue Meer. Einmal am Strand schaute Michał mich aufmerksam an, und dann sagte er:

»Jesus Maria, Krysia, das Meer ist dir in die Augen gestiegen ...«

Da am Strand dachte ich an den Moment, in dem ich in sein Arbeitszimmer treten würde. Ahnte ich schon damals, welche Hölle nach meiner Rückkehr auf mich warten würde? Warum auch? Es war gar nicht nötig. Ich selbst war doch meine eigene Hölle.

Ich gab im Verlag Bescheid, daß die Übersetzung fertig sei, und verabredete mich mit der Lektorin. Ich war sicher, sie würde sagen: »Gehen wir vielleicht zum Direktor.« Aber sie brachte nur ihre Freude darüber zum Ausdruck, daß ich den Termin eingehalten hatte. Ich konnte es nicht fassen. Er war hier, in diesem Gebäude, und wollte mich nicht sehen. Wieder hatte er einen Weg gefunden, mich zu demütigen. Er war ein böser und rachsüchtiger Mensch. Denn das sah doch nach Rache aus.

Zwei Wochen kämpfte ich mit mir, dann rief ich ihn voll Selbstverachtung an.

»Kwiatkowski«, sagte er in den Hörer, dabei wußte er sehr wohl, wer anrief, die Sekretärin hatte uns verbunden.

»Korzecka.«

»Ja, bitte? Irgendwelche Probleme? Ich weiß, daß Sie das Manuskript abgegeben haben.«

Ohne genau zu wissen, was ich tat, legte ich den Hörer auf. Das Telefon klingelte, im ersten Moment wollte ich nicht abnehmen. Die Sekretärin meldete sich:

»Sie wurden irgendwie getrennt.«

Und dann seine Stimme:

»Wir wurden getrennt.«

»Ich habe den Hörer aufgelegt«, sagte ich ruhig, wie immer, wenn ich anfing, um mich zu kämpfen.

»Warum?«

»Ich wollte mich verabreden, aber ...«

»Wann?« unterbrach er mich.

Diese kurze Frage warf mich fast aus meiner einstudierten Rolle.

»Morgen.«

Stille – und dann seine Stimme:

»Ich habe die kleine Wohnung nicht mehr.«

Das war genau dieses: »Nehmen wir mal an, ich hätte

Lust, mit Ihnen zu bumsen.« Das war derselbe Mensch, er wollte mich kriegen, er wollte mich besiegt sehen.

»Das macht nichts, kommen Sie zu mir«, erwiderte ich.

Stille.

»Hallo«, sagte ich.

»Geben Sie einen Empfang?«

»Nein, ich lade Sie für zehn Uhr ein. Ich werde allein sein.«

Und wieder Stille.

»Hallo«, wiederholte ich.

»Ich komme nicht, Elżbieta.«

»Du mußt kommen.«

»Wozu brauchst du das?«

»Ich warte um zehn«, sagte ich und legte auf.

Erst da erschrak ich über meinen Einfall, den ich selbst absurd fand. Nicht einmal zynisch, sondern einfach sinnlos. Aber als ich darüber nachdachte, kam ich zu dem Schluß, daß ich im Grunde genommen kein Risiko einging. Du kamst nach drei Uhr heim, Michał noch später. Da schaltete sich wieder mein Unterbewußtsein ein oder, genauer, meldete sich in mir »jene andere«. Ich wußte schon, worum es ging: mich mit ihm auf unserem Sofa zu lieben. Damit wäre ich ihm gegenüber sofort im Vorteil gewesen. Falls er kommen würde. Ich war mir dessen nicht sicher, und die fünfzehn Minuten, um die er sich verspätete, empfand ich als Niederlage. In der sechzehnten Minute läutete die Glocke. Ich öffnete. Sein Anblick verwirrte mich, dieses schmale Gesicht, die Augen. Ich hatte keine Lust mehr zu kämpfen, ich lächelte, und mein Lächeln sollte wie ein Ölzweig sein, doch er gab sich keine Mühe, ihn zu ergreifen. Er war etwas steif. Ich bat ihn, seinen Mantel abzulegen, danach gingen wir in das große Zimmer. Die Situation war irgendwie absurd. Wir wußten eigentlich nichts voneinander. Ich fragte, ob er Kaffee wolle, er lehnte ab. Er zündete sich eine Zigarette an. Ich stand daneben.

»So hast du dir das vorgestellt?« fragte er. »Darum ging es dir?«

»Nein«, antwortete ich leise.

Er machte die Zigarette aus, dann stand er auf. Fast gleichzeitig warfen wir uns aufeinander. Fiebrig versuchte er, durch meine Kleider zu mir vorzudringen, halb von Sinnen half ich ihm dabei. Wir lagen auf dem Boden, und es kam mir vor, als bestünde ich nur aus einer Hälfte, da waren nur der untere Teil meines Bauchs und meine Schenkel, die ihn umklammerten. Wie blind suchte ich mit meinen Händen seinen Körper, Pullover und Hemd trennten uns voneinander. Endlich spürte ich die Wärme seiner Haut und krallte mich mit meinen Fingernägeln in ihr fest, ich trieb sie wie Anker hinein, und flüchtig nur dachte ich daran, daß ich ihm weh tun könnte. Ich war allein und hatte jedes Gefühl verloren, erst mein Orgasmus schüttelte mich schmerzhaft, ich schrie auf wie nach einem Stoß. Betäubt, wie ich war, wußte ich nicht so recht, was mit ihm los war. Er zog sich augenblicklich zurück, und ich war mir nicht sicher, ob es bei ihm wirklich passiert war. Die Bestätigung fand ich auf meinen Schenkeln. Ich ging mich waschen. Im Spiegel über dem Becken schaute ich mir in die Augen. Ich entdeckte in ihnen ein neues Gefühl, das ich bisher nicht gekannt hatte. Es war Demut. Alles andere kannte ich auswendig, und es waren dies alle nur denkbaren Abstufungen von Schmerz. Demütig war ich nie gewesen. Erst an diesem Tag. Als ich zurückkam, war niemand mehr im Zimmer. Ich wollte es einfach nicht glauben, aber sein Mantel hing nicht mehr am Haken. Einen Augenblick lang hatte ich Lust, ihm nachzurennen, doch ich beherrschte mich. Später strich ich ums Telefon, ich wollte ihn anrufen und ihm sagen, was ich von ihm dachte. Eigentlich wollte ich nur ein Wort hinwerfen: »Rindvieh«, und dann auflegen.

Zwei Monate vergingen. Wieder rief ich an. Das klingt unglaublich, aber genauso war es. Ich nahm den Hörer, wählte die Nummer und gab der Sekretärin meinen Namen. Sie sagte: »Moment, bitte«, und danach sagte sie: »Der Herr Direktor läßt sich entschuldigen, er ist beschäftigt. Er ruft später zurück.«

»Danke«, murmelte ich und konnte nicht recht glauben, was ich eben gehört hatte.

Es verging fast ein Jahr. Die Lektorin rief an, daß ein Leseexemplar des von mir übersetzten Buches da sei. Ob sie es mir per Post schicken solle, oder ob ich vorbeikäme?

»Selbstverständlich komme ich vorbei«, erwiderte ich, »das geht schneller ...«

Ich fuhr mit unserem DKW zum Verlag, Du warst auf einer Kardiologentagung in Posen und hattest mir die Schlüssel dagelassen. Kurz darauf hielt ich das Exemplar in Händen. Bewegt las ich: »Übersetzt von Krystyna E. Korzecka.« Der zwischen die Namen eingeschobene Buchstabe war ein Zeichen für ihn, daß mich doch etwas mit dem damaligen Leben verband, das E war der erste Buchstabe meines Vor- und Nachnamens, in diesem Buchstaben hatte mein ganzes Ich Platz. Vielleicht hatte auch er das so verstanden, denn die Lektorin sagte:

»Der Direktor bittet Sie, kurz bei ihm reinzuschauen.«

Ich zögerte, jetzt konnte ich mich rächen und an seinem Arbeitszimmer vorbei nach unten gehen. Ich brachte es nicht fertig. Ich ging ins Sekretariat.

»Der Herr Direktor erwartet Sie«, sagte die Sekretärin lächelnd.

Ich drückte die Klinke herunter, und die lederbeschlagene Tür öffnete sich geräuschlos. Er erhob sich hinter seinem Schreibtisch.

»Wie gefällt Ihnen der Umschlag?« fragte er.

»Er gefällt mir«, sagte ich mit zugeschnürter Kehle.

»Ich habe mir sagen lassen, daß die Übersetzung sehr gut ist ...«

Ich antwortete nichts darauf, sondern schaute ihn nur an. Damals begriff ich wohl, daß ich diesen Menschen liebte, daß ich ihn seit langem liebte oder, genauer, daß ich Euch beide liebte. Es war das reinste Unglück. Er muß meinen Blick verstanden haben. Sein Gesichtsausdruck veränderte sich plötzlich. Er trat auf mich zu. Ich senkte meinen Kopf auf seine Schulter wie ein Kranker oder wie jemand, der sehr müde ist. So fühlte ich mich auch.

»Willst du, daß wir irgendwohin gehen?« fragte er.

»Ja.«

Und wir fuhren mit meinem Auto zu »Konstancin«, einem privaten Restaurant. Wir aßen zu Mittag, und danach mieteten wir ein Zimmer in einer Pension. Zum ersten Mal liebten wir uns in einem normalen Bett. Beide waren wir plötzlich hilflos im Angesicht unserer Liebe. Er war anders, fast spürte ich die Wärme seiner Augen auf mir. Zitternd küßte er mich, und auf einmal merkte ich, daß er weinte.

»Wie heißt du mit Vornamen?« fragte ich.

»Jan.«

»Wie heißt du wirklich?«

Eine Weile schwieg er.

»Abel ... meine Mutter wollte es unbedingt.«

Ich dachte, alles hat sich verdreht, alles. Einer, der Abel hieß, trat in der Rolle des Kain auf, zumindest für eine gewisse Zeit, jemand anderes mit dem Gesicht eines Engels erhielt den Beinamen Tod ... Beiname Tod, wie eigenartig das klang. Aber oft kommt es mir so vor, als spürte ich den knöchernen Griff im Nacken, als hätte ich ihn die ganze Zeit gespürt. Mein Körper, geschaffen für die Liebe, wie Du einmal gesagt hast, schien an mich angehängt zu sein. Er trug in sich den Keim des Todes, vielleicht hatte ich mich deshalb entschlossen, mein ungeborenes Kind zu töten ... Nie war ich mit meinem Körper zurechtgekommen. Was soll ich jetzt machen? Ich kann weder vor noch zurück, noch kann ich da stehenbleiben, wo ich bin. Zwei Männern verbunden ... Ich weiß nicht, was weiter wird, Andrzej, an Dich aber schreibe ich doch meine Briefe, an Dich, nicht an ihn ...

DER FÜNFTE BRIEF

März 1963

Wir sind in Köln. Man hat Dich zu einer Kardiologentagung eingeladen, und ich bin mitgefahren. Es ist wirklich eigenartig, aber zum ersten Mal wohnen wir zusammen in einem Hotel ...

Vor kurzem bin ich neunundddreißig geworden, für Dich sogar vierzig, denn Du rechnest ja nach dem falschen Kalender meines Lebens. Und dieses Leben war so, wie es war, nicht weil ich einen anderen Namen angenommen hatte, sondern weil etwas Wesentliches irgendwo unwiederbringlich verlorengegangen war. So alt, wie ich war, verstand ich, daß ich einen Kampf gegen Windmühlen führte. Kein Judas im Rock mehr, sondern Don Quichote. In gewisser Weise war ich zum Opfer einer Religion geworden, die nicht die meine war, von ihr hatte ich gelernt, daß Sex eine Sünde ist. Selbst in der Liebe zu Dir. Weil mich irgendwann früher das Leben vergewaltigt hatte. In meiner Religion war immer Er, Gott, am wichtigsten gewesen. Es reichte, Ihn zu fürchten, um Ihm zu genügen. Wie Hitler mochte Er es nicht, wenn jemand Seine Rasse beschmutzte; sich mit den Gojs einzulassen war in meiner Religion etwas Tadelnswertes. Aber Sex war nicht verwerflich. So etwas wie eine unbefleckte Empfängnis, deren Frucht Gott, der Mensch, war, gab es nicht. Vor Ihm nährte ich Furcht in meinem Herzen, obgleich Er damals noch gar nicht mein Gott war, mit Seinen Augen hatte ich meinen Sündenfall gesehen, den Fall meines Körpers ...

Zu Silvester waren wir bei Deinen Bekannten eingeladen, und dort begrüßten wir das Jahr neunzehnhundertachtundfünfzig. Als die Uhr zwölf schlug und die Champagnerkorken knallten, drückte mir außer jenem Champagner, Jahrgang neunzehnhundertdreiundvierzig, noch etwas anderes aufs Gewissen: Er war allein. Ich wußte, daß er ganz allein war. Wir trafen uns oft, ich kam zu ihm in die Wohnung, auf der Rückseite der Nowy-Świat-Straße. Hastig zog ich mich dann aus, da ich doch immer gleich wieder gehen mußte. Irgendwo in meinem Innern meldeten sich Gewissensbisse, weil ich ihm eigentlich nur meinen Körper brachte, um ihn ihm dann gleich wieder wegzunehmen. Seine vielschichtige, komplizierte Liebe fing an, mir zur Last zu werden, ich war bemüht, seinen tragischen Augen auszuweichen. Sie waren immer so gewesen, doch ich hatte es nicht gesehen. Er erzählte mir von sich. Seine ganze Familie war nach Treblinka gebracht und dort verbrannt worden. Er hatte am Aufstand teilgenommen, dann war er vom Dach eines brennenden Hauses auf die andere Seite gesprungen. Er war sicher gewesen, den Tod gewählt zu haben, aber eben auf der Seite der Freiheit, jenseits der Mauer. Er fiel in ein Gebüsch, das rettete ihn. Er wollte Dichter werden, doch er wurde ein Henker, wie er selbst sagte.

»In wessen Namen?« fragte ich.

»Im Namen des Wahnsinns«, erwiderte er.

So sah er das jetzt. Damals war er Kommunist gewesen und hatte gemeint, die Feinde zu vernichten. Er wollte der Idee dienen, und da er nun einmal gelernt hatte, eine Waffe in der Hand zu halten, wählte er diese Variante.

»Aber warum nicht unter deinem eigenen Namen?« fragte ich. »Sie hegen jetzt zu Recht einen Groll ...«

»Welche ›sie‹?«

»Die Polen.«

»Ich war damals weder Jude noch Pole, ich war Kommunist. Wir haben doch über jeden ein Urteil gefällt, der gegen uns war. Wir haben die Juden nicht verschont. Weißt du, daß die Rakowiecka* die letzte Adresse für vierundzwanzig jüdische Dichter war? Darüber spricht man nicht, wozu auch ...«

»Ja, sicher, ein Dichter hat den andern ermordet«, erwiderte ich in einem Anflug plötzlichen Ekels.

Am meisten ärgerte mich, daß er sich so aufgegeben hatte. Vorher hatte ich ihn ganz anders gesehen. Er war für mich die Verkörperung des Bösen gewesen, das mich in seinen Bann geschlagen hatte, jetzt wurde er zu einem ständigen Vorwurf. Immer dachte ich daran, daß er dort auf mich wartete. Ich lehnte mich dagegen genauso auf, wie ich mich vorher dagegen aufgelehnt hatte, in sein Auto zu steigen, nur daß er jetzt der Schwächere und von mir abhängig war. Und weil ich nicht immer Lust hatte, sagte ich: »Ich komme am Freitag.« Und dann war es irgendwie gleich wieder Freitag, und ich mußte Ausflüchte machen und mir irgendeine Geschichte ausdenken. Doch obwohl ich dieses Doppellebens müde war, wollte und konnte ich es nicht beenden. Dieser Mensch wurde zu einem Teil meiner selbst, und wäre ich fortgegangen, hätte ich für immer etwas verloren. Ich weiß nicht, was, Arme, Beine. Ich war unfähig, meine Abhängigkeit von ihm genau zu benennen. Bestimmt fand ich nicht das, was ich suchte: die Wahrheit über mich selbst. Es war seine Wahrheit. Als ich ihn fragte: »Wie kannst du mich lieben, wo du mich doch aus dem Ghetto kennst?«, antwortete er:

»Du warst ein Kind, und Kinder sind immer unschuldig.«

* *Rakowiecka* umgangssprachliche Bezeichnung für das Warschauer Gefängnis in der gleichnamigen Straße. A.d.Ü.

Seine Antwort enttäuschte mich sehr, dann sollte diese dunkle Seite meines Lebens also für immer bestehenbleiben?

Unterdessen ging es mit Deiner Karriere voran, allerdings nicht ohne Hindernisse. Du hattest Dich schon habilitiert, wurdest aber nicht Professor. Man vergaß Dir Deine Vergangenheit nicht. Du fühltest Dich übergangen, sogar bedroht, als Dein Assistent Dich überholte und außerordentlicher Professor wurde. Zum Glück ging er von der Klinik weg auf eine Stelle im Ministerium, und das lockte Dich überhaupt nicht. Wie Du selbst sagtest, warst Du ein Praktiker. Konkurrenz fürchtetest Du nur im Krankenhaus. Das war Dein erstes Leben – die Station, ich war das zweite. Und danach war Schluß, selbst Michał blieb irgendwo weit hinten. Als er sich Dir plötzlich in Erinnerung brachte, kam es zu einem Zusammenstoß. Zuerst eröffnete er mir, daß er heiraten werde. Im Alter von einundzwanzig Jahren hatte er sein Studium beendet und ein praktisches Jahr am Institut für Elektronik angetreten, mit einem recht bescheidenen Gehalt im übrigen. Er überraschte mich mit diesem Plan, um so mehr, als ich keine Ahnung gehabt hatte, daß er verlobt war. Ich hatte geglaubt, er würde mir so etwas sagen, wie immer. Vor seinem ersten Rendezvous war er so nervös gewesen, daß ich ihm voller Mitleid gesagt hatte:

»Michał, das kommt ganz von selbst. Plötzlich weiß man einfach ...«

Er hatte mich zweifelnd angeschaut, aber an seinem Benehmen erkannte ich, daß ihm meine Worte Mut gemacht hatten. Als er dann ging, begann ich wiederum unruhig zu werden, ich wußte nur zu gut, was ein Fehlstart in der körperlichen Liebe bedeuten konnte. Doch als ich ihm abends die Tür öffnete, war klar, daß alles gut gelaufen war.

Er ging pfeifend durchs Zimmer und bewegte sich sehr sicher. Ich lächelte im stillen, durfte ihm aber ja nicht zeigen, daß ich entdeckt hatte, daß sein Rendezvouz im Bett seiner Freundin geendet hatte. Und jetzt plötzlich eine Verlobte und Heirat.

»Vielleicht bereite ich Vater erst darauf vor«, bot ich an.

»Wozu«, gab er zurück, »das ist eine Sache zwischen uns.«

Ich horchte an der Tür Deines Arbeitszimmers.

»Papa«, hörte ich, »ich muß dir etwas mitteilen.«

»Ja, bitte.«

»Ich möchte heiraten.«

»So? Und wo werdet ihr wohnen?«

»Hier.«

»Hier wohne ich.«

»Wo es hier gleichzeitig Platz für deine zwei Frauen gegeben hat, findet er sich auch für meine eine«, hörte ich und spürte eine kalte Hand über meinen Nacken fahren.

Darauf folgte das Klatschen einer Ohrfeige, und ich wußte, wer sie bekommen hatte. Michał kam heraus und stieß beinahe mit mir zusammen. In seinem Zimmer fing er an, seine Sachen zusammenzupacken. Ich folgte ihm.

»Wohin?« fragte ich.

»Ist doch egal ...«

Er sagte das mit einer so jämmerlichen Stimme. Der tapfere Michał, der einmal auf einen Lutscher verzichtet hatte, beschloß jetzt, erwachsen zu sein.

»Vater ist übermüdet, er verträgt solche Sensationen schlecht.«

»Ich erlöse ihn davon.«

»Aber das hat doch keinen Sinn«, sagte ich und wollte ihm den Pullover aus der Hand nehmen.

Er zerrte brutal daran.

»Laß«, sagte er scharf, »wer bist du überhaupt?«

Darauf konnte ich plötzlich nichts antworten. Ich blieb noch einen Moment stehen und ging dann. Ich schloß mich im Schlafzimmer ein, aber als ich hörte, wie die Wohnungstür zuschlug, überkam es mich, und ich fing auch an zu packen. Mit einem leeren Glas in der Hand bliebst Du auf dem Weg in die Küche stehen, als Du das sahst.

»Was machst du da?« fragtest Du verwundert.

»Ich ziehe aus«, antwortete ich, »da es hier keinen Platz für deinen Sohn gibt, gibt es ihn auch nicht für mich!«

In wilder Wut schmiß ich meine Sachen in den Koffer.

»Und wohin, wenn man fragen darf?«

»Zu meinem Liebhaber«, erwiderte ich.

Das machte keinen Eindruck auf Dich.

»Red keinen Unsinn«, war Deine Antwort.

»Ich rede keinen Unsinn«, platzte ich heraus, »was bildest du dir eigentlich ein! Daß du der einzige in der Welt bist! Männchen gibt es überall, genauso tolle wie dich!«

»Krysia«, sagtest Du ruhig, »hörst du, was du da redest?«

Das brachte mich für einen Moment aus der Fassung, aber gleich darauf machte ich mich wieder ans Packen.

»Laß den Koffer in Ruhe und komm einen Tee trinken«, sagtest Du versöhnlich. »Michał hat eine Lehre verdient, du hast ihn zu einem Egozentriker und Egoisten erzogen.«

Das mußte ich gar nicht, er hatte schon ein fertiges Vorbild, dachte ich, aber ich sagte es nicht laut. Meine Augen füllten sich mit Tränen, es war Mitleid mit mir selbst. Weil ich so hoffnungslos verstrickt war in ein Schicksal, das nicht mein eigenes war. »Wer bist du überhaupt?« hatte Michał gefragt, und das war die Grundfrage. Ich machte den Koffer zu und wollte ihn in den Flur tragen, aber Du packtest mich an der Schulter und schütteltest mich heftig.

»Was machst du da für Sachen!« sagtest Du, diesmal scharf.

»Ich ziehe zu meinem Liebhaber«, erwiderte ich und schaute Dir dabei direkt in die Augen.

Du schlugst mir ins Gesicht. Ich war so verblüfft, daß ich für einen Moment die Orientierung verlor. Du warst nicht weniger bestürzt. Plötzlich flogen wir uns in die Arme. Und ich blieb dann. Abends, als wir schon im Bett lagen, fragtest Du:

»Mit diesem Liebhaber, war das Spaß?«

»Spaß«, antwortete ich voll Überzeugung.

Jemand hatte hier wirklich seinen Spaß getrieben, aber bestimmt nicht ich.

Es fiel mir immer schwerer, dieses zerrissene Doppelleben zu führen. Ich existierte irgendwo zwischen Deinen zerstreuten Blicken und seinen vorwurfsvollen Augen.

»Ich bitte dich«, sagte ich am Rande eines Nervenzusammenbruchs, »heirate, hab Kinder ... Wir werden so oder so zusammen sein ...«

»Du bist meine einzige und letzte Frau«, entgegnete er.

Ich fragte nicht, ob auch die erste, weil die Antwort vielleicht positiv ausgefallen wäre, und das hätte ich wohl nicht mehr ertragen. Jetzt kam noch Michał dazu, das heißt der Konflikt mit seinem Vater. Michał wohnte im Studentenheim auf der Couch eines Freundes, den er dort kannte. Er konnte erst rein, wenn die Lichter schon gelöscht waren, und zwar durchs Fenster. Er erzählte mir davon, als er mich einmal besuchte. Er wußte, wann ich allein sein würde.

»Freu dich nicht«, sagte er finster, als ich ihm die Tür öffnete, »ich bin nicht zurückgekommen, ich bin hier, um mich zu entschuldigen.«

Wir setzten uns in die Küche, dort konnten wir am besten miteinander reden. Ich machte Kaffee.

»Es läßt sich doch alles regeln, aber in Ruhe. Vater wartet auf ein Zeichen von dir.«

»Da wartet er umsonst«, antwortete er trocken, »nicht ich habe ihn geschlagen, sondern er mich.«

»Mich hat er auch geschlagen, falls dir das hilft.«

»Alter Idiot!«

»Michał!«

»Ich bin nicht gekommen, um über ihn zu sprechen, es tut mir leid, daß ich mich dir gegenüber so verhalten habe ...«

»Ich bin dir nicht böse.«

»Ich wollte das nicht«, sagte er leise.

»Michał«, ich strich ihm über die Haare und erstarrte plötzlich. Diese Geste hatte mir klargemacht, wie eng ich mit ihm verbunden war. Es war genauso, als wäre ich mit meiner Hand über meinen eigenen Kopf gefahren. Das waren keine normalen Gefühle mehr, das war, als fehlte mir eine eigene Persönlichkeit.

Eine Weile schwiegen wir verwirrt.

»Und wie geht es deiner Verlobten?«

»Möchtest du sie kennenlernen?« freute er sich.

»Gern.«

»Dann treffen wir uns einmal, ich rufe dich an.«

»Oder vielleicht kommt ihr am Sonntag zum Mittagessen. Vater würde sie sehen, sich an den Gedanken gewöhnen ... Für ihn bist du noch immer nicht erwachsen ...«

»Genaugenommen habe ich für ihn nie existiert. Wir kommen nicht hierher, wir treffen uns mit dir in der Stadt.«

Aber das zog sich hin, denn erst hatten sie zu tun, dann ich, und dann fuhrst Du ins Ausland, und zwar für zwei Monate. Du warst ein wenig besorgt, daß Dir während Deiner Abwesenheit jemand die Stelle streitig machen könnte, doch es handelte sich um ein wichtiges Forschungsstipendium. Ich überredete Dich schließlich, nach England zu fahren. Ich brachte Dich in unserem DKW an den Flughafen. Das Auto fuhr schon mehr aus Gewohnheit denn mit Benzin. Bolo reparierte es immer. Er hatte eine Autowerkstatt aufgemacht. Klein, ohne Frage, er selbst war Chef und Mitarbeiter in einer Person, aber immer fand er einen Weg, unseren alten Kasten zu retten.

»Ah, da ist ja unser sterbender Schwan«, sagte er bei seinem Anblick.

Den Vergleich fand ich immer lustig.

Jetzt verabschiedeten wir uns für lange, und ich fühlte mich irgendwie fremd in meiner Haut, wie immer, wenn Du nicht in der Nähe sein konntest. Ich weiß nicht, ob das Liebe war oder Gewöhnung, aber ich selbst hatte Michał erklärt, daß man nicht aus Liebe zu seinem Arm oder Bein stirbt. So etwa war es jetzt zwischen uns, Du mußtest nahe sein, damit ich mich wohl fühlte oder, anders, damit ich fühlte, daß ich lebte. Ist das nicht eine schöne Liebeserklärung, Andrzej? Und das nach so vielen Jahren. Siebzehn sind vergangen, seit wir zusammen sind ...

Ich kehrte in die leere Wohnung zurück, setzte mich ins große Zimmer, in dem ich mich vor einer Ewigkeit mit Deiner Mutter unterhalten hatte, und dachte, daß ich es hier keine Sekunde länger allein aushielte. Ich fuhr zu ihm, aber die Tatsache, daß ich mich nicht beeilen mußte, blokkierte mich innerlich, dauernd schaute ich auf die Uhr. Schließlich hielt er es nicht mehr aus und brachte mir meinen Mantel aus dem Flur.

»Ich fahre dich heim«, sagte er.

»Ich habe meinen eigenen Wagen«, erwiderte ich, obwohl die Bezeichnung »Wagen« für unseren DKW mächtig übertrieben war.

Zu Hause weinte ich lange. Als ich das Telefon abnahm, war meine Stimme ganz heiser. Michał rief an und lud mich auf ein Eis in den Łazienki-Park ein. Seine Verlobte würde kommen.

»Vater ist weggefahren«, sagte ich, »vielleicht bringst du sie her?«

»Ich habe mich mit ihr schon dort verabredet, vielleicht das nächste Mal«, antwortete er.

Es war ein wunderschöner Maitag, ich setzte mich auf einen weißgestrichenen Stuhl an ein rundes Tischchen unter einen Sonnenschirm. Ich war die erste, dann kam Michał, ich bemerkte, daß die Sonne seine Haare wieder ganz ausgebleicht hatte. Da war er dann immer noch mehr »mein Junge«. Schließlich tauchte sie auf. Eine zierliche Brünette mit einem lieben, aber nichtssagenden Gesicht. Sie war höflich, vielleicht sogar ein bißchen zu artig, am allerwenigsten gefiel mir die Art, wie sie mir die Hand reichte, wie ein »toter Fisch«, diese Worte gebrauchte im übrigen Michał. Zu so einer Person hatte ich von vornherein kein Vertrauen. Aber schließlich hatte Michał sie gewählt. Er beobachtete mich erwartungsvoll, also achtete ich darauf, eine entsprechend enthusiastische Miene aufzusetzen. Und als die Verlobte sagte, sie sei zusammen mit Michał in die Schule gegangen, er sei aber für sie damals noch ein kleiner Rotzjunge gewesen, dachte ich mir, daß dies seine erste Liebe gewesen war. Eine solche Bestätigung also brauchte Michał. Er, der vor Intelligenz und Talent nur so sprühte! Männer sind eigenartig, sie sind entschieden zu kompliziert und gleichzeitig doch so leicht zu entziffern wie ein offenes Buch. In diesem Fall war Michał ein Buch, in dem geschrieben stand: »Und trotzdem habe ich sie gekriegt!« »Und was hast du davon, Michał«, dachte ich, aber ich sagte es nicht laut.

Die Sonne sank tiefer und warf ihre Strahlen unter den Schirm, ich fühlte sie auf meinem Gesicht, und gleichzeitig stachen sie mir in die Augen. Ich konnte es fast nicht ertragen. Schließlich bat ich Michał, mit mir zu tauschen.

»Ein bißchen Sonne tut dir gut, du bist so blaß wie ein Engerling ...«

»Wie ein Bücherwurm, meinst du!« Ich lächelte.

Aber ich fühlte mich zusehends schlechter, es kam mir vor, als stächen mir die Strahlen jetzt in den Hinterkopf, und bei jeder Bewegung pickten sie mir in die Wirbelsäule. Nur mit Mühe hielt ich es bis zum Schluß auf dem harten Stuhl aus. Als wir uns verabschiedeten, küßte mich Michał, der ein gutes Stück größer war als ich, auf den Scheitel und sagte warm:

»Du, mäßige dein Tempo mit diesen Übersetzungen, sonst gehst du uns noch ein, bevor wir es merken«, darauf wandte er sich zu ihr: »Weißt du, Mariola, sie ist eine ausgezeichnete Übersetzerin, sie hat sogar einen Preis bekommen.«

Sie äußerte ehrfürchtiges Erstaunen, und ich dachte, »Mariola«, auch das noch. Zu Hause legte ich mich gleich hin und schlief ein. Ich träumte von einer Wüste, die Sonne brannte, und ich schleppte mich mit trockener Kehle durch den heißen Sand. Danach wachte ich mit dem Gefühl auf, etwas Schreckliches sei passiert. Für einen Moment wußte ich nicht, was, aber meine Haare sträubten sich, so stark war meine Angst. Ich knipste die Nachttischlampe an und schaute auf die Uhr, es war kurz vor zwei. Ich versuchte aufzustehen, doch ein unsäglicher Schmerz in meinem Kopf hielt mich ins Kissen gedrückt. Der Schmerz zog sich die Wirbelsäule entlang nach unten und verlief sich auf halber Höhe im Rücken. Ich war plötzlich so schwach, daß ich mich nicht mehr rühren konnte. Gleichzeitig wußte ich, daß ich mich wehren mußte. Ich wollte Dich rufen, Du warst meine erste Rettung, dann Michał. Und beide Male wurde mir bewußt, daß ich hier allein war. Schließlich schaffte ich es, mir das Telefon heranzuziehen, und stokkend wählte ich die Nummer:

»Etwas Schreckliches ist mit mir los, hilf mir!«

»Ich bin gleich da«, sagte er geistesgegenwärtig und legte auf.

Mir fiel ein, daß ich ja die Tür öffnen mußte. Es gelang mir, mich aufzusetzen, ich war aber unfähig, mich irgendwo festzuhalten. Meine Hände glitten ab, als bewegte ich mich in Wasser. Ich sank auf die Knie und kroch in den Flur. Die ganze Zeit spürte ich das schmerzhafte Picken in meiner Wirbelsäule, und das brachte mich zur Verzweiflung, ich stellte mir vor, das seien »ihre« Fingernägel, die sich in mich gruben. Ich lag im Flur vor der Tür, als ich auf der Treppe schnelle Schritte hörte.

»Hier bin ich«, wollte ich sagen, doch konnte ich es nicht.

Im Krankenwagen wachte ich auf, man gab mir Sauerstoff. Langsam kam ich wieder zu Bewußtsein, ich versuchte sogar, mich aufzusetzen, aber man hielt mich zurück. Auf der einen Seite waren ein Paar fremder Hände, auf der anderen vertraute, aber ich konnte sie niemandem zuordnen. Doch für alle Fälle klammerte ich mich an ihnen fest. Sie waren wie ein Rettungsanker. Hinter diesen Händen erhob sich ein Kopf. Auch die Stimme erkannte ich, wußte aber nicht, wem sie gehörte.

»Ich bin hier, hab keine Angst. Alles wird gut werden, Elżbieta!«

Das war also mein Vater, aber warum sagte er nicht Elusia? Ach ja, er war mir böse ...

»Papa«, erwiderte ich zärtlich, eine Welle unaussprechlichen Glücks stieg in mir auf, »Papa ...«

Diesmal antwortete er, glaube ich, »Elusia«, ich hörte es nicht so recht. Und dann sah ich langsam wieder schärfer. Wir waren im Krankenhaus. Auf einer Trage wurde ich aus dem Krankenwagen gebracht. Ich erkannte jetzt den Menschen, der bei mir war. Es war er, aber man erlaubte ihm nicht, weiter mitzukommen. Wieder verabschiedete mich ein von Furcht verzerrtes Gesicht.

»Mußt du denn immer so, so melodramatisch sein«, sagte ich scharf, »jetzt sag nur noch etwas über meine Haare!« Ich weiß nicht, warum ich das hinzufügte, es gab keinen Grund dafür, aber meine Stimme war wütend. Er berührte meinen Arm, und dann blieb er zurück.

Ein Mann in weißem Kittel beugte sich über mich, vermutlich der Arzt:

»Wie heißen Sie?« fragte er.

»Elżbieta Elsner.«

»Nein, Sie heißen Krystyna Korzecka.«

»Krystyna E. Korzecka«, verbesserte ich.

»Na, ist es Ihnen wieder eingefallen«, erwiderte er und überging das E., das doch die allergrößte Bedeutung hatte.

»Drücken Sie bitte meinen Arm«, sagte er, aber ich konnte es nicht, meine Hand war wie verdorrt. »Nur zu«, aber ich konnte es nicht. »Sehr gut«, sagte er trotzdem, »der Augenarzt wird Sie sich jetzt anschauen.«

Ich sah einen anderen Mann im weißen Kittel. Er leuchtete mir in die Augen.

»Schauen Sie bitte nach vorne«, sagte er.

»Herr Doktor, ich fühle mich so einsam«, beklagte ich mich plötzlich bei diesem fremden Menschen, der mir in die Tiefe meiner Augen schaute. Er sagte nichts und ging.

Und dann wimmelte es auf einmal von weißen Kitteln. Man legte mich auf einen harten Tisch und befahl mir, die Knie ans Kinn zu ziehen. Ich lag nackt da, in der Stellung eines Embryos. Jemand faßte mich fest am Kopf und drückte ihn gegen meine Knie. Ich hörte jemanden sagen:

»Spüren Sie ein Stechen in der Wirbelsäule? Dann bewegen Sie sich bitte nicht, sonst fügen Sie sich selbst ein Leid zu.«

Ich habe mir schon längst ein Leid zugefügt, dachte ich teilnahmslos.

Ich spürte kein Stechen, es war eher, als ob mir jemand Tausende kleiner Ameisen auf meinen Rücken schütten würde, solche Pharaoameisen, die die Gewohnheit hatten, eine hinter der anderen zu spazieren. Sie liefen in alle möglichen Richtungen. Ameisen laufen im Gänsemarsch, dachte ich mit einem Anflug von Humor, aber gleich darauf stellte sich ein Gefühl schwarzer Melancholie ein. Aus meinen Augen schossen Tränen.

»Warum weinen Sie?« fragte die Schwester. »Hat es weh getan?«

»Nein, ich bin nur so allein«, wiederholte ich.

Auch sie sagte nichts darauf, vielleicht konnte sie nicht verstehen, daß man sich in einer Menschenmenge einsam fühlen kann. Gleich darauf gingen sie im übrigen alle auseinander, und ich bekam ein Krankenhemd angezogen und wurde auf eine Trage gelegt. Ich befand mich in einem schmalen Raum, in dem ein Bett stand und entlang der Wand überall irgendwelche Hähne und Gummischläuche herausragten. Mir gegenüber war eine Glastür, hinter der ich einen Schreibtisch sah, eine Schwester saß daran.

Es war mir unbequem, ich hatte das Gefühl, daß mein Kopf tiefer liege, daß ich sogar auf ihm stehen und er immer platter würde. Ich hatte Angst, es würde von ihm bald nur noch ein Pfannkuchen übrig sein und ich dann erst am Hals anfangen. Es war mir so entsetzlich, keinen Kopf zu haben, daß ich schrie. Die Schwester war sofort bei mir.

»Haben Sie Schmerzen?« fragte sie. »Gleich bekommen Sie eine Infusion.«

Ich wollte sagen, daß es mein Kopf sei, aber ich hatte es so eilig, daß ich den Satz nicht zusammenbekam. Ich phantasierte nur, daß mein Kopf . . ., aber was, Kopf?

Dann kam die Infusion. Mein Arm wurde fixiert, über mir hatte ich jetzt die langweiligste Flasche der Welt, sie konnte nur das eine, ihr tropf, tropf, tropf. Wie lustig war es dagegen, wenn Wodka aus einer Flasche lief. Du und ich, wir tranken gern Wodka, am liebsten tranken wir ihn zu zweit in unserem Haus in den Masuren. Du liefst dort in Deinem karierten Flanellhemd, den Drillichhosen und Gummistiefeln herum, aber dieser Aufzug tat Deiner Klasse in keiner Weise einen Abbruch. Das warst immer noch Du, Dein wunderschöner Kopf, Deine breiten Schultern, an denen ich mich immer so sicher fühlte. Aber jetzt tat mir der Kopf weh. Das war ein fremder Schmerz, und deswegen machte er mir so angst, und noch mehr angst machte es mir, in diese bodenlose Tiefe zu fallen. Zeitweise hatte ich das Gefühl, mein eigenes Gehirn klebe so an mir, daß es meinen Willen lähme und jeden Versuch, mich zu wehren, vereitele. Wie konnte ich mich vor etwas schützen, das jedes Zucken des eigenen Bewußtseins kontrollierte . . . Der einzige Schutz war Dein Schatten an der Wand. Vielleicht klingt das komisch, aber der Schatten Deines sich über mich beugenden Kopfs kündigte immer das Ende eines Alptraums an. Dein Schatten war wie ein Punkt, der nicht nur einen Satz, sondern einen ganzen Gedanken abschloß. Dieser Gedanke war das Ghetto, das plötzlich aus meinem Unterbewußtsein aufstieg, und die Gelegenheit nutzend, daß ich schwach war und mich nicht wehren konnte, griff es mich mit ganzer Macht an. Du siehst also selbst, Andrzej, daß Du dieser Ausweg aus dem Ghetto für mich warst und es kein Zufall war, daß ich an der Wohnungstür Deiner Mutter geklingelt hatte. Ich spürte sogar, daß Dein Kopf auf dem Schatten hell war. Wir alle waren hell: Du, Michał und ich. An den andern denke ich immer als »er«, denn der Name Abel ist mir peinlich, er ist in unserer und in seiner Situation unpassend ... Abel ... was für ein eigenartiger Einfall dieser Mutter. Er ist ein guter Mensch, nur ist er eben ein trauriger Mensch. Du würdest sicher anders darüber denken, Du könntest das nicht verstehen, obwohl auch Du auf Menschen geschossen hast. Für Dich war es der Feind, aber für ihn war das genauso. Ihr Männer seid schon seltsam ... Denkst Du, ich weiß nicht, daß Du es warst, der den Briefträger aus Ninków erschossen hat, weil er ein Informant der Miliz war. Ja, schon, aber er hatte eine Frau und sieben kleine Kinder, das älteste war noch keine zehn Jahre alt. Und der Jüngste, Rysiu, war immer schmutzig, der Rotz lief ihm herunter, und er weinte, weil die Kinder ihn wieder allein gelassen hatten. Mit seinen zweijährigen Beinchen konnte er ihnen nicht folgen. Ich wischte ihm den Rotz ab, und dann sah ich, wie er lief, die dreckigen Fersen wirbelten durch die Luft. Und Du hast seinen Vater umgebracht. Mein Gott, wie hat die Witwe geheult. Und die Kleinen. Ich bin zur Beerdigung gegangen, obwohl ich davon nichts halte. Ich habe weder das Grab meines Vaters noch das Marias besucht, im stillen nahmst Du mir das vielleicht übel. Ich wollte sie lieber in mir haben, lebendig. So sind sie immer, wenn ich mich im Geist mit ihnen unterhalte ... Seit langem tue ich so, als gäbe es den Tod nicht. Ich tue so, als hätte ich vergessen, wie er heißt. Und wenn er sich mir in Erinnerung bringt, dann werde ich das nicht wissen. Vielleicht hat er sich mir gerade jetzt in Erinnerung gebracht, aber ich werde es ihm kein bißchen leichter machen ... Damals bin ich zu der Beerdigung auf den Dorffriedhof gegangen. Als Du eines Abends nach Hause gekommen warst, hatte ich sofort gewußt, daß etwas Schlimmes passiert war. Deine Stimme war verändert. Und in der Frühe kam dann die Milchfrau und sagte, daß die vom Untergrund den Briefträger umgebracht hätten. Er hieß Kirschner. Beim Stichwort Ninków denke ich: Kirschner und dann Kirschen, immer in dieser Reihenfolge. Ich ging also hin, denn weder Pani Cechna noch der Doktor rührten sich. Ich hatte Angst, der Verdacht könnte auf Dich fallen. Für Dich bin ich gegangen, nicht für diese arme Frau und ihren jüngsten Sohn, Rysiu. Aber da ich nun schon mal dort war, putzte ich ihm seine verschmierte Nase ...

Bevor ich das Bewußtsein verlor, kam der Oberarzt zu mir. Er sagte, ich sei im Infektionskrankenhaus in Wolska und hätte eine durch ein Virus verursachte Hirnhautentzündung.

»Ist das besser oder schlechter?« fragte ich, da ich wußte, daß es noch eine bakterielle, also eine eitrige gab. Ich stellte mir vor, daß die bakterielle schlimmer sei, aber er breitete seine Arme in einer so hilflosen Geste aus. Diese Geste blieb mir im Gedächtnis haften.

»Schwer zu sagen«, sagte er, »die andere kann man mit Penizillin heilen, während wir hier nur warten können ...«

»Worauf?« das war in dieser Situation die einzige Frage.

»Bis Sie wieder gesund werden«, sagte er lächelnd.

»Glauben Sie, daß ich wieder gesund werde?«

»Das muß ich glauben. Immer. Was würde ich hier sonst tun?«

Das gab mir etwas Auftrieb, aber ich fühlte mich auf einmal sehr müde. Ich schloß die Augen, irgendwie geschah das ohne mein Zutun. Mein Körper machte jetzt, was ihm gerade so in den Kopf kam, und der war ja schließlich am kränksten. Ich hörte noch, wie der Arzt zur Pflegerin sagte:

»Schwester, unter Beobachtung!«

»Ja, Herr Oberarzt.«

»Das ist die Frau vom Korzecki. Er ist im Ausland.«

Und sie:

»Der Sohn hat ihm schon telegraphiert. Vielleicht kommt er rechtzeitig ...«

»Rechtzeitig wofür?« dachte ich, aber darauf fand ich schon keine Antwort mehr. Aus der Dunkelheit trat mein erster Kunde hervor, dieser Besitzer einer Kurzwarenhandlung. Ich wollte Dir das immer schon beschreiben, das war wichtig. Der andere erste, der nicht zum Zuge gekommen war, der zählt ja nicht. Aber vielleicht ist das ganz gut, da kann ich Dir jetzt beschreiben, wie es war und wie ich das später in meinen »jüdischen Erinnerungen« gesehen habe, so nenne ich die Zeit, als ich bewußtlos war und mich die Bilder aus dem Ghetto quälten.

Seit jener Szene mit dem Dickwanst waren zwei Wochen vergangen, und ich fühlte mich allmählich unsicher. Ich aß ein Gnadenbrot ... Bis dann schließlich dieser »Stutzer«, wie ihn Wera getauft hatte, lächelnd sagte:

»Also dann, versuchen wir's?«

Erfreut stand ich auf, aber schon auf der Treppe befielen mich Zweifel. Würde ich auch nicht wieder wie ein Feigling davonlaufen? Das wäre dann schon mein Ende in diesem Beruf, darüber machte ich mir keine Illusionen, es wäre überhaupt das endgültige Aus. Wir gingen in das Zimmer mit der Dachschräge. Hinter dem Wandschirm versteckt zog ich mich aus und hatte dabei das Gefühl, fürchterlich zu frieren. Er zog sich auch aus, und dann hörte ich das Ächzen des eisernen Betts.

»Na komm, komm, mein Engel, du wirst mich ein bißchen aufwärmen ...«

Da bist du an die Falsche geraten, dachte ich, mich selbst fror unter der Berührung meiner eisigen Finger. Aber schließlich kam ich hervor. Er hatte sich bis zum Hals zugedeckt, ich sah nur seinen Kopf. Ich legte mich neben ihn auf den Rücken.

»Auf die Seite, mein Engel«, sagte er freundlich.

Er selbst drehte sich auch auf die Seite, und im Gegensatz zu mir hatte er da einigen Speck. Ich fühlte seine Hand auf mir, er berührte meine Brüste.

»Ausgehungert bist du«, sagte er, »aber hier werden sie dich füttern.«

Er drückte mich an sich, und ich fühlte etwas Fremdes auf meinem Schenkel. Es war elastisch und feucht. Wie aus Gummi, dachte ich. Ich wartete auf das, was ich schon kannte, den Schmerz. Aber als er mich plötzlich auf den Rücken drehte und mit seinem Körper niederdrückte, tauchte dieser Gegenstand ganz leicht ein. Der Mann keuchte und stöhnte, seine heftigen Bewegungen rammten mich fast in den Bettrost, und dann verebbten sie.

»Die Beinchen ein bißchen breiter«, sagte er gutmütig.

Ich machte es, der Gegenstand drang jetzt tiefer ein, aber mit derselben Leichtigkeit wie zuvor. Dann richtete sich der Mann auf, er nahm meine Hand und drückte etwas in sie hinein. Plötzlich spürte ich klebrige Feuchtigkeit in ihr. Mit einem tiefen Seufzer der Erleichterung fiel er aufs Bett zurück.

»Geh, wasch deine Händchen«, sagte er, »wozu Schwierigkeiten kriegen. Die gibt es auch so genug.«

Ich stand auf und verstand nicht, warum mir die Knie zitterten, es war doch gar nichts Schlimmes passiert. Trotzdem konnte ich fast nicht gehen. Meine Beine gaben unter mir nach. Vielleicht weil ich damals noch nicht der Jüdische Todesengel war, ich war erst des Todes Jüdisches Engelchen ... Tatsächlich dachte ich mit einem gewissen Gefühl der Dankbarkeit an diesen Menschen. Daß es nicht so schwer gewesen war. Ein Quentchen Verwunderung und so etwas wie Stolz waren auch in mir, weil ich zu guter Letzt die Prüfung bestanden hatte. Meiner Ansicht nach in jedem Fall mit einer Eins. Wie ich in den Saal trat, wie ich den Kopf hielt ... Wera hatte Pause, sie saß an einem Tischchen. Als sie mich sah, lachte sie:

»Hast du den Hahn geköpft«, sagte sie, »siehst du, wie einfach das ist. Bald bist du genauso eine Guillotine wie wir alle.«

Noch am gleichen Abend, glaube ich, fragte ich, warum sie das Wort »Guillotine« gebraucht hatte. Und wieder lachte sie:

»Weißt du das nicht? Sie macht es wie wir: ratsch, ratsch, ratsch, und die Köpfe sinken nieder ...«

Aber so einfach war es dann doch nicht gewesen. Mein Unterbewußtsein bewahrte ein ganz anderes Bild. Im Zustand der Bewußtlosigkeit kam diese zweite Version an die Oberfläche. Und das Gespenstische ließ sich auch dann nicht mehr verdecken, als ich mein Bewußtsein wiedererlangte. Das Bild blieb. Nur die Gegenstände waren dieselben, genau dieselben: die schräge Wand, das eiserne Bett, der Wandschirm und dahinter die Schüssel und der Krug mit Wasser. Aber ich und er ... das war ekelhaft, ich wollte schreien, aber ich konnte meinen Mund nicht öffnen, es war, als ob man ihn mit Gips ausgegossen hätte. Der Mann hatte einen Kopf, der auf ein Skelett aufgesteckt war, es bewegte sich, es knackste. Und auch ich war ein Skelett, nur mein Kopf war lebendig, aber er hatte keinerlei Öffnung, nichts, eine glatte Oberfläche, als ob man einen

Strumpf über ihn gezogen hätte. Die Skelette kamen aufeinander zu und schlossen sich in die Arme, wodurch sich ihre Knochen verhedderten. Genau vor mir hatte ich das aufgedunsene Gesicht eines Mannes mit einer Warze auf der Wange, aus der kurze schwarze Haare hervorwuchsen. Und plötzlich sah ich, daß auch das ein Kopf in Miniaturformat war. Ich versuchte zurückzuweichen, doch war ich mit meinen Rippen hoffnungslos in die seinen verhakt, die Knochen meines Unterschenkels gingen durch die Öffnung in seinem Becken, es gab keine Möglichkeit, mich zu befreien. Und plötzlich fiel dieser Miniaturkopf mit den kleinen schwarzen Härchen ab, danach fiel die Nase ab. Das Gesicht zerbröselte wie ein Stück Kuchen, bald hatte ich leere Augenhöhlen vor mir und wie zum Grinsen gebleckte Zähne. Das war ein menschlicher Schädel. Aber ich konnte nicht schreien, ich hatte doch keinen Mund ...

Ich weiß nicht, wie lange ich in diesem Alptraum verharrte, ob es nur ein Moment oder ganze Tage waren. Letztlich fehlten mir ungefähr zwei Wochen. Aber nur dieses Bild jagte mir Angst ein. Oft war ich mit meinem Vater zusammen. Er hatte das Gesicht, das ich von ihm in Erinnerung bewahrt hatte. Aufmerksame, kluge Augen, deren Blick voll Liebe war. Wie auf einer Platte spielten wir unsere Gespräche wieder ab, aber es gab auch neue, das heißt, ich stellte die alten Fragen, aber seine Antworten waren anders. Fortwährend wiederholte er: »Du denkst nicht, weil du bist, sondern du bist, weil du denkst.« Das war natürlich das »Ich denke, also bin ich«. Aber warum wiederholte er es in einem fort? Was mich anging, so stand es gerade damit am schlechtesten. Ich dachte vor allem, aber das bedeutete überhaupt nicht, daß ich auch um so mehr war. Ganz im Gegenteil vermutlich. Vielleicht wußte er das und wollte mir zu einem Gleichgewicht verhelfen.

Einmal fragte ich: »Papa, woran hast du damals gedacht? Du weißt schon ...« Er wollte nicht antworten, er tat so, als hätte er die Frage nicht gehört. »Woran hast du gedacht, als du starbst?« wiederholte ich. »Du warst allein ...« Er zog ein Gesicht. Es war klar, daß er sich um eine Antwort drückte, danach wechselte er sogar schlau das Thema:

»Hast du gewußt, Töchterchen, daß ein gewisser Kant sein ganzes Leben an einer Stelle zugebracht hat? In seinem Königsberg. Kannst du dir das vorstellen? Wir beide sind in der Welt herumgezogen und er, mit Verlaub, in diesem Königsberg ... Genug, daß er spazierenging und in den Himmel schaute.«

War das eine Anspielung auf meinen Blick, nachdem ich von Weras Verlobtem gekommen war? Aber was hätte das bedeuten sollen? Daß Kant so etwas geschrieben hat? Und daß ich den ersten Teil dieses Credos wachgerufen hatte, nur den ersten Teil, weil ich innerlich leer war ...

»Papa, du mußt mir etwas sagen. Das ist sehr wichtig ... erinnerst du dich, wie schwer wir es manchmal miteinander hatten ... ich ging in schwarzer Unterwäsche und schwarzen Strümpfen durchs Zimmer, an den Füßen hatte ich Stöckelschuhe. Und du saßest mit deinem Buch im Sessel, als wolltest du dich dahinter vor mir verstecken. Das machte mich rasend, ich bin mit Absicht vor dir herumstolziert, damit du meine schamlosen Schenkel sahst ...«

Diese Frage stellte ich ihm jedesmal, aber er wechselte immer das Thema. Er wollte nicht darauf antworten. Und allmählich wurde ich böse auf ihn. Es hätte die grausamste Wahrheit sein können. Aber er drückte sich vor einer Antwort, so daß ich schließlich herausplatzte:

»Dann bleib doch gleich weg!«

Er machte ein ganz überhebliches Gesicht und verschwand dann. Ich war verzweifelt. Ich wollte mir die

Haare ausreißen, wollte ihn rufen, aber statt eines Gesichts hatte ich nur wieder diesen übergezogenen Strumpf ...

Und er kam nicht mehr. Vielleicht kehrte ich deshalb langsam wie von einer sehr weiten Reise zurück. Meine Umnachtung wurde immer flacher, Stimmfetzen blitzten auf und dann Licht. Einmal wollte ich sogar meine Lider öffnen. Sie waren schwer und kraftlos. Ich strengte mich an, ich mühte mich, und plötzlich sah ich Stäbe, später merkte ich, daß das meine Wimpern waren, die nur von nahem so aussahen. Sie verstellten mir die Welt.

»Hören Sie mich?« drang eine Stimme zu mir.

»Ich höre Sie«, das war jetzt meine Stimme, und sie klang so, als hätte sie sich selbständig gemacht.

Und dann erblickte ich plötzlich Dein Gesicht über mir.

»Was machst du?« fragte ich. »Du solltest doch in London sein?«

Verwundert sah ich, daß Du weintest. Über Dein Gesicht liefen Tränen. Mir wurde es deshalb auch feucht unter den Lidern, in meinen Augäpfeln stach es schmerzhaft. Und gleich hinter Dir stand Michał, auch er in einem weißen Kittel.

»Was machst du nur für Geschichten, Krystyna«, sagte er, »ich muß zugeben: Wenn du krank bist, dann schon mit allen Schikanen ...«, und plötzlich versagte ihm die Stimme.

Ich kannte dieses Zittern seines Kinns.

»Michał, wohnst du wieder zu Hause?« fragte ich drohend.

»Ja«, sagte er kurz.

Und gleich darauf sagte ich:

»Dann schlafe ich jetzt ein bißchen ...«

Ich wußte, was passieren würde, die Lider fielen mir zu, und meine Besucher würden sich erschrecken. Es zeigte sich, daß das noch keine Rückkehr war, es war nur so eine Insel. Das Festland war noch gut eine Woche weit weg, aber nach dieser Insel tauchte die nächste auf. Ich fragte sogar:

»Herr Doktor, warum gebt ihr mir dauernd Schlafmittel?«

Er lachte herzlich:

»Sie hat einen kranken Kopf, unsere schlafende Prinzessin.«

Und auf einmal sah ich das Lokal, hörte den Lärm der Stimmen, das Klirren der Gläser. Und den Chef, seine Stimme: »Unsere Prinzessin ist gekommen ...« Innerlich zuckte ich vor diesem Bild zurück, mein ganzes Ich wich zurück, bis ich außerhalb meines eigenen Bewußtseins stand. So kam ich wieder und wieder zu mir auf Besuch, und plötzlich kam ich dann zu mir. Man entschied, mich aus dem Einzelzimmer in den allgemeinen Saal zu verlegen, zu den Rekonvaleszenten. Aber das war, wie sich zeigte, keine besonders gute Idee. Neben mir lag eine junge Frau, ich wußte, daß auch sie eine Hirnhautentzündung durchgemacht hatte. Als ich mein Bett bezog, schlief sie, später wachte sie dann auf. Ich sprach sie an, und plötzlich verzerrte sich ihr Gesicht. Diese Grimasse war schrecklich, sie entstellte ihre Gesichtszüge. Das erschreckte mich so, daß ich zu zittern begann und mich nicht beruhigen konnte. Plötzlich zerbrach alles in mir, als wäre ich genauso ein menschliches Wrack wie sie. Die Pflegerin kam angelaufen, dann der Arzt. Ich konnte ihnen nichts sagen, nur die Tränen liefen mir über die Wangen. Man rief Dich, und Du schautest nur diese Frau an und verstandest alles. Man verlegte mich in das Einzelzimmer zurück. Dort verbrachte ich nochmals drei Wochen.

Ein einziges Mal besuchte »er« mich. Er kam in einem

weißen, lose über die Schultern gehängten Kittel ins Zimmer, und sein Gesicht war so verschlossen wie immer. Erst als wir allein waren, kam Leben in seine Augen:

»Elżbieta!« Mehr konnte er nicht sagen, es hätte ihm im übrigen auch gar nicht zu mehr gereicht, denn auf den Steinfliesen waren Schritte zu hören. Deine Schritte.

Was habe ich damals gedacht, als ich wußte, daß Ihr Euch gleich an meinem Krankenlager treffen würdet? Eigentlich weiß ich es nicht mehr, ich beschloß, mich zurückzuziehen, und machte meine Augen zu. Deine Schritte kamen näher, Stille, dann seine Stimme:

»Pani Krystyna ist wohl eingeschlafen ... ich bin vom Verlag ...«

Und dann Deine Stimme:

»Meine Frau war sehr krank.«

»Ja, ich weiß ...«

Damals dachte ich zum zweiten Mal, daß mein Leben ein einziger Kitsch sei. Und das machte mich wütend, nur, auf wen eigentlich ...?

Für die Zeit meiner Rekonvaleszenz brachtest Du mich nach Obory. Der Schriftstellerverband, in den ich unlängst aufgenommen worden war, hatte dort ein Haus für seine Mitglieder. Der Flieder war leider schon verblüht, es war Mitte Juni. Als pflichtbewußter Chronist füge ich hinzu: Mitte Juni neunzehnhundertzweiundsechzig. Ich war achtunddreißig, Du genau fünfzig, Michał dreiundzwanzig Jahre alt. Ich erfuhr auch ganz unerhörte Dinge, daß nämlich noch jemand dazukommen würde. Michałs Kind, deshalb auch die Hochzeitspläne. Mariola wohnte jetzt in der Noakowski-Straße. Meine Krankheit hatte Dich so aus dem Gleichgewicht geworfen, daß Du bereit warst, alles zu akzeptieren. Das Kind sollte in ein paar Monaten zur Welt kommen. Eigenartig, daß mir das nicht aufgefallen war.

Aber ich hatte mich damals nicht besonders gut gefühlt, und auch jetzt konnte man nicht sagen, daß alles in Ordnung war. Am meisten Schwierigkeiten machte es mir, den Löffel zu halten, meine Finger waren völlig steif. Genauso war es mit dem Gehen, ich konnte meine Knie kaum beugen, als hätte mir jemand künstliche Gelenke eingesetzt. Ich konnte also nicht allein sein. Wir kamen überein, daß Du den ersten Monat und Michał den zweiten bei mir sein würde. Die Aussicht gefiel mir sehr. Und wir hatten es auch wirklich gut. Du kümmertest Dich um mich wie um ein kleines Kind, das Essen wurde uns aufs Zimmer gebracht. Du füttertest mich und unterstütztest mich dabei mit Mundbewegungen wie ein Analphabet, der lesen lernt. Oder Du sagtest:

»Ein Löffelchen und noch ein Löffelchen, braves Mädchen ...«

Ich schluckte das Essen mit Widerwillen. Immer dachte ich dabei an Maria und daran, daß ich es war, die sie gefüttert hatte. Wenn Du das gemacht hättest, vielleicht wäre sie noch am Leben ... Wir machten Spaziergänge, anfangs bis zum Hohlweg, später dann weiter. Abends sangen die Nachtigallen in den Fliedersträuchern. Wir spazierten rund um das Rasengeviert. Einmal fragte die schwerhörige Frau eines vergessenen Autors die Witwe eines anderen vergessenen Autors:

»Was ist das für ein Paar, Pani Hanna? Die sehen aus wie frisch verheiratet ...«

Und die andere antwortete:

»Sie war sehr krank, man dachte, sie würde sterben. Wissen Sie, das ist diese Übersetzerin aus dem Französischen.«

»Ach, die ...«

Wir lächelten uns an, sie schwatzten so laut, daß wir es

auf dem Weg hören konnten. Aber wir waren damals keine Geliebten. Du behandeltest mich zärtlich, halfst mir beim Waschen und Anziehen und wuschst meine Unterwäsche, wie es einst Deine Mutter getan hatte. Ich hatte einfach keine Hände. Das waren keine Finger, sondern Holzpflöckchen. Ich hatte Angst, sie würden so bleiben. Die Ärzte stellten mir eine Besserung in Aussicht, aber ich mußte üben. Aus Warschau kam deshalb ein Physiotherapeut. Er arbeitete bei Dir auf der Station, weil die Leute nach einem Herzinfarkt eine ähnliche Betreuung brauchten. Du sagtest von ihm, er sei ausgezeichnet in seinem Beruf, ansonsten aber ein Dummkopf. Pan Robert, so hieß der Physiotherapeut, war sehr höflich und roch nach Parfum. Vor Dir hatte er erkennbaren Respekt. Jedes Wort von Dir quittierte er mit einer Neigung des Kopfs: »Ja, Herr Oberarzt« oder »Sehr wohl, Herr Oberarzt«, sagte er immer.

»Nehmen Sie meine Frau nur hart ran«, trugst Du ihm auf, »sie ist ein Faulpelz und hat keine Lust zu üben.«

Und darauf er:

»Sehr wohl, Herr Oberarzt.«

Ende Juli löste Michał Dich ab. Da ging es mir schon besser, Pan Robert nahm mich tatsächlich hart ran. Manchmal wollte ich fast weinen, ich hatte immer schnell genug, ich durfte mich aber nicht beklagen, denn dann sagtest Du streng:

»Soll ich noch lange Deine Amme spielen?« Und obwohl Deine Stimme immer noch wie eine Liebeserklärung klang, nahm Pan Robert das für bare Münze und scheuchte mich unbarmherzig.

Nach Deiner Abreise ließ sein Eifer zum Glück etwas nach, und manchmal gelang es mir, die Übungen sogar um die Hälfte zu verkürzen. Und mit Michał war es ganz wunderbar. Unsere Spaziergänge, unsere Gespräche ... Ich konnte mich schon selbst anziehen, ich versuchte auch, allein zu essen, aber Brot hätte ich noch nicht schneiden können. Eines Tages, als Michał mir das Bett richtete, sagte er:

»Du hast uns einen schönen Schrecken eingejagt. Wir hatten uns daran gewöhnt, daß wir es sind, die Grippe und Halsweh haben, und daß du uns Himbeersirup und Aspirin gibst ...«

»Auch ein Pferd kommt mal ins Stolpern, Michał«, lachte ich.

»Wenn du nicht wieder auf die Beine gekommen wärst, Krysia, dann wäre ich für immer allein gewesen.«

»Was redest du da! Du hast eine Frau, bald wirst du Vater.«

»Mit meinem absonderlichen Charakter, da versteht mich niemand.«

»Nur ein zweiter absonderlicher Charakter, wolltest du sagen.«

Er hatte das so ernst gesagt, daß ich ganz verwirrt war.

»Nein, ich wollte sagen, daß ich sehr glücklich bin, daß ich dich habe ...«

»Nach so vielen Jahren also eine Liebeserklärung ...«

Wir waren uns plötzlich sehr nahe. Ich drückte ihn an mich, oder eigentlich drückte er mich an sich, denn er war einen Kopf größer als ich, und auch sonst war er kräftiger geworden. Die Statur hatte er von Dir geerbt.

»Vielleicht machen wir einen Spaziergang, sonst schmelzen wir noch vor lauter Gefühlsbezeigungen dahin«, meinte ich schließlich.

Ich hätte in einem solchen Moment sehr glücklich sein können, wenn da nicht der übliche Wermutstropfen gewesen wäre. Jetzt zum Beispiel, daß Maria ihn nicht sah. Wie stolz wäre sie gewesen, so einen Sohn zu haben. Warum hatte sie nicht leben wollen, und wäre es nur für ihn, für Michał, gewesen. Ich hatte keinen Mut zu fragen, ob er manchmal an seine Mutter dachte.

Auf dem Spaziergang erzählte er mir, woran er gerade in seinem Institut arbeitete, die Doktorarbeit hatte er natürlich schon so gut wie in der Tasche.

»Es scheint, du wirst der jüngste Doktor in Polen.«

»Keine Angst, Professor werde ich erst als alter Mann, das hier ist nicht Amerika.«

»À propos Amerika, was ist mit diesem Stipendium?«

»Jetzt soll ich fahren?« fragte er plötzlich ganz betrübt. »Wo das Kind kommt? Es reicht doch, daß du mich großgezogen hast.«

»Es wird eine Mutter haben.«

»Denkst du denn, ich würde meinen Sohn dieser Idiotin anvertrauen?«

»Woher weißt du, daß es ein Sohn wird?«

»Ich weiß es.«

»Und hast du einen Namen für ihn?« plapperte ich weiter, denn ich wollte nicht, daß er mich fragte, was ich von ihr hielt.

»Und du?«

Ich weiß nicht, warum, aber ich sagte:

»Artur.«

Wenn es wirklich so kommen würde, dachte ich, dann wäre das dieser polnisch-jüdische Tiegel, wo man nicht weiß, wer eigentlich wer ist, wer wen liebt und wer wen haßt. Dein Enkel mit dem Vornamen meines Vaters, Du mußt zugeben ... Na ja, aber mein Enkel, nicht verwandt zwar, aber immerhin, mit dem Namen meines Vaters, das ist schon etwas ganz anderes ...

Michal fuhr am letzten Sonntag im August nach Warschau zurück. Ich blieb noch. Ich bewegte mich schon ohne Angst, daß etwas Unvorhergesehenes passieren und ich nicht zurechtkommen würde. Denn darum ging es, glaube ich, die fehlende Selbstsicherheit kam nicht von der körperlichen Schwäche, sondern von meinem immer noch lädierten Kopf. Es gab Momente, da wußte ich plötzlich nicht, wer ich war und wo ich mich befand. Das ging dann rasch vorbei. Wenn mich jemand mit einer Frage überraschte, konnte ich nicht gleich antworten. Unabhängig davon, was es war. Zum Beispiel, ob ich Salz wolle. Ich wußte es dann nicht, ich wußte nicht einmal, was Salz war. Es dauerte einen Moment, manchmal sogar länger, mein Gegenüber fing dann an, mich anzustarren. Das war irritierend. Vielleicht vermied ich deshalb Gespräche mit den Bewohnern des Schlößchens beziehungsweise des Nebengebäudes, denn in das Hauptgebäude ging man nur, um zu essen und fernzusehen. Ich hatte ein Zimmer im oberen Stock mit Blick auf den Park. Jeden Morgen weckte mich der Gesang einer Golddrossel ...

Eines Tages trat er in das Zimmer. Das war kurz nach Michałs Abreise. Als ich ihn sah, dachte ich: Hier kehrt die Schizophrenie in mein Leben zurück. Wieder wird es sich spalten wie ein Haar ... Ich saß am Fenster und starrte gedankenverloren in die Bäume. Er trat auf mich zu, ich spürte seine Hände auf meinen Schultern. Die Hände hoben mich hoch. Er hielt mich fest an sich gedrückt. Wie eine Puppe, dachte ich, denn meine Füße berührten den Boden nicht mehr. Und dann drehte er den Schlüssel um und zog mich aus, ohne zu fragen, ob ich das wollte oder ob ich das brauchte. Er brauchte es. Zuerst fühlte ich nichts, vielleicht weil ich mich während meiner Krankheit so weit von meinem Körper entfernt hatte oder, eher, weil sich mein Körper von mir entfernt hatte. Ich kam immer nicht nach, mein Körper war schon auf der letzten Treppenstufe, und ich trödelte noch irgendwo auf halbem Weg, er stand vom Stuhl auf, und ich hatte das Gefühl, immer noch zu sitzen. Es kam vor, daß mein Körper geradezu klüger war als ich, aber vielleicht hatte er nur Gewohnheiten beibehalten, an die ich mich nicht erinnerte. Du behandeltest mich zärtlich, aber das hatte nichts mit Sex zu tun. Und jetzt sah ich seinen dunklen Kopf, der sich an meine Brust schmiegte, und etwas zuckte in mir auf, wie ein Erinnern ... Ich berührte sein Haar, es glitt zwischen meinen Fingern hindurch. Ich sah jetzt sein Gesicht genau über mir, seine verschleierten Augen. Auch das war mir vertraut. Sein Mund berührte meine Lippen, und plötzlich wußte ich schon wieder alles, wie es war, wenn man einen Mann begehrte. Seine Hände umfaßten meine Hüften, er grub sich ganz tief in mich ein. Ein heftiges Verlangen durchflutete mich. Durch seine Liebe brachte er mich zum wirklichen Leben zurück, und es war, als spürte ich plötzlich wieder einen Geschmack auf der Zunge. Vorher war alles irgendwie salzlos gewesen ... Wir sprachen fast nicht miteinander, beim Weggehen küßte er mich leicht und zärtlich auf den Mund. So kümmern sich beide um sie, dachte ich. Und darin, daß ich von mir wie von einem Objekt dachte, lag Verwunderung. Wenn man eine Walnuß aus ihrer Schale holt, sieht sie aus wie ein menschliches Gehirn, und man kann sie in zwei Hälften teilen. Auch ich teilte mich so zwischen zwei Männern. Sie waren so verschieden, und gleichzeitig ergänzten sie einander. Ich konnte nicht nur mit einem von ihnen sein, weil ich dann gleich nur noch die eine Hälfte der Walnuß war ...

Ich machte jetzt auch allein Spaziergänge, aber meistens hielt ich mich im Park auf. Einmal gelangte ich auf meinen

Wanderungen bis ganz ans Ende, wo an der Mauer eine Gipsfigur der Mutter Gottes stand. Sie hatte einen blaubemalten Mantel, unter dem nackte Füße hervorschauten. Sie trat damit auf eine Schlange, die einen Apfel hielt ... Das Gesicht mit den leeren Augen paßte nicht zur Dramatik der ganzen Szene, mehr Ausdruck hatte die Schlange mit ihren boshaften Äuglein, sie hielt diesen Apfel fest, und man konnte sehen, daß sie ihn um keinen Preis loslassen würde. Lange stand ich da, etwas hielt mich davon ab weiterzugehen, und plötzlich war mir klar, daß ich diese Gipspuppe fragen wollte, wo ihr Sohn sei ...

Pan Robert kam regelmäßig her, weil meine Hände noch nicht ihre volle Gelenkigkeit wiedererlangt hatten. Ich konnte noch keinen Bleistift halten, auch mit dem Maschineschreiben sah es noch nicht gut aus, meine Finger verirrten und verhakten sich in den Tasten. Pan Robert lebte sichtlich auf, wenn wir allein waren. Er erzählte mir dann von sich, und ich muß zugeben, daß er einiges zu erzählen hatte, fortwährend passierte ihm etwas, worüber er dann immer sehr verwundert war. Seit kurzem hatte er einen Wagen, und das Autofahren war jetzt seine große Leidenschaft. Eine andere Leidenschaft von ihm waren die Frauen oder, wie er sie nannte, die Weibsen.

»Weibsen so bis dreißig, die duften nach Pipi, aber so um die vierzig – schon nach Moschus ...«

»Da ist meine Gesellschaft für Sie nicht angenehm, Pan Robert«, sagte ich lachend, »denn ich zähle mich zu den letzteren.«

»Sie sind ein Naturphänomen«, behauptete er voller Ernst, »wenn ich eine Obduktion machen müßte, würde ich sagen, achtundzwanzig, höchstens dreißig ...«

»Dann habe ich noch Chancen bei Ihnen?«

Da schaute er mir in die Augen. In diesem Blick war

etwas, das mich innerlich erschaudern ließ und mich für einen Moment ganz verwirrte.

»Einige sind sogar hübsch«, fuhr Pan Robert fort, »aber sie können nicht auf sich aufpassen. Das ist nichts für mich. Ich mag es, wenn die Weibsen schön sauber sind und duften. Na ja, das Alter zählt natürlich auch ...«

»Bis dreißig«, fügte ich verständnisvoll hinzu.

»Na, noch so zwei, drei Jahre. Und Schluß. Das Gesicht kann noch ganz in Ordnung sein, aber der Hintern fängt an zu hängen. Und für mich ist ein Hängepo schon das Ende vom Lied ...«

Eigentlich machte ich mich darüber lustig, aber abends stand ich dann doch nackt vor dem Spiegel. Ich wollte prüfen, ob mein Po schon ausgesungen hatte oder nicht. Mir schien, daß es noch nicht soweit war, aber so ganz sicher war ich mir nicht. Wohl zum ersten Mal wurde mir klar, daß mein Körper, mit dem ich immer so gekämpft hatte, weil ich es ihm übelnahm, daß er über mein »Ich« dominierte, allmählich älter wurde. Das sollte mich freuen, denn hier bot sich eine Chance, mich für alles zu rächen, was in seinem Umfeld passiert war. Aber das war doch ich. Zum ersten Mal wurde mir wohl so richtig bewußt, daß auch das ich war. Ich wollte nicht alt werden, ich wollte keinen Hängepo, ich bekam sogar Angst davor. Dieser Bursche lenkte meine Aufmerksamkeit auf etwas, das ich bisher nicht bemerkt hatte. Auch Du wurdest langsam älter, aber das Alter eines Mannes ist etwas ganz anderes, unter Umständen sogar etwas Interessantes. Ihr wurdet beide älter, beide hattet ihr schon graue Haare, er bekam sogar schon eine Glatze. Das stand ihm gut. Er schnitt sich die Haare jetzt kurz. Zwei bittere Falten in den Mundwinkeln gaben seinem Gesicht einen neuen Ausdruck, einmal bemerkte ich lachend, daß er James Stewart immer ähnlicher würde.

»Fahr nach Hollywood, du wirst sehen, was für Furore du da machst.« Aber er tat, als hörte er nicht. Mit ihm konnte man keinen Spaß machen. Alles nahm er ernst. Mich machte das wütend, der Gerechte aus dem Ghetto, dachte ich. Ich dagegen behielt bei jedem Thema meinen Sinn für Humor, manchmal war es schwarzer Humor, aber immer schützte er mich. Er war wie ein Fallschirm, der einen im letzten Moment davor bewahrte, zu Brei gequetscht zu werden. Ihm fehlte das, sein Sprung bedeutete auch sein Ende. Eigenartig, daß ihn die Büsche gerettet hatten ... Einmal bei einem Streit platzte ich heraus:

»Wozu bin ich damals zu dir gegangen! Du hättest keine Ahnung gehabt, daß ich lebe ...«

Er lachte nur.

»Was lachst du so?« fragte ich mißtrauisch.

»Ich wußte es von dem Moment an, als du mit Deiner Arbeit bei dem Genossen begannst. Wir haben dich doch überprüft.«

»Wie meinst du das?«

»Glaubst du denn, daß man einfach so von der Straße durch diese verschlossenen Türen kommt? Schon nach ein paar Stunden lag deine Akte auf meinem Schreibtisch. Ich erkannte dich auf dem Foto ...«

»Und gabst eine Empfehlung für mich ab«, sagte ich, plötzlich verletzt.

»So kann man sagen.«

Seit zwei Tagen sind wir in Köln. Morgen hast Du Deinen Vortrag über Gefäßkrankheiten des Herzens, ich habe ihn Dir ins Deutsche übersetzt. Ich gehe durch die Stadt, und an den Nachmittagen schreibe ich Dir. Heute führte mich mein Weg in ein Museum. Ich blieb vor einem Bild von Rembrandt stehen, es war wie ein inneres Gebot. Ich sah einen an eine Wand gelehnten Mann, er stand da mit gesenktem Kopf, halb Bettler, halb Philosoph. Es war in dieser Gestalt etwas, das mich daran hinderte weiterzugehen. Rembrandt war es gelungen, den Schmerz des Seins zu malen, dachte ich. Ich kapitulierte vor ihm. Ich war bereit, vor diesem Bettler-Philosophen auf die Knie zu fallen und ihn anzuflehen, er möge nicht weiter so leiden, denn in einem solchen Maße zu leiden ist nicht zulässig. Es gehört sich nicht für einen Menschen. Ich trat näher heran und las den Titel des Bildes: Christus.

So fand auch dies seine Lösung. Christus der Mensch ließ mich durch den Maler wissen, daß ich nicht mehr leiden müsse, weil Er es auf sich nehmen werde. Fast hörte ich die leise Stimme: »Geh hin in Frieden«, und mir fiel eine andere Stimme ein, die mir immer in den Ohren klang: »Elusia.« Diesmal war der Klang: »Krystyna.« Hier also erlaubten mir der ältere jüdische Philosoph und dieser jüngere, vor ihnen auf die Knie zu fallen und ihre Füße mit meinen Tränen zu benetzen ... Wo ich Kraft in mir gefunden hatte, da bestärkten sie mich in ihr. Ich war glücklich, als ich das Museum verließ. Was ich fühlte, war Leichtigkeit. Dieselbe Leichtigkeit, die ich damals auf den Stufen des Holzhauses empfunden hatte, als ich die Liebe erfuhr, und vorher, als ich Bachs Musik erlebt hatte, jetzt erfuhr ich Barmherzigkeit. Die Zeit der Buße ging für mich zu Ende, die gleichzeitig eine Zeit des Todes gewesen war.

In ungefähr einer Stunde kommst Du ins Hotel zurück, gerade hast Du angerufen. Wir werden zum Abendessen ausgehen. Ich warte auf Dich, Andrzej ...

DER SECHSTE BRIEF

Juli 1968

Nach unserer Rückkehr aus Köln fuhrst Du direkt in die Klinik und ich in die Noakowski-Straße. Als ich vor der Tür mit dem Schild »Krystyna u. Andrzej Korzecki« stand, hatte ich das Gefühl, zum ersten Mal hier zu sein. Ich öffnete die Tür mit meinem eigenen Schlüssel und trat über die Schwelle, oder eigentlich trug ich mich selbst über diese Schwelle. Ja, zum ersten Mal fühlte ich mich zu Hause, nicht bei Dir, nicht bei Michał, einfach bei mir.

Unsere besten Jahre begannen, das fühlte ich.

Ein paar Tage nach unserer Ankunft ging ich zum Pfarrer unserer Gemeinde. Wir sprachen in der Sakristei miteinander, er war eigentlich schon im Gehen und hatte es eilig, weil er zum Mittagessen wollte. Ich versicherte ihm, es würde ein kurzes Gespräch.

»Ich möchte mich taufen lassen«, sagte ich.

Er schaute mich aufmerksam an.

»Warum erst jetzt?« fragte er.

»Weil ich vorher noch nicht bereit war ...«

»Na gut ... bringen Sie bitte zwei Zeugen dafür, daß Sie noch nicht getauft sind, dann sehen wir weiter.«

»Aber ... ich habe keine Zeugen«, antwortete ich.

»Leben Ihre Eltern?«

»Nein.«

»Geschwister? Irgendwelche Verwandten?«

»Ich habe niemanden.«

»Dann ist die Sache nicht so einfach«, seine Augen in

dem feisten Gesicht belebten sich. »Dann eben zwei Zeugen aus Ihrem Wohnort, stammen Sie aus Warschau?«

»Bitte, Herr Pfarrer«, sagte ich, »ich bin Jüdin, aber … ich möchte getauft werden. Ich habe schon eine Taufurkunde, aber sie ist falsch, so wie mein derzeitiger Name …«

»Oh, gute Frau«, erwiderte er entrüstet, »so geht das nicht.«

»Ich bin nicht getauft, wirklich.«

»Aber Sie sind jemand anderes«, sagte er streng.

»Eben deshalb will ich endlich ich selbst sein.«

»Das ist Ihre private Sache, wer Sie sein wollen. Die Kirche kann nicht bei einer Fälschung mitmachen. Nehmen Sie wieder Ihren Namen an, dann werden wir an die Kurie schreiben.«

»Das kann ich nicht.«

»Dann kann ich Sie nicht taufen«, sagte er streng und zupfte am Knopf seiner Soutane. »Was denken Sie denn? Daß man mit der Religion seine Späße treiben kann?«

»Ich habe das geistige Bedürfnis nach der Gemeinschaft mit Christus«, sagte ich.

»Jesus Christus braucht so jemanden wie Sie nicht. Er ist die Reinheit und das Gute.«

»Ich bin also Ihrer Meinung nach unrein?«

»Ich weiß nicht, was Sie sind, beten Sie lieber zu Ihrem Gott.«

»Das ist Ihre endgültige Antwort?«

»Ja«, sagte der Priester, ohne zu zögern, und indem er den Schlüssel vom Brett nahm, gab er mir zu verstehen, daß er die Kirche zuschließen wolle.

Ich ging nach Hause, aber ich konnte nicht arbeiten, ich verstand fast nichts von dem französischen Text. Die Buchstaben hüpften vor meinen Augen. Ich war wohl noch nicht ganz gesund. Bei jeder Aufregung wurde mir ganz wirr im

Kopf, ich vergaß, was ich hatte sagen wollen, und einmal, als ich vom Telefon aufgeschreckt wurde, antwortete ich, daß Krystyna Korzecka nicht zu Hause sei. Die Lektorin bat, ihr etwas auszurichten, da erst wurde mir bewußt, daß ich das war. Es war mir peinlich, ich stellte alles als einen Scherz hin. Ich behauptete, ich hätte mich nicht zu erkennen geben wollen, weil ich nicht gewußt hätte, wer der Anrufer sei, dabei hatte sich die andere doch vorgestellt. Ich konnte jetzt nicht mehr ruhig sitzen. Ich ging im Zimmer umher wie in einem Käfig, schließlich zog ich mir etwas an und verließ das Haus. Ich fuhr in die Miodowa-Straße, zum Palais des Primas. Das Tor stand offen. Als ich das Spalier der Sträucher entlangging, spürte ich, wie mein Herz klopfte. Schon in der Eingangshalle hielt mich ein junger Priester an, vielleicht der Sekretär des Primas.

»Ich möchte gerne mit dem Primas sprechen ...«

»In welcher Angelegenheit?«

»In einer persönlichen.«

»Hierher kommt man nur in solchen Angelegenheiten«, erwiderte er ruhig, »schreiben Sie bitte an die Kanzlei ...«

»Meine Angelegenheit läßt sich nicht beschreiben«, gab ich zurück, »ich muß dem Primas alles persönlich sagen.«

»Der Primas kann Sie jetzt nicht empfangen«, erklärte er ruhig, wie zu einem Kind, »er fährt gleich weg, aber wenn wir meinen, daß die Angelegenheit einer Audienz bedarf, werden wir Sie benachrichtigen.«

»Nichts verstehen Sie!« Ich erhob die Stimme.

»Ich versuche es«, erwiderte er auf seine ruhige Art, »bitte schreiben Sie uns.«

Und da erblickte ich den Primas, er tauchte hinter einer Säule auf, zwei Bischöfe begleiteten ihn, ich glaube, es waren Bischöfe, ich wußte da nicht so genau Bescheid. Ihn erkannte ich sofort, sein Gesicht war mir bekannt. Der junge Priester stand mit dem Rücken zu ihnen, vielleicht schaffte er es deshalb nicht mehr, mich zurückzuhalten.

»Eminenz«, sagte ich, »bitte gewähren Sie mir ein paar Minuten, mein Leben hängt davon ab ...«

Er hielt inne, auch die Bischöfe waren stehengeblieben.

»Sind Sie aus Warschau?« fragte er.

»Ja.«

»Und ginge es, daß Sie morgen kommen?« Sein Gesicht war die ganze Zeit freundlich.

»Nein, es ist doch so wichtig für mich ...«

Er schaute auf die Uhr, ich sah, daß er zögerte, deshalb fügte ich hinzu:

»Ich habe keinen anderen Ausweg.«

»Also gut«, sagte er.

»Aber das Auto wartet schon«, protestierte sein Sekretär.

»Dann wartet es eben«, erwiderte der Primas.

Wir gingen in einen Raum, der wie ein Arbeitszimmer aussah. Auf dem Schreibtisch stapelten sich Aktenordner.

»Ich höre, mein Kind ...«

Plötzlich konnte ich kein Wort hervorbringen, die Zeit verstrich.

»Ich ... ich bin Maria Magdalena ... ich war ... aber ich bin Ihm zu Füßen gefallen ... und Er hat mir verziehen ...«

»Christus«, sagte der Primas verständnisvoll, obwohl er mich nach diesen Worten ruhig für eine Verrückte hätte halten können.

»Christus«, wiederholte ich und fühlte, wie mir Tränen über die Wangen liefen.

»Also sind Sie frei.«

»Aber ich muß getauft werden!«

»Meine Kirche nimmt Sie mit offenen Armen auf«, sagte er auf seine sanfte, aber bestimmte Art.

»Die katholische Kirche will mich nicht ... weil ... ich

eine Jüdin bin. Ich habe falsche Papiere, noch vom Krieg. Ich brauche Zeugen, aber es gibt keine Zeugen ...«

»Die katholische Kirche nimmt Sie mit offenen Armen auf«, wiederholte der Primas.

Er schrieb etwas auf ein Papier und fügte einen Stempel hinzu. Darauf stand:

»Ich gestatte der Überbringerin dieses Papiers die Taufe auf den Namen, den sie angibt.«

Und ich ließ mich taufen. Meine Taufpaten waren zwei Menschen, denen ich zufällig begegnete. Ich sprach sie an, als ich sah, daß sie zur heiligen Kommunion gingen. Es war ein älteres Ehepaar. Zuerst überraschte sie meine Bitte, aber als ich sagte: »Ich habe niemanden, den ich darum bitten könnte ...«, schaute die Frau ihren Mann an.

»Das können wir, glaube ich, machen, Olek?«

Und der Mann nickte zustimmend.

Es machte nichts, daß mir die Taufe derselbe Pfarrer gab, der sie mir zuvor verweigert hatte. Er war hier am wenigsten wichtig. Hier ging es um eine Sache zwischen mir und meinem Gott. Einzig Christus der Mensch war fähig, meine Not zu verstehen. Er war die Liebe und die Vergebung. Als ich den Satz hörte: »Krystyna, ich taufe dich auf den Namen des Vaters, des Sohnes und des Heiligen Geistes ...«, da wurde das Wort Fleisch.

Abends beim Essen schautest Du mich aufmerksam an, dann sagtest Du:

»Krysia, hast du dir etwa Atropin gespritzt? Deine Pupillen sind erweitert.«

»Mir fehlt nichts«, erwiderte ich.

Aber Du verlangtest, daß ich mit meinem Blick Deinem Zeigefinger folgte und dann mit geschlossenen Augen meine Nasenspitze berührte. Du verstandest nicht, daß ich einfach glücklich war.

Es blieb mir nur noch eine Sache zu regeln. Er. Ich mußte ihm sagen, daß ich ihn für immer verlassen würde. Ich hatte eine Religion gewählt, in der man das ganze Leben einer Person treu sein mußte. Ich konnte mich nicht länger teilen, so wie früher. Ich hatte kein Recht dazu, denn Er hätte gelitten. Ich weiß, Andrzej, wie Dein Verhältnis zur Religion ist, aber versuche bitte, mich zu verstehen. Ich glaubte wirklich. Gottvater und Maria waren mir immer fremd gewesen, ich konnte in ihren auf Bildern gemalten Gesichtern überhaupt keine Wahrheit finden. Diese Wahrheit fand ich in der Gestalt Jesu Christi. Ich wußte genau, wie mein Gott aussah und wo ich Ihn finden konnte. Mein Gott war jederzeit zugänglich, es genügte, ins Flugzeug nach Köln zu steigen ...

Wir trafen uns bei ihm. Wir hatten uns lange nicht gesehen, er hatte deshalb großes Verlangen nach mir. Wieder hatte ich diese dunklen Augen über mir, die mich auf einmal durch Tränen ansahen. Ich drückte seinen Kopf an meine nackten Brüste. Lange lagen wir schweigend da, dann sagte ich:

»Ich werde nicht mehr kommen.«

Ich drückte seinen Kopf an mich, ganz so, als wollte ich ihn in mir verstecken, ihn schützen vor dem Schlag, den ich ihm selbst versetzt hatte.

»Warum?« fragte er und befreite sich aus meinen Armen.

Wir lagen nebeneinander, wir waren nackt.

»Weil ... ich Katholikin bin.«

»Dann hast du dich also für den Katholiken entschieden«, sagte er langsam.

»Ich liebe dich«, sagte ich unter Tränen, »aber ich kann nicht mit dir zusammen sein.«

»Und ihn, liebst du ihn auch?«

»Ja.«

»Das steht im Widerspruch zu deiner neuen Religion.«

»Nur Ehebruch ist verboten. Ich werde dich immer lieben.«

»Du mußt das nicht so eng sehen«, sagte er voll Ironie, »ihr habt euch nicht kirchlich trauen lassen, also begehst du auch mit ihm Ehebruch.«

»Ich weiß, das wird sich ändern.«

Er schaute mich aufmerksam an.

»Ich habe die allerwichtigste Wahrheit entdeckt, den Dialog des Menschen mit Gott.«

»Und mit wem unterhältst du dich denn da? Mit der unbefleckten Jungfrau? Was habt ihr euch denn schon zu sagen ...«

Ich schwieg und war entschlossen, mich nicht provozieren zu lassen. Er wanderte immer noch nackt durchs Zimmer. Dann hockte er sich am Bett nieder und nahm meinen Kopf so fest zwischen seine Hände, daß es mir weh tat. Ich wollte mich befreien, doch ich konnte es nicht.

»Schön bist du, meine Freundin, ja, du bist schön!« Für einen Moment schien es mir, als hätte ich das Gesicht eines Wahnsinnigen vor mir. »Hinter dem Schleier, deine Augen wie Tauben ... Dein Haar gleicht einer Herde von Ziegen, die herabzieht von Gileads Bergen. Deine Zähne sind wie eine Herde frisch geschorener Schafe, die aus der Schwemme steigen. Jeder Zahn hat sein Gegenstück, keinem fehlt es ...«

Während er das sagte, kämpften wir miteinander, und ich fürchtete, sein Druck werde mir gleich den Kopf zermalmen. Ich wollte seine Hände von meinen Schläfen reißen, doch sie waren wie aus Eisen.

»Dem Riß eines Granatapfels gleicht deine Schläfe, hinter dem Schleier ...«

»Laß mich los«, gelang es mir endlich hervorzustoßen.

»Wie der Turm Davids ist dein Hals, in Schichten von Steinen erbaut; tausend Schilde hängen daran, lauter Waffen von Helden. Deine Brüste sind wie zwei Kitzlein, wie die Zwillinge einer Gazelle, die in den Lilien weiden ...«

Ich weinte vor Schmerz, der Druck war unerträglich. Plötzlich sah ich einen Tropfen Blut auf seinem Gesicht. Ich dachte, mit ihm sei etwas passiert, doch das Blut stammte aus meiner Nase. Er kam wieder zur Besinnung. Aus der Küche brachte er Eis und machte mir einen kalten Umschlag.

»Ein Gefäß ist geplatzt«, sagte ich.

Das waren die letzten Worte, die zwischen uns fielen. Ich zog mich schweigend an. Er reichte mir den Mantel. Ich ging. Auf der Treppe fing ich an zu weinen. Das Taschentuch färbte sich wieder rot, und ich beugte meinen Kopf nach hinten. So erreichte ich das Auto. Ich konnte es nicht starten, als ich mich niederbeugte, tropfte das Blut auf meinen Mantel und das Lenkrad.

Ein paar Tage nach meiner Taufe kam Michał mit seiner Frau. Sie baten mich, Taufpatin des kleinen Artur zu werden. Wer weiß, ob ich mich nicht deshalb so beeilt hatte, meine Sache mit Gott in Ordnung zu bringen. Vielleicht hatte ich damit gerechnet. Taufpate sollte ein Freund Michałs werden, der aus dem Studentenheim, bei dem Michał einige Zeit geschlafen hatte. Du nahmst es gleichgültig auf. Du fragtest nur, was das für ein Datum sei, und dann schautest Du im Kalender nach, ob Du da nicht zufällig Termine hättest. Am Abend sagtest Du:

»Dieser Michał will ständig etwas von uns ...«

»Ich hab' nichts dagegen.«

»Aber wir haben unser eigenes Leben.«

»Und deshalb hast du deinen Enkel noch nicht gesehen, der bald ein halbes Jahr alt wird?«

»Ich habe zu tun.«

Ich sagte nichts mehr, aber es machte mich traurig. Andererseits verstand ich Dich. Du hattest Deine Herzstation, schriebst wissenschaftliche Arbeiten, veröffentlichtest Dutzende von Publikationen, die in fünfzehn Sprachen übersetzt wurden. Die Fachwelt fing an, auf Dich aufmerksam zu werden. Nur hier sah es damit schlechter aus, man gab Dir keine Professur, und das war wie ein Stachel.

»Keine Rosen ohne Dornen«, sagte ich, »ein totalitäres System hat Angst vor Individualisten.«

»Ich bin sogar Antikommunist«, sagtest Du mit saurem Grinsen.

»Ein antikommunistisches Parteimitglied, das ist starker Tobak!«

»Ich bezahle keine Beiträge.«

Ich lachte.

»Keine Angst, so leicht schmeißen sie dich nicht raus, sie brauchen dich, solange du dich nur nicht zu sicher fühlst.«

»Ah!« hobst Du den Finger. »Hier liegt der Hund begraben.«

»Das heißt, deine Professur.« Auf solche Art sprachen wir ausführlich über dieses Thema.

Die Tauffeier fand bei Mariolas Eltern statt, in Anin. Ihr Vater war Berufssoldat und hatte von Amts wegen eine Wohnung in einer herrlichen Villa bekommen, so nannte Mariola das Haus: »Wir haben eine ganze Villa fast für uns allein.« Sie war den rechtmäßigen Besitzern nach dem Krieg weggenommen worden oder eigentlich nicht mal so sehr weggenommen, als daß man ihnen zwei Zimmerchen im eigenen Haus zugewiesen hatte. Die meisten der geladenen Gäste waren Bekannte von Mariolas Eltern, von unserer Seite war nur dieser Freund von Michał da und wir natürlich. Zum zweiten Mal trug ich ein Kind zur Taufe, aber wie anders sah es doch aus. Als der Priester ihm das kalte Wasser über den Kopf goß, hatte ich Angst, Artur würde sich erkälten. Ich wischte ihm sofort das Köpfchen ab. Er weinte nicht und schaute mich aus fröhlichen Augen an, er sperrte sogar sein Mäulchen auf, und ich sah das rosige Zahnfleisch und vorne den ersten Ansatz eines Zahns. Da es keinen heiligen Artur gab, erhielt er als zweiten Namen Andrzej. Dazu kam es im übrigen dank einer kleinen Intrige von mir. Die Mutter des Kindes wollte ihn mit zweitem Namen Stanisław nennen, so hieß ihr Vater, aber ich hatte ihr eingeredet, daß Du Dich so eher mit dem Gedanken anfreunden würdest, Großvater geworden zu sein. Artur Andrzej, diese Kombination paßte mir sehr, ja, sie entzückte mich. Mein Herz floß über vor Glück in dieser Zeit. Früh am Morgen ging ich zur Beichte und zur heiligen Kommunion. Ich achtete immer darauf, daß beides gleichzeitig stattfand. Ich hatte Angst, meine Sünden würden mich über Nacht wieder beflecken. Es genügte doch schon, daß Du zu mir »Krysia« sagtest. Zwar bedeutete das jetzt auch schon etwas anderes, aber davon wußte nur ich allein.

»Gestehe deinem Mann alles«, riet mir mein Beichtvater.

»Das kann ich nicht«, antwortete ich.

Ich war also eine verstockte Sünderin. Aber ich erhielt die Absolution. Am liebsten ging ich in die Kirche der Bernhardiner in der Miodowa-Straße. Einer der Klosterbrüder war außergewöhnlich intelligent, und meine Beichte verwandelte sich gewöhnlich in eine weltanschauliche Diskussion. Manchmal konnte ich nicht mehr aufstehen, weil meine Gelenke vom langen Knien steif waren. Die Leute dachten sicher, daß ich eine Menge Sünden auf dem Gewissen hätte, weil wir unentwegt tuschelten. Ich ging auch in andere Kirchen, aber die Beichtväter verstanden meine Sünden nicht. Als neunzehnjähriges Mädchen habe ich Dir in meinem Brief geschrieben, daß Dein Erscheinen in meinem Leben eine Wirkung hatte, als wäre ich in den Sonnenschein hinausgetreten ... Und so vieles hat sich seither in meinem Leben verändert, nur nicht meine Begeisterung für Dich und für meine Liebe zu Dir ...

Ein paarmal fragtest Du mich, wohin ich ginge. Und ich antwortete: »In die Kirche.« Schließlich gab Dir das zu denken.

»Was gehst du dauernd in die Kirche wie ein altes Dorfweib?«

»Ich verspüre so ein Bedürfnis.«

»Aus dir wird bald eine Betschwester«, war darauf Dein unzufriedener Kommentar.

Ich fühlte mich nicht stark genug, Dir zu erklären, was die heilige Kommunion für mich bedeutete. Es war die Nähe zweier Gestalten, die ich nicht mit bloßem Auge anschauen konnte. Jedesmal, wenn der Priester mir die Hostie auf die Zunge legte, überkam mich ein Gefühl unaussprechlichen Glücks. Wie damals, als ich schwerkrank auf der Bahre gelegen und die Stimme meines Vaters gehört hatte ... Ich hoffte, sie beide würden mir verzeihen, daß ich Menschliches mit Göttlichem vermengte, und daß einer der beiden den Kreuzweg für mich ging, manchmal war das der Jüngere, aber manchmal verletzte die Dornenkrone die Schläfen des Älteren, und wenn der Ältere unter dem Kreuz stürzte ... dann war ich immer in der Nähe, bereit zu helfen ... und doch blieb ich stehen und war unfähig, mich zu rühren ...

Ich entschloß mich schließlich zu einem Gespräch mit Dir. Ich sagte, es sei mein Wunsch, daß wir uns kirchlich trauen ließen. Du schautest mich aufmerksam an.

»Wozu brauchst du das?«

»Ich brauche es.«

»Aber wozu?«

»Weil ich glaube, Andrzej.«

»Bitte schön«, gabst Du leicht irritiert zurück, »ich verbiete es dir ja nicht. Aber du weißt genau, daß ich nicht gläubig bin.«

»Das kann sich ändern.«

Du sagtest nichts weiter, doch meine Zurückhaltung machte Eindruck auf Dich, am wenigsten mochtest Du Agitation in irgendeiner Form. Eines Abends griffst Du das Thema selbst wieder auf.

»Liegt dir immer noch an dieser Hochzeit?« fragtest Du.

Ich schaute Dir wortlos in die Augen. Unsere Augen konnten immer am besten miteinander reden. Ich besorgte die nötigen Papiere, unter anderem die Erlaubnis zur Hochzeit außerhalb des Wohnorts. Das hätte ich dann doch nicht ertragen, daß der feiste Pfarrer den Bund der Ehe zwischen uns geschlossen hätte. Du dachtest ähnlich über ihn, denn als er einmal nach der Weihnachtsmesse bei uns seine Runde machte, behandeltest Du ihn sehr kühl. Ich hatte große Angst, er würde Dir gegenüber etwas von dieser Taufe schwatzen. Er erinnerte sich an mich, ich hatte eine Empfehlung des Primas gehabt. Aber er besprengte die Zimmerecken, nahm als Opfergabe »was beliebt« entgegen und war schnell wieder draußen.

»Nach dem Speck auf seinem Bauch zu urteilen, hat das Pfäfflein großzügige Pfarrkinder«, sagtest Du.

»Andrzej!«

»Ich mag die Pfaffen nicht.«

»Es gibt wunderbare Menschen unter ihnen.«

»Man muß sie mit der Kerze suchen, alter Knabe.«

Immer, wenn Du irritiert warst, sagtest Du »alter Knabe« zu mir, und immer fand ich das irgendwie erheiternd, denn ich sah mich dann gleich in der Rolle eines Butlers an Deiner Seite.

Wir heirateten in einer kleinen Kirche in den Masuren, wo wir seit kurzem ein Sommerhäuschen hatten. Die Zeugen waren Michał und Oma Kolichowska, die wir zusammen mit dem Haus erworben hatten. Ich trug ein von Herrn Krupa nach einem französischen Modeheft genähtes blaßlila Kleid. Man muß zugeben, daß er es verstand, den Pariser Chic nachzuahmen, seine Kreation war sehr effektvoll, vielleicht sogar etwas übertrieben. Spöttisch meintest Du, daß mein Kleid neben Dir und dem Kirchlein in Wojnowo wie ein Paradiesvogel unter lauter Spatzen wirke, aber Du gabst zu, daß ich wunderschön aussah. Michał und Du hattet Euch in Anzüge gezwängt, was Euch beiden lästig war.

»Ist das nötig?« fragtest Du kläglich. »Du weißt doch, daß mir so eine Gewandung die Seele einzwängt …«

»Du wirst ja wohl nicht in deinem Flanellhemd auftreten?« Ich war ohne Mitleid.

»Lieber wäre es mir«, brummtest Du.

Oma Kolichowska hatte sich auch hergerichtet, ein Kleid mit Kellerfalten, dazu ein weißer Kragen und Manschetten, nur die Schuhe waren abgetragen und so krumm und schief wie ihre Füße.

Schon morgens lief ich mit einem Kloß im Hals herum, wie könnte es bei mir auch anders ein. Aber als wir nebeneinander vor dem Alter knieten, fühlte ich mich so unverschämt glücklich, daß sich sofort wieder die Angst einstellte. Das ist meine jüdische Natur, die Überzeugung, daß man für jeden guten Augenblick wird bezahlen müssen. Danach machten wir Fotos in einem Feld voll roten Mohns. Er stand hoch, fast bis zu den Knien. Ich hielt meinen Hochzeitsstrauß aus kleinen, weißen Rosen.

»Krysia«, sagte Michał, »die jungen Paare in der Sowjetunion legen ihre Sträuße am Lenin-Mausoleum nieder, euch bleibt folglich Poronin* ...«

»Gleich hier ist auch ein Friedhof der Russen«, mischte sich Oma Kolichowska ein, die ausnahmsweise gehört hatte, was Michał sagte, denn er hatte es uns von der anderen Straßenseite zugerufen.

Das mit diesem Haus in den Masuren war eine gute Idee gewesen. Seit einiger Zeit schon hatten wir danach gesucht, und der Gemeindevorsteher von Wojnowo hatte uns auf eine Hütte aufmerksam gemacht, die ein gutes Stück hinter dem Dorf am See lag. Von der Landstraße führte ein Feldweg zu ihr, den an einer Stelle die Wurzeln einer alten Eiche durchschnitten und ein unüberwindliches Hindernis bildeten. Michał und ich waren ausgestiegen und hatten versucht, das Auto irgendwie darüberzuwuchten, aber wir hatten es nicht geschafft. Du warst dann auf den Gedanken gekommen, den Wagen in den Graben zu lenken, um so vorbeizukommen, aber da war unser Fiat endgültig steckengeblieben. Wir hatten ihn stehenlassen und waren zu Fuß weitergegangen. Das Haus war alt wie seine Besitzerin auch, von weitem schon schreckten einen die schwarzen Löcher zwischen den Dachziegeln. Der Zaun war mit Moos überwachsen und dabei, einzustürzen.

Eine kleine bucklige Alte mit einem dünnen Zopf, der sich um ihren ergrauten Kopf wand, erschien auf der Veranda. Ihr Gesicht war zerfurcht, und in den Falten drohten ihre Augen, die strahlend blauen Steinen sehr ähnlich waren, zu verschwinden. Sie war schwerhörig, und lange verstand sie nicht, worum es ging. Schreiben hatte keinen

* *Poronin* Dorf in Südpolen, in dem sich W. I. Lenin zwischen 1912 und 1914 zeitweilig aufhielt und wo später ein Museum eingerichtet wurde. A. d. Ü.

Sinn, denn sie hatte keine Brille, und wahrscheinlich konnte sie auch nicht lesen. Schließlich gaben wir es auf. Wir schauten uns das Haus und die Umgebung genauer an.

»Ein Bild des Elends und des Jammers«, sagte Michał.

»Aber wunderschön, schaut nur, wie schön!« warf ich schüchtern ein.

»Tatsächlich, hübsch«, kamst Du mir zu Hilfe.

Wir kehrten ins Dorf zurück, der Gemeindevorsteher gab uns ein Pferd, um das Auto herauszuziehen, und dann machte er sich mit uns auf den Weg zu der Alten, als »Dolmetsch«. Er hatte seine eigene Art, sich durch Gesten mit ihr zu verständigen. Er machte ihr klar, daß wir das Haus kaufen wollten. Sie freute sich.

»Und haben Sie dann jemand, bei dem Sie wohnen können?« fragtest Du.

»Sie geht zu ihrem ältesten Sohn im nächsten Dorf«, antwortete der Gemeindevorsteher an ihrer Stelle.

Wir setzten den Kaufvertrag auf und fuhren nach Warschau zurück. Im Wechsel mit Michał fuhrst Du hin, um die Bauarbeiten zu beaufsichtigen. Wir hatten beschlossen, äußerlich den Charakter des Hauses zu erhalten, im Innern aber alles umzubauen. Unten ein offener Kamin, eine Treppe nach oben, wo Platz für drei kleine Zimmer war. Alles aus Holz. Oma Kolichowska zog für die Zeit der Bauarbeiten in den Holzschuppen, denn zum Sohn, so sagte sie, würde sie im Winter fahren. Aber als wir zu Weihnachten kamen, hatte sie es sich in der Küche gemütlich gemacht. Aus dem Holzschuppen hatte sie irgendeinen alten Strohsack und eine Satteldecke hervorgezogen. Im Herd brannte ein Feuer, und es war ihr warm. Wir fragten sie mit Gesten, was jetzt mit dem Sohn sei.

»Ach ... die wollen nicht. Die sagen, daß ich alt bin, zur Arbeit nicht mehr tauge und viel esse ... da bin ich in meinen eigenen vier Wänden geblieben ... Lang werd' ich nicht bleiben ...«

Wir schauten einander an. Was das betraf, so waren es schon unsere vier Wände. Als Oma Kolichowska unsere Gesichter sah, fügte sie hinzu:

»Ja, werd' ich denn noch lange leben? Meine neun Kreuzchen hab' ich bald ...«

Es endete damit, daß wir ihr eines der oberen Zimmer abtraten. Ich machte mir Sorgen, ob das Treppensteigen für sie nicht zu anstrengend wäre.

»Ich würd' auch noch in den Himmel klettern, wenn mir der Heilige Petrus eine Leiter runterließe«, antwortete sie darauf, »was machen mir da die paar Treppen ...«

Und tatsächlich, nachdem Michał sie in Aktion gesehen hatte, sagte er:

»Oma Kolichowska huscht wie ein Reh über die Treppe« – und so nannten wir sie von da an.

Das nächste Mal kamen wir im Sommer und freuten uns sogar schon, daß sie da war. Sie erzählte uns, was sich in der Zwischenzeit zugetragen hatte. Am dramatischsten war die Geschichte von dem Marder, der sommers immer auf dem Dachboden gehaust hatte, und weil jetzt der Dachboden ausgebaut war, versucht hatte, sich im Kamin einzunisten. Als die Oma dann ein Feuer entfacht hatte, wurde der Arme geräuchert. Der Kamin war verstopft und qualmte. Die Oma holte den Ofensetzer, dem sie eröffnete:

»Die zahlen's.«

»Welche ›die‹?« fragte er mißtrauisch.

»Die Städter.«

Und so wurde sie allmählich zu einem Mitglied unserer Familie. Wenn Frost angekündigt war, machten wir uns Sorgen, daß sie dort friere. Als wir zum nächsten Weihnachtsfest hinfuhren, nahmen wir eine Daunendecke für sie mit. Es gab uns zu denken, daß die Fenster dunkel waren und kein Rauch aus dem Kamin kam.

»Vielleicht ist sie zu ihrem Sohn gegangen?« sagte ich.

»Oder sie ist gestorben«, schlug Michał vor, aber er war auch beunruhigt.

Wir fanden sie oben zusammengerollt im Bett.

»Aufstehn tu' ich nicht«, sagte sie, »irgendwie mag ich nicht mehr aufstehn.«

Im Zimmer war es so kalt wie draußen. Michał machte sich gleich daran, Holz zu hacken, und Du gingst zum Auto, um Deine Tasche zu holen. Du nahmst das Stethoskop. Oma war nicht erbaut, als Du ihr sagtest, sie solle sich freimachen.

»Das ist jetzt kein Spaß mehr«, sagtest Du, »das sieht mir nach einer Lungenentzündung aus.«

Wir brachten sie ins nächstgelegene Krankenhaus, aber obwohl Du es verlangtest, erklärte man, sie sei nicht krank genug, um aufgenommen zu werden. Man wollte ihr nicht einmal die Lunge röntgen. Der diensthabende Arzt sagte:

»Ich weiß nicht, was Sie hören, aber ich höre nichts.«

Du wurdest wütend. Das machte die Sache noch schlimmer, weil es die Komplexe des ansässigen Arztes noch verstärkte.

»Wenn die Kranke stirbt«, schriest du, »sind Sie dafür verantwortlich.«

»Das hier ist nicht Warschau«, verteidigte sich der andere, »die Leute hier können mehr aushalten.«

Da entschlossest Du Dich, sie in Deine Klinik zu bringen.

»Vielleicht morgen«, sagte ich, »es ist doch schon Nacht.«

»Wir dürfen damit nicht warten«, antwortetest Du.

Wir gaben Michał Bescheid, daß wir nach Warschau fahren würden, und brachen auf. Das Röntgenbild zeigte eine schwere Lungenentzündung. Wir zögerten sogar, ob wir wieder zurückfahren sollten, aber Oma, die die ganze Zeit über hellwach war, entschied:

»Nun fahrn Sie. Sie können eh nicht helfen.«

Sie war nicht gerade glücklich mit diesem Krankenhaus. Aber wie sich zeigte, war es schon allerhöchste Zeit gewesen. Sie verlor das Bewußtsein und bekam Sauerstoff. Als wir nach den Feiertagen zurückkamen, hatte sich ihr Zustand nicht verbessert, aber zum Glück auch nicht verschlechtert. Er war ernst. Sie kam nur langsam wieder auf die Beine. Sechs Wochen lag sie in dem Krankenhaus. Und gleich wollte sie wieder zurück, aber davon konnte keine Rede sein. Sie war so schwach, daß sie sich beim Gehen an der Wand abstützen mußte. Wir nahmen sie zu uns. Sie bewohnte das Zimmerchen bei der Küche, die frühere Dienstmädchenstube, in der Herr Krupa seinerzeit seine zusätzlichen Schneiderpuppen aufbewahrt hatte. Sie schimpfte auf die Langeweile in der Stadt, aber so allmählich gewöhnte sie sich daran. Sie wartete auf Michał, bis er nach Hause kam, dann auf Dich.

»Ich hab's gern, wenn alle im Haus sind«, verkündete sie.

Sie wollte uns nicht zur Last fallen und saß deshalb am liebsten bei sich im Zimmer. Wir stellten ihr den Fernseher hinein, den von uns eigentlich keiner anschaute. Sie war begeistert.

»Alles wie im Leben«, sagte sie oft und schüttelte voll Bewunderung den Kopf.

Ihre Bewunderung war grenzenlos, als sie Dich auf der Mattscheibe sah. Du wurdest für sie fast zu einem Gott.

»Er ist eine wichtige Person«, sagte sie mir.

Eines Tages aber machte sie den Fernseher nicht an, ich schaute zu ihr ins Zimmer. Mit im Schoß gefalteten Händen saß sie da und starrte auf die Wand.

»Was ist los, Oma?« fragte ich. »Fühlst du dich nicht gut?«

Da schaute sie mich mit ihren tiefblauen Augen an, die so unschuldig waren wie die eines Kindes:

»Ich will nach Hause«, sagte sie.

Wir brachten sie Mitte Mai in die Masuren. Sie verlebte noch einen Sommer mit uns. Als wir uns im Herbst zur Abreise fertigmachten, wollten wir sie mitnehmen. Aber sie widersetzte sich:

»Ich werde sterben«, sagte sie, »dazu braucht es niemanden.«

Wir berieten, was wir tun sollten. Schließlich meinte Michał:

»Soll sie doch bis zum ersten Frost hierbleiben. Wir können jeden Samstag vorbeischauen.«

Und so machten wir es. Wenn wir nicht konnten, fuhr Michał mit einem Freund zu ihr. Wir brachten ihr Vorräte, weil sie sich selbst fast nichts kaufte. Sie wollte das Geld nicht anrühren, das sie von uns für das Haus bekommen hatte. Sie vertraute Michał an, daß sie es für ihr Begräbnis aufbewahrte. Sie wollte einen ordentlichen Sarg und einen Grabstein. Am letzten Sonntag im Oktober versuchte Michał sie dazu zu überreden, unbedingt mit ihm zurückzukommen. Es wurde kalt, auf dem Acker hinter der Kate zeigte der erste Frost seine Krallen. Sie sagte:

»Komm mit mir zum Holzschuppen.«

Sie zeigte ihm, wo sie das Geld versteckt hatte.

»Es reicht für den Sarg und das Begräbnis. Der Gemeindevorsteher weiß, daß er euch rufen lassen muß.«

Er mußte es nicht. Als wir am nächsten Samstag kamen, fanden wir sie im Holzschuppen. Sie lag zusammengekauert bei der Wand, in der das Versteck war. Als wollte sie uns daran erinnern, was wir ihr versprochen hatten. Es war uns schwer, hinter ihrem Sarg herzugehen. Die Söhne kamen nicht, wie Oma Kolichowska es gesagt hatte. Wozu auch, da sie das Haus verkauft hatte, gab es ja nichts zu erben. Das Land gab Oma dem Staat für ihre Rente zurück. Getreu ihrem letzten Willen bezahlten wir von ihrem Geld die Beerdigung und gaben einen Grabstein in Auftrag. Mit einem Foto, wie sie es sich gewünscht hatte. Sie sah darauf ganz anders aus. Jung, mit lachendem Gesicht, in dem ihre Zähne blitzten. Als wir sie kennenlernten, hatte sie schon keinen einzigen Zahn mehr. Nach dem Begräbnis tranken wir einen Wodka auf ihren Seelenfrieden. Michał warf einen Blick auf die Treppe und sagte:

»Oma Kolichowska huscht schon über die Treppe vom Heiligen Petrus.«

Und seine Stimme versagte. So war Michał, er versuchte, seine Gefühle nicht zu zeigen, aber er hatte ein weiches Herz. Diese Ehe mit Mariola war von Anfang an ein Mißverständnis gewesen. Sie lebte mit Artur bei ihren Eltern, ständig hieß es, sie werde zu uns ziehen, aber als sie schließlich einzog, ging es bald schief. Du liefst wütend umher, die Anwesenheit »dieser Frau« ging Dir auf die Nerven, die Windeln im Badezimmer und das Heulen des Kindes waren Dir ein Ärgernis. Am schlimmsten war es mit den Feiertagen, sie schleppte Michał zu ihren Eltern, er wollte mit uns zusammen sein. Michałs Schwiegereltern luden uns ein, aber Du erklärtest: »Um keinen Preis.« Ständig hattest Du den Empfang nach Arturs Taufe vor Augen. Die Gesellschaft einfacher Leute vertrugst Du gut, was Dich verrückt machte, war diese neue sozialistische Elite: Militärs, private Geschäftemacher und Emporkömmlinge, denen noch das Stroh aus den Stiefeln schaute, die sich aber schon wichtig taten.

Mariola und Artur wohnten ein halbes Jahr bei uns, dann erklärte sie, keinen Tag länger bleiben zu wollen. Es ging um Dein Verhalten ihr gegenüber. Sie meinte, Du würdest sie von oben herab behandeln und überhaupt nicht mit ihr sprechen.

»Ich rede nicht mit ihr?« wundertest Du Dich, als ich Dir das hinterbrachte. »Aber worüber sollte ich denn mit ihr reden?«

Ich versuchte, die Situation irgendwie zu mildern, aber es war nicht mehr möglich.

»Sei ein bißchen freundlicher zu ihr«, bat ich Dich, »wenigstens Michał zuliebe.«

»Die Suppe muß er schon allein auslöffeln!«

Du hattest wahrlich keinen einfachen Charakter. Mariola fuhr mit dem Kind zurück nach Anin, später zog Michał nach. Sie hatte erklärt: entweder Umzug oder Scheidung. Man konnte sie verstehen, sie wollte ihren Mann bei sich haben. Ich fuhr immer wieder dorthin, aber man empfing mich sehr kühl. Mir war das egal, schließlich ging es mir nur um Artur. Es machte mir so viel Freude, mit diesem Kind zusammenzusein, es fing schon an, mich an den kleinen Michał zu erinnern. Als es drei Jahre alt wurde, war die Ehe gescheitert. Michał kam zurück in die Noakowski-Straße, und mir wurde eines Tages die Tür in Anin nicht mehr geöffnet. Heulend ging ich zur Bahnstation. Michał ließen sie im übrigen auch nicht ein. Der Scheidungsprozeß begann mit der Feststellung der Schuldfrage. Er zog sich endlos hin, und so lange war uns der Kontakt mit dem Kind verwehrt. Schließlich nahm Michał die Schuld auf sich. Das Gericht setzte die Tage fest, an denen er seinen Sohn besuchen durfte. Sie setzten jedoch alles daran, das zu torpedieren. Wenn Michał in Anin erschien, stellte sich heraus, daß Artur nicht da war, oder Artur war krank, und man konnte ihn nicht sehen. Ich litt sehr darunter. Auch Michał grämte sich, wir hatten beide Sehnsucht nach dem

Kind. Schließlich warst Du unserer Trauermienen überdrüssig und beschlossest, die Sache selbst in die Hand zu nehmen. Du fuhrst nach Anin. Dich ließen sie ein, und Du vereinbartest, auf welche Weise wir mit dem Kleinen in Kontakt bleiben könnten. Sie stimmten allem zu, doch als Michał hinfuhr, war es wieder dasselbe. Jetzt fuhrst Du immer hin, um das Kind zu holen. Und das erwies sich als ein Glück im Unglück, denn nun entdecktest Du Dein Herz für den Enkel. Artur hörte auf, sich vor Dir zu fürchten, ja, er fing sogar an, Dir auf dem Kopf herumzutanzen. Du brachtest ihm aus England eine Eisenbahn mit. Alles wie echt, nur in klein: der Bahndamm, die Schienen und Bahnhöfe. Michał schloß sich Euch an, und stundenlang lagt Ihr zu dritt auf dem Boden und spieltet mit der Eisenbahn. Wenn ich Euch anschaute, war ich glücklich, doch dann hieß es wieder, Artur zurückzubringen ...

Ihn hatte ich seit sechs Jahren nicht gesehen. Er war aus dem Verlag ausgeschieden. In der Zeitung hatte ich gelesen, er sei Direktor des Pressekonzerns RSW geworden. Manchmal trat er im Fernsehen auf oder sprach im Radio. Ich bekam das alles mit und war überwältigt von Sehnsucht. Aber ich litt nicht seinetwegen. Es genügte mir, daß er in derselben Stadt war. Daß er lebte. Vor unserer Fahrt in den Urlaub hörte ich seine Stimme am Telefon:

»Ich möchte mit Frau Korzecka sprechen.«

»Das bin ich«, sagte ich und spürte, wie ich innerlich erstarrte.

»Hier Kwiatkowski ...«

»Ich weiß«, erwiderte ich und versuchte, mich zu beruhigen.

»Könnten wir uns treffen?«

»Gut.«

»Wann?« fragte er.

»Ist es dringend?« Schon als ich die Frage stellte, war mir klar, wie unsinnig sie war.

»Ich gehe fort.«

Dieser kurze Satz machte mich ganz schwindlig. Nur das nicht, dachte ich. Dieser Satz war wie der Tod, den zu vergessen mir gelungen war. Die letzten Jahre, das waren doch lauter Geburten gewesen. Mein Glaube, dann Artur und schließlich die Ruhe ... Und jetzt plötzlich ... Ich fragte nicht, warum und wohin er ging. Es war Juni achtundsechzig.

»Im Café?« fragte er.

»Ich komme zu dir in die Wohnung, wenn du allein bist.«

»Ich bin allein«, antwortete er, »aber ich habe die Wohnung gewechselt.«

Er öffnete mir die Tür. Mir fiel sofort sein verändertes Gesicht auf. Das kam daher, weil er völlig kahl geworden war. Wir schauten uns an.

»Kann ich reinkommen?« fragte ich, denn es dauerte mir zu lange.

Er trat beiseite. Es war eine kleine Junggesellenwohnung mit einer Kochnische. Ich sah lauter fremde Möbel.

»Trinkst du einen Kaffee?« fragte er.

Auf einmal drückte ich mich an ihn. Ich spürte, wie sein Herz hämmerte. Ich legte meine Hand darauf. Eine Weile standen wir so inmitten dieser fremden Umgebung. Trotz seiner Enge wirkte der Raum ungemütlich und ausdruckslos wie ein Hotelzimmer.

»Wohnst du schon lange hier?«

»Seit zwei Monaten. Sie verlangten, daß ich von einem Tag auf den anderen auszog.«

»Was ist mit den alten Möbeln?« fragte ich, um das Gespräch irgendwie auf das zu bringen, was ich fühlte.

»Ich habe sie verkauft, hier hätten sie keinen Platz gehabt.«

»Und die Bücher?«

»Sind in Schachteln verpackt. Es lohnt nicht mehr, sie auszupacken. Sie reisen mit mir.«

»Wann?«

»In einer Woche.«

Das war der nächste Schlag.

»Warum hast du so spät angerufen?« fragte ich vorwurfsvoll.

»Ich habe angerufen, um auf Wiedersehen zu sagen.«

Die ganze Zeit standen wir in der Mitte des Zimmers.

»Willst du mit mir ins Bett gehen?«

Schweigend schüttelte er den Kopf.

»Trinkst du Kaffee?« wiederholte er seine Frage.

»Und du?«

»Ich frage dich.«

»Gut.«

Ich sah zu, wie er in der Nische hantierte. Er nahm die Tassen aus dem Schrank über der kleinen Kochplatte. Wir saßen durch den Tisch voneinander getrennt.

»Was wirst du im Westen machen?«

»Genaugenommen fahre ich nach Israel«, antwortete er. »Ich war Jude, dann wurde ich Kommunist, später wollte ich Pole werden, und jetzt bin ich wieder Jude. Vielleicht werde ich dort ein Polizeihund, das kann ich am besten. Sie werden mich auf Araber loslassen.«

»Sprich nicht so«, sagte ich.

Plötzlich erinnerte ich mich genau an unsere erste Begegnung. Das war in dem Lokal gewesen, ich kam die Treppe in dem knappen Kleid herunter, und er stand unten ans Geländer gelehnt und unterhielt sich mit jemandem. Er wandte den Kopf und schaute mich an. Ich sah sein

Gesicht von oben, und es kam mir vor, als wäre es mir von irgendwoher bekannt. Und dann durchzuckte es mich: »Die Laokoon-Gruppe«! Im Arbeitszimmer meines Vaters hatte hinter Glas das große Foto einer Skulptur gehangen. Mein Vater hatte gesagt, sie sei in Rom gefunden worden. Fast schien ich seine Stimme zu hören, wie er davon erzählte. Daß es ein Werk eines rhodischen Bildhauers noch aus der Zeit vor Christi Geburt war. Das hatte sich meinem Gedächtnis eingeprägt, und damals auf der Treppe dachte ich, er wäre einer aus dieser Gruppe. Das gleiche Heben des Kopfes, selbst die Krümmung des Halses und dieser Blick eines erstickenden Menschen ...

»Was ist?« fragte er.

Ich lächelte, als wäre ich ertappt worden.

»Warum hast du mich so angeschaut?«

»Mir ist eingefallen, wie wir uns zum ersten Mal gesehen haben. Erinnerst du dich?«

»Du kamst die Treppe herunter.«

Ich nickte. Er faßte plötzlich meine Hand.

»Elżbieta, fahr mit mir«, seine Worte waren flehend.

Wieder bettelte er um etwas, das nicht möglich war.

»Ich kann nicht«, Tränen stiegen mir in die Augen.

»Er hält dich hier«, sagte er resigniert.

»Alles hält mich hier. Das, was ich hier durchlebt habe, diese Stadt, Kazimierz im Herbst, wenn die Pflaumen geräuchert werden und über den Dächern der Rauch steht. Ich bin einfach von hier, ich könnte woanders nicht leben ...«

»Es findet sich immer ein Christ, der einen Stein nach dir wirft«, erklärte er verbittert.

»Vielleicht werfe ich ihn selbst nach mir«, antwortete ich, und gleich darauf bedauerte ich meine Worte, denn in seinen Augen tauchte Hoffnung auf.

Mein Leben hatte sich stabilisiert, und doch gab es irgendwo im Innern eine uneingestandene Sehnsucht. Ein kleiner Teil von mir sehnte sich nach etwas, auf das ich freiwillig verzichtete. Mit seiner Abreise verlor ich für immer jene andere Hälfte der Walnuß und damit gewissermaßen ein Stück meiner Identität. Ich konnte daran nichts ändern. Wir nahmen Abschied, er küßte mir die Hand. Ich wünschte ihm eine glückliche Reise. Als ich die Treppe nach unten ging, weinte ich.

Ende Juli fuhren wir zu unserem Häuschen in den Masuren. Wie immer nahmen wir Bücher mit, ich meine Übersetzung, Du die medizinischen Zeitschriften, die zu lesen Du in Warschau keine Zeit hattest. Gerührt erkannte ich die vertrauten Orte wieder, »unseren« Weg, der von der Landstraße abbog, die alte Eiche, das Birkenwäldchen und schließlich das rote Dach unseres Hauses, den Zaun, die Fliederbüsche vor der Veranda. Von dieser Seite konnte man den See nicht sehen, man mußte erst auf den Hof gehen. Wir stellten die Sachen ab und machten einen Spaziergang. Auf der kleinen Brücke blieben wir stehen, ich sah unser Spiegelbild im Wasser. Die Sonne stand schon tief. Auf dem Rückweg legtest Du mir Deinen Arm um die Hüften, und so gingen wir eng beieinander, wie gewöhnlich mußte ich mich Deinen Schritten anpassen, die für mich ein klein wenig zu groß waren. Als wir wieder zum Haus kamen, war es schon dämmrig, am Himmel schienen blaß die Sterne. Auf dem First des Stalls, der auch ein mit Ziegeln gedecktes Steildach hatte, saß ein Reiher. Vor dem Hintergrund des helleren Himmels sah er aus wie ein Scherenschnitt: der lange Schnabel, der schlanke Hals und der gefiederte Schwanz. Wir blieben eine Weile stehen, aber er flog nicht fort.

Du machtest Feuer im Kamin, wir aßen ein kaltes

Abendbrot, weil wir es nicht geschafft hatten, in Ruciane die Gasflasche noch auffüllen zu lassen. Wir tranken jeder ein Gläschen Wodka, Du nanntest das »den Ausputzer«, und gingen nach oben ins Schlafzimmer. Entzückt erkannte ich den Geruch von Holz und Staub wieder, es hätte ein Geruch voll Traurigkeit sein können, aber für mich roch so die Ruhe. Das wichtigste Wort, das ich kenne: Ruhe. Das schönste war »Liebe«, aber diese beiden Wörter schlossen sich gegenseitig aus, vielleicht sehnte ich mich deshalb so nach Ruhe.

Ich bezog die Betten frisch und schüttelte die Kissen auf dem aus breiten Bohlen gezimmerten Bett auf. Du kamst zu mir und nahmst mich in die Arme.

»Wie steht's?« fragtest Du.

Schweigend nickte ich. Gleich darauf lag ich nackt auf dem frisch duftenden Leintuch. Ich schaute zu, wie Du Deinen Schlafrock ablegtest, den masurischen, wie wir ihn nannten: Frottee mit Flicken, ich hatte sie Dir aufgenäht. Und dann warst Du gleich bei mir. Ich spürte die Berührung Deiner Hände. Ganz langsam spreizte ich meine Beine und empfing Dich. Diese Gemächlichkeit war für mich eine der schönsten Liebesbezeigungen. Wir schauten uns in die Augen und lächelten uns an. Ich spürte jede Deiner Bewegungen und nahm sie mit meinem ganzen Ich auf, offen, erwartungsvoll. Das alles dauerte, bis uns eine Heftigkeit packte, ein ganz dramatisches Sich-Suchen. Ein Bedürfnis nach Befreiung und gleichzeitig nach Einheit, ein Bedürfnis nach gemeinsamem Empfinden. Wir sagten uns dann immer etwas.

»Krysia«, hörte ich Deine Stimme.

»Ja, ich ... gleich ...«

Und das Gefühl, daß unsere Liebe ausschlug wie die Triebe junger Bäume im Frühling.

Danach lagen wir nebeneinander und lasen. Du hattest Deine Lampe, ich die meine. Auf einmal gabst du mir ein dünnes, in Zellophan gebundenes Büchlein:

»Kennst du das?« fragtest Du.

Ich nahm es zur Hand und las: »Mariana Alcoforado, ›Liebesbriefe‹.«

»Nein«, mehr brachte ich nicht heraus.

»Ich bin irgendwann einmal darauf gestoßen, ich habe es vor ein paar Jahren gekauft«, sagtest Du ziemlich gleichgültig.

»Warum gibst du es mir gerade jetzt?«

»Ich weiß nicht, ich habe es vom Regal genommen, als ich die Bücher einpackte.«

Du wandtest Dich wieder Deiner Zeitschrift zu. Auf dem Umschlag war ein Herz mit allen Arterien gemalt, die nach außen führten und dort wie abgeschnitten endeten. So sah mein Herz jetzt vielleicht aus, aufgehängt im Nichts. Ich öffnete das Buch und versuchte, das Zittern meiner Hände zu unterdrücken, ich hatte Angst, Du würdest es bemerken. Sofort schaute ich nach dem Titel des Originals: »Lettres portugaises«. Die Staatliche Verlagsanstalt in Warschau hatte es neunzehnhundertsiebenundfünfzig herausgegeben, also vor elf Jahren. Ich blätterte ein paar Seiten weiter und las: »Zum ersten Mal erschienen die berühmten ›Portugiesischen Briefe‹ sechzehnhundertneunundsechzig in Paris. Sie waren an einen jungen Mann von hohem Stand gerichtet, die Namen der Schreiberin und des Übersetzers sind dem Herausgeber nicht bekannt ...« Mein Blick huschte weiter, und ich stieß auf ein Fragment: » ... und sind so vorbehaltlos aufrichtig, märtyrerhaft, mit dem Blut der vor Schmerz wahnsinnig gewordenen Nonne geschrieben.« Eine Nonne! Sie hatte die »Portugiesischen Briefe« geschrieben, ich die »Jüdischen Briefe«. Etwas jedoch unterschied sie. Erstere stammten aus der Feder einer Klosterfrau, letztere hatte eine Hure verfaßt ... eine ehemalige Hure ... nur deshalb waren sie doch entstanden, weil ich es mir von der Seele schreiben wollte. Ich wollte fliehen. Jene andere aus meinem Gedächtnis tilgen, ihr Gesicht, ihre Stimme, dieses verhaßte kehlige Lachen. Und plötzlich sah ich sie vor mir in dem knappen Kleid mit den offen über den Rücken fließenden Haaren. Sie sah mir mit spöttischem Lächeln direkt in die Augen ... lange war sie nicht mehr so nahe gewesen. Für einen Moment war ich fast sicher, daß auch Du sie sehen würdest. Aber Du schlugst ruhig die Seite um. Ich blätterte auch ein paar Seiten weiter. »Der erste Brief«, wie bei mir ... nicht »Liebster«, nicht »Teuerster«, sondern »Der erste Brief«. Diese Übereinstimmung erfüllte mich mit Schrecken. Das war keine Angst, das war Entsetzen. Ich schloß das Buch und legte es auf das Schränkchen. Ich löschte meine Lampe.

»Willst du schon schlafen?« fragtest Du und schautest über den Rand Deiner Brille, die Du zum Lesen trugst.

»Ich bin müde von der Reise«, erwiderte ich und drehte mich weg.

»Eine große Reise ist mir das, keine zweihundert Kilometer ...«

Ich sagte nichts, ich wollte allein in der Dunkelheit sein. Könnte es ein Zufall sein, dachte ich. Wußtest Du von meinen Briefen? Du hattest Dein eigenes Arbeitszimmer und Deinen eigenen Schreibtisch, ich arbeitete im Schlafzimmer an einem Tisch, der mir als Schreibtisch diente. Auf der einen Seite hatte er ein paar Schubladen. In ihnen bewahrte ich die Rohfassungen meiner Übersetzungen auf, Handwörterbücher, die Verträge mit dem Verlag und die Briefe eben ... Die Schubladen waren nicht verschlossen, Du hattest oft Gelegenheit gehabt hineinzusehen ... Vielleicht rechnete ich unbewußt damit. Ich hatte Angst, doch tat ich nichts, um sie besser zu sichern. Wie gewöhnlich lieferte ich mich meinem Schicksal aus. Vielleicht antwortete es mir jetzt durch Deine Worte »kennst du das«. Nein, aber ich kenne mich und weiß, was es sein kann. Ich verstehe das Leiden dieser Nonne schon im voraus, denn es ist doch egal, was uns von unserem geliebten Mann trennt, Gitterstäbe oder die Wahrheit ... Szene für Szene überflog ich in Gedanken meine Briefe. Falls Du sie gelesen hattest ... mich selbst haben sie doch auch erschreckt. Ich hatte doch nichts mehr gemein mit diesem verdorbenen Kind, mit diesem Kind, das so widerwärtig mit den Männern spielte ...

In dieser Nacht schlief ich fast nicht, noch einmal tanzte das Ghetto an mir vorbei ... Du schliefst schon längst, während es sich immer schneller und schneller drehte, in dieser alptraumhaften Quadrille des Todes. Ich sah mich selbst als jene andere, Stück für Stück, meine breitgeöffneten Schenkel blitzten auf, mein vom Lachen verzerrter Mund und darin eine Zunge, die zu bluten schien ... Und sie, die Männer ... jeder von ihnen wollte mich unbedingt haben, jedem zitterten die Hände, so sehr wollten sie mich berühren, sich vergewissern, ob meine Jugend auch kein Betrug war. Ob mein Busen fest war und meine Brustwarzen genügend emporstanden, ob die Jugend meines Schoßes imstande wäre, ihnen Vergessen und die ersehnte Verzückung zu schenken. Sie wollten auch, daß meine Hände sie berührten ... meine Finger verloren ihre Unschuld auf den ausgemergelten Körpern dieser Männer, auf ihrer schlaffen Haut oder ihren Wülsten aus Fett ... sie umschlossen ihre Hoden, liebkosten ihre Glieder, die mit einemmal steif wurden oder aber hoffnungslos erschlafften ... Wie ich das doch alles gelernt hatte! Genau auf die Minute fertig zu werden. In der vierzehnten Minute legte ich mich auf den Rücken und öffnete die Schenkel, die Uhr in meinem Kopf begann, die Sekunden zu zählen ...

Vor dem Fenster dämmerte es bereits, und ich hatte gedacht, ich würde es nicht bis zum Morgen durchstehen. Du warst neben mir, versunken in einen ruhigen Schlaf, und ich fühlte mich bei Dir einsam. Nur bei mir selbst mußte ich Hilfe suchen, nur ich selbst konnte mich retten ... der wahnsinnige Tanz dauerte an ... der schweigende Mann, dieser schweigende Mann ... seine ganze Familie war ins Gas geschickt worden. Er kam von der Arbeit heim und traf sie nicht mehr an. Er ging ins Bordell und wählte unter allen mich aus, er konnte sich diesen Luxus jetzt erlauben, es war ihm alles egal. Wir gingen nach oben. Ich zog mich aus und legte mich aufs Bett. Er zog sich auch aus, aber es tat sich bei ihm nichts. Er war jung, in jenem Augenblick allerdings taugte er nicht viel. Ich begann, ihn zu streicheln, aber er verkroch sich nur noch mehr vor mir. Ich schaute ihm in die Augen und fand dort diese grenzenlose Verzweiflung, mit der umzugehen ich schon gelernt hatte. Ich berührte jetzt sein Gesicht, ganz vorsichtig, mit den Fingerkuppen. Ich streichelte seine Wangen, die Stirn über den Augenbögen, ich berührte seinen Mund. Und das verzerrte Gesicht glättete sich und nahm wieder einen normalen Ausdruck an. Da beugte ich mich herab und küßte ihn auf den Mund. Seine Lippen nahmen mich auf und suchten mich. Aus einem Häufchen Elend wurde plötzlich ein Mann, vollwertig und stark. Er drang in mich ein, von meinem Körper und meiner Jugend seiner Sinne beraubt. Er setzte mich auf sich, mit den Händen umfaßte er meine Hüften, riß sie hoch und bohrte sich wieder ein. Und er schaute mich an, meine nackten Brüste, meinen Bauch. Er hatte ein befreites, glückliches Gesicht. Wir hatten nichts miteinander gesprochen. Als ich dann fragte: »Hast du Geld für noch eine Nummer?«, erschreckte ihn zuerst meine Stimme, und dann warf er mich brutal von sich herunter.

Ich fiel nach hinten. Er zog sich an und drückte mir im Hinausgehen ein Bündel Geldscheine ins Gesicht. Ich fühlte mich verletzt. Ich hatte doch nichts Schlechtes getan, ich mußte über jede in diesem Zimmer verbrachte Minute abrechnen, sonst wäre es mir von meinem Lohn einbehalten worden. Ich zählte sein Geld, es war mehr als genug. Warum hatte er nicht bleiben wollen ...? Damals verstand ich das wirklich nicht ...

Es war schon hell, deutlich sah ich die vertrauten Gegenstände. Den bemalten Holzschrank, den wir von einer alten Deutschen gekauft hatten. Wir hatten uns so über diesen Schrank gefreut, er war wunderschön ... und die Kommode mit dem Spiegel, die geschnitzten Hocker, auf einem lag Dein Schlafrock. Der Anblick Deines Schlafrocks erfüllte mich mit Schmerz, er war ein Stück des normalen Lebens, das jetzt so weit von mir entfernt war ...

Du wachtest langsam auf, Deine Lider zuckten, deshalb schloß ich meine Augen. Ich hatte Angst, Dich anzusehen. Ich hörte, wie Du Dich leise ankleidetest, wie Du fast auf Zehenspitzen aus dem Zimmer gingst. Ich stand erst auf, als ich das Brummen des Motors hörte. Du fuhrst nach Ruciane ... Ich stürzte mich auf das Buch, als wäre es plötzlich meine Rettung. Manche Worte schnürten mir die Kehle zu. »Ich armes Menschenkind!« oder »Mein Leben war Dir zugefallen, im Augenblick, da ich Dich sah«. Tränen verschleierten mir den Text. Langsam kam ich nach dem Alptraum der vergangenen Nacht wieder zu mir. »Ich habe nicht die Kraft, aus meiner Hand zu lassen dies Papier, das Du in Händen halten wirst.« Sie schrieb an den

Geliebten, und er las es. Und ich hatte immer Angst gehabt, Du würdest plötzlich ins Zimmer kommen und mich auf frischer Tat ertappen. Dann waren das vielleicht »Diebesbriefe« ... nur wem sollte man dafür die Schuld geben? Diese Mariana starb am achtundzwanzigsten Juli siebzehnhundertdreiundzwanzig. Über sie hieß es: »Ein halbes Jahrhundert starb sie daran, daß sie nicht sterben konnte.« Wird es so mit mir sein ...? Unwillkürlich schaute ich auf den Kalender an der Wand, dort hing noch das Blatt von gestern: achtundzwanzigster Juli ... So erfuhr also das eine arme Menschenkind am Jahrestag des Todes von dem andern ... Mir wurde ganz sonderbar zumute, fast spürte ich die Anwesenheit dieser Frau ... Sie hatte so sehr gelitten. Wie ich jetzt leide ... Wir hatten uns unterschiedliche Geliebte gewählt, der ihre war nicht viel wert, während sie ein wunderbarer Mensch war ... Und ich ... war ich Deiner wert ...

Ich stand in der Mitte des Zimmers, als erwartete ich, plötzlich eine Antwort von ihr zu hören, als sollte sie über mich das Urteil sprechen ... Sie hatte sich der frevelhaften Liebe hingegeben, aber sie hatte dafür gebüßt und war mit dem Herrn versöhnt gestorben ... Ich war nicht einmal mit mir selbst versöhnt, fortwährend fürchtete ich, den verfluchten Kreis aus Lügen zu durchstoßen ... So stand ich da, als ich das Brummen des Motors hörte, Du fuhrst auf den Hof ...

All das ist gestern geschehen. Heute bin ich wieder Deine Frau. Der Schock ist vorüber. Du kannst von meinen Briefen nichts gewußt haben, es war nur so ein Zufall, ein Dieb hat eben immer ein schlechtes Gewissen ...

Du hackst Holz im Schuppen, ich höre die Schläge der Axt und beende meinen sechsten Brief ...

DER LETZTE BRIEF
(Schluß)

Oktober 1968

Ich war schon im Flur und hatte den Mantel angezogen, als Du plötzlich die Eingangstür öffnetest. Erst schautest Du mich an, dann den Koffer.

»Wohin gehst du, Elżbieta?« fragtest Du.

Ich konnte keinen Ton herausbringen. Nur diese dummen Tränen.

»Und wieder weinst du?«

Du drücktest mich an Dich, ein Geruch von Nikotin, Rasierwasser und Schweiß umfing mich. Dieser auf der Welt einzige Geruch des Mannes, den ich schon verloren zu haben glaubte.

»Seit wann?« fragte ich leise.

»Seit dem zweiten Brief.«

Also hatte sich auch das erfüllt: »Ich habe nicht die Kraft, aus meiner Hand zu lassen dies Papier, das Du in Händen halten wirst.« Du hattest der Reihe nach jeden meiner Briefe in Deinen Händen gehalten, und trotzdem warst Du bei mir geblieben. Und hast mich geliebt. So wie ich Dich geliebt habe. »Krystyna Chylińska ist nicht dein wirklicher Name«, das war keine Frage gewesen, sondern eine Feststellung. So hattest Du mir zu verstehen gegeben, daß Du alles wußtest.